高等职业教育城市轨道交通类新形态一体化教材

U0627733

城市轨道交通列车驾驶

主编
陶艳

参编
宋茜 郁文斌 贺婷
肖东阳 刘奕

主审
林宏

CHENGSHI

GUIDAO

JIAOTONG

LIECHE

JIASHI

中国教育出版传媒集团

高等教育出版社·北京

内容简介

本教材是高等职业教育城市轨道交通类新形态一体化教材。教材紧密对接城市轨道交通列车司机岗位的典型工作任务、城市轨道交通乘务职业技能等级标准、城市轨道交通列车司机国家职业技能标准以及全国交通运输行业中的城市轨道列车司机职业技能竞赛标准,设计了城市轨道交通列车司机工作交接、列车整备作业、列车出入车辆段/车场作业、列车正线驾驶作业、车场内运行操作、突发事件应急处理、非正常行车作业,共7项任务。针对每项任务,设计了实施工作手册,并开发了微课、虚拟仿真、实操视频、动画等数字化教学资源,同时融入劳动精神、工匠精神等课程思政元素,充分贯彻落实"培养造就大批德才兼备的高素质人才""推进教育数字化"等党的二十大精神,体现了以学习者为中心,岗课赛证综合育人的职教特色。

本教材既可作为全国职业院校城市轨道交通类相关专业的教学用书,也可作为城市轨道交通列车司机职业技能鉴定、城市轨道交通乘务职业技能等级证书考试的培训用书,还可供相关从业人员继续教育和自学使用。

本教材配有教学视频(扫描书中二维码直接观看)、教学课件、素材源文件和在线开放课程。授课教师如需要本教材配套的教学课件等资源,可发送邮件至邮箱 gzjx@ pub.hep.cn 获取。

图书在版编目(CIP)数据

城市轨道交通列车驾驶/陶艳主编.--北京:高等教育出版社,2023.11(2024.8重印)
ISBN 978-7-04-060753-6

Ⅰ.①城… Ⅱ.①陶… Ⅲ.①城市铁路-铁路车辆-驾驶术 Ⅳ.①U268.48 ②U239.5

中国国家版本馆 CIP 数据核字(2023)第 123381 号

Chengshi Guidao Jiaotong Lieche Jiashi

策划编辑	吴睿韬	责任编辑	吴睿韬	封面设计	姜 磊	版式设计	杜微言
责任绘图	易斯翔	责任校对	胡美萍	责任印制	高 峰		

出版发行	高等教育出版社	网 址	http://www.hep.edu.cn
社 址	北京市西城区德外大街4号		http://www.hep.com.cn
邮政编码	100120	网上订购	http://www.hepmall.com.cn
印 刷	固安县铭成印刷有限公司		http://www.hepmall.com
开 本	850mm×1168mm 1/16		http://www.hepmall.cn
印 张	18.25		
字 数	470 千字	版 次	2023 年11月第1版
购书热线	010-58581118	印 次	2024 年8月第2次印刷
咨询电话	400-810-0598	定 价	48.80 元

前言

随着城市化进程的不断加快,越来越多的城市进入了城市轨道交通时代。截至 2022 年 12 月 31 日,31 个省、自治区、直辖市共有 53 个城市开通运营城市轨道交通线路 290 条,运营里程 9 584 千米,车站 5 609 座。作为城市轨道交通运营系统中的关键岗位——城市轨道交通列车司机,已进入国家职业资格目录,受到了越来越多的社会关注。

本教材紧跟城市轨道交通行业发展的步伐,积极响应《国家职业教育改革实施方案》中"坚持知行合一、工学结合"的要求,对接城市轨道交通列车司机岗位的典型工作任务、城市轨道交通乘务职业技能等级标准、城市轨道交通列车司机国家职业技能标准以及全国交通运输行业城市轨道列车司机职业技能竞赛标准,以岗位应知应会为基础,以岗位典型工作任务为核心内容,充分融入城市轨道交通列车自动驾驶等新技术、新规范、新标准,设计和编写了城市轨道交通的列车司机工作交接、列车整备作业、列车出入车辆段/车场作业、列车正线驾驶作业、车场内运行操作、突发事件应急处理、非正常行车作业,共 7 项任务。针对每项任务,精心设计了工作任务手册,包含任务实施工单及任务评价表,明确了具体的操作步骤、操作内容及操作标准,既方便学生自主学习和动手实践,又极大地方便了教师对每个任务的完成效果进行客观评价。

本教材切实贯彻党的二十大关于"培养造就大批德才兼备的高素质人才"的精神,融入课程思政、强化德技并修。教材以城市轨道交通运营企业的真实案例为载体,通过"榜样力量""警钟长鸣"等小栏目,将城市轨道交通列车司机岗位所需要的安全责任、爱岗敬业、吃苦耐劳的劳动精神和严谨细致、精益求精的工匠精神等课程思政元素充分融入教材,旨在实现能力和素养的同步融合培养。

本教材也充分落实党的二十大关于"推进教育数字化"的精神,配套建设丰富的数字化教学资源辅教辅学。教材依托"电客列车的操纵"这门职业教育国家在线精品课程进行建设,开发了微课、虚拟仿真、实操视频、动画、课件、行业企业案例、作业指导书、习题及答案等丰富的数字化教学资源,推荐读者配套使用。

本教材的任务 1、2、3、4、7 由湖南铁道职业技术学院陶艳编写,任务 5 由上海轨道交通培训中心郁文斌编写,任务 6 由湖南铁道职业技术学院宋茜编写。全书由湖南铁道职业技术学院刘奕、贺婷负责统稿。长沙地铁运营有限公司肖东阳,南京地铁运营有限公司等为教材的编写提供了大量素材。城市轨道交通行业资深专家、上海轨道交通培训中心林宏对本教材进行了审定。

由于编写时间紧,内容多,教材中的不足之处恳请广大读者批评指正。

编者

2023 年 4 月

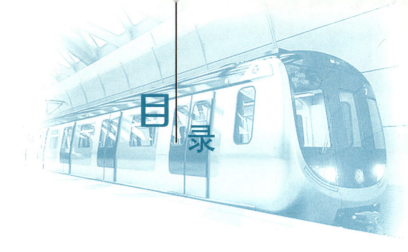

目　录

任务1
城市轨道交通列车司机工作交接

 【任务描述】

　　城市轨道交通列车司机是指从事地铁、轻轨等城市轨道交通列车驾驶的人员。为保证乘务工作的有效衔接,城市轨道交通列车司机应按规定时间到规定地点,按标准办理出勤、退勤、交接班等作业。本任务要求学生按照正确的作业流程及标准,规范地完成车辆段/车场和正线的出勤、退勤及交接班作业工作任务。

 【知识目标】

　　1. 了解城市轨道交通列车司机的职业特征及技能等级。
　　2. 了解城市轨道交通列车司机岗位的工作职责与基本要求。
　　3. 掌握城市轨道交通列车司机的着装、用语及行为规范。
　　4. 掌握出勤、退勤与交接班作业的有关规定。

 【能力目标】

　　1. 能抄阅、理解行车指令。
　　2. 能确认值乘列车的车次、车号、停放股道。
　　3. 能按要求填写司机报单、事故报告等有关台账报表记录。
　　4. 能按要求向有关人员介绍本次列车的技术状况、运行情况、报单日志记录情况,并能办理专用物品及行车安全装备的交接。
　　5. 能按规定办理出勤、退勤及交接班作业。

【素养目标】

　　1. 具备爱岗敬业、竭诚服务的职业精神。
　　2. 具备遵纪守时、尊重他人的职业习惯。
　　3. 具备高度的安全意识、责任心。

任务1.1　走近城市轨道交通列车司机

 **知识准备**

一、城市轨道交通列车司机职业认知

1. 职业定义

城市轨道交通列车司机(以下简称"列车司机")是指从事地铁、轻轨等城市轨道交通列车驾驶的人员。

2. 岗位职责

(1)根据有关行车规章制度,负责完成列车整备、正线操纵电客车以及车辆段调车、调试等驾驶工作,确保列车运行的安全稳定、有序可控,为乘客提供优质服务。

(2)严格执行各项规章制度,按标准完成调车、调试、出入厂、接车、折返、交班等作业程序,保证驾驶列车安全、正点、规范、高效。

(3)准时出勤、退勤,及时向当值队长、指导司机、派班员了解相关安全注意事项、运行揭示、行车命令;准确填写司机日志、司机报单、车辆状态卡、安全事故(事件)报告单,向上级提供准确的数据和信息。

(4)负责值乘期间电客车的驾驶,凭有效的行车凭证动车,保障列车运行安全。同时,对于运营列车,必须按运营时刻表规定的发车时间开车,确保运营列车运行有序。

(5)掌握站台作业时关门的时机与技巧,认真确认车门与站台门之间的空隙情况,确保乘客上、下车的安全。

(6)在车辆发生故障或突发事件,导致列车不能正常行驶时,根据相关应急处理预案,及时向行车调度员准确报告并按规定处理,确保乘客安全和运营秩序良好。

(7)发生列车晚点、救援,发现可疑物品、危险品等事件时,及时与车站、行车调度员、运用调度加强联系,确保运营秩序良好。

(8)根据车队月度培训计划、文件学习等任务,接受并配合当值队长、指导司机、派班员完成业务知识抽问、培训、演练和相关指导意见;自觉学习业务知识、应急处理预案等,提高自身综合素质。

(9)配合队长、指导司机、派班员不定时地进行思想沟通交流,反映有关问题。

(10)完成上级交办的其他工作。

3. 职业技能等级

该职业共设五个职业技能等级,分别为:五级/初级工、四级/中级工、三级/高级工、二级/技师、一级/高级技师。

(1)申报条件　具备以下条件者,可申报五级/初级工:在具备四级/中级工及以上职业资格列车司机的指导和监督下,累计安全驾驶里程不少于5 000 km。

具备以下条件者,可申报四级/中级工:取得本职业五级/初级工职业资格证书;累计从事本职业安全驾驶满3年;累计安全驾驶里程不少于75 000 km。

　　具备以下条件者,可申报三级/高级工:取得本职业四级/中级工职业资格证书;累计从事本职业安全驾驶满 8 年;累计安全驾驶里程不少于 175 000 km。

　　具备以下条件者,可申报二级/技师:取得本职业三级/高级工职业资格证书;累计从事本职业安全驾驶满 14 年;累计安全驾驶里程不少于 265 000 km。

　　具备以下条件者,可申报一级/高级技师:取得本职业二级/技师职业资格证书;累计从事本职业安全驾驶满 20 年;累计安全驾驶里程不少于 325 000 km。

　　(2)职业技能鉴定　该职业技能鉴定分为理论知识考试、技能考核以及综合评审。

　　理论知识考试以笔试、机考等方式为主,主要考核从业人员从事本职业应掌握的基本要求和相关知识要求;技能考核主要采用现场操作、模拟操作等方式进行,主要考核从业人员从事本职业应具备的技能水平;综合评审主要针对技师和高级技师,采取审阅材料、答辩等方式进行全面的评议和审查。

　　理论知识考试、技能考核和综合评审均实行百分制,成绩皆达 60 分(含)以上者为合格。

4. 职业能力特征

该职业具有以下能力特征:

(1)具有较强的逻辑思维、分析判断能力;

(2)具有较强的空间感和形体感知觉;

(3)心理素质好;

(4)有较好的语言(普通话)和文字表达、理解能力;

(5)听力、视力及辨色力良好;

(6)肢体灵活,动作协调性好,反应能力良好。

二、城市轨道交通列车司机岗位要求

1. 遵守基本职业道德

职业道德是指从事某项职业的人员在职业生涯中所必须遵循的,具有职业特征的行为模式和道德要求,是同人们的职业活动紧密联系的符合职业特点所要求的道德准则、道德情操与道德品质的总和。它是社会的一般道德要求在职业生活中的具体体现,是每一个从业者必备的基本素质。基本职业道德包括:

(1)责任心　包括从事职业工作应该具备的态度、敬业精神、事业心等,是职业道德的重要内容。

(2)良心感　是从业者在履行职业义务的过程中所产生的强烈责任感和自我行为评价时的深刻心理体验,是职业道德发挥作用的重要途径。

(3)业务能力　是从业者做好本职工作的基础,反映从业者服务人民、造福社会的能力,体现了职业道德的意义。

(4)纪律观念　是做好职业工作的保证。

(5)理想信念　职业理想一般是指职业的奋斗目标,职业信念是实现职业奋斗目标过程中所拥有的坚定态度。

2. 遵守列车司机职业守则

为保证列车安全平稳地有序运行,列车司机还应遵守以下职业守则:

遵纪守法,遵守规程;

敬业爱岗,竭诚服务;

服从命令,顾全大局;

规范操作,安全正点;

爱护列车,文明生产;

钻研技术,不断创新;

节能降耗,保护环境;

团结协作,诚实守信。

"遵纪守法,遵守规程"就是要求列车司机遵守相关法律、法规和规章,任何行为不得超出法律、法规和规章允许的范围,列车司机必须严格遵守行车组织规则和车辆段/停车场运作规则的各项要求,确保运营安全。

"敬业爱岗,竭诚服务"就是要求列车司机热爱本职工作,维护职业尊严,抵制不良思想的诱惑,保持热情的服务意识、认真的服务态度以及良好的服务作风。

"服从命令,顾全大局"就是要求列车司机严格服从上级的工作安排,列车运行中要服从行车调度员的行车命令,确保运营秩序正常有序。

"规范操作,安全正点"就是要求列车司机严格按照司机操作手册操作列车,按照故障处理指南进行应急处置,确保列车运行安全。安全是轨道交通永恒的主题,正点运行是企业社会声誉的保证,列车司机是列车运行安全正点的直接责任人。

"爱护列车,文明生产"就是要求列车司机认真检查列车,发现故障及时报修,认真填写行车日志,确保列车质量良好。平稳驾驶,停车准确,避免牵引力、制动力大幅度变化,给乘客营造舒适的出行体验。

"钻研技术,不断创新"就是要求轨道交通企业不断更新新技术、新设备,要求列车司机不断学习,提高技术业务水平。勇于创新是企业活力的源泉,列车司机在列车操作过程中也要注重总结归纳,创新作业流程和故障处理方法。

"节能降耗,保护环境"就是要求列车司机要合理操作列车,避免频繁加速和制动,充分利用线路纵断面合理控制速度,节约能源,绿色发展。

"团结协作,诚实守信"就是要求列车司机与其他运行岗位工作人员团结协作,共同完成运送旅客的任务,城市轨道交通列车安全运行是由行车调度员、车站值班员、列车司机以及行车设备维护人员共同劳动实现的,各岗位人员必须紧密配合,相互合作。列车司机在非正常情况下,必须客观准确地反映现场情况,为上级部门分析处理提供可靠翔实的现场信息,不能为了推脱责任虚报或瞒报,使上级部门对现场情况发生误判,造成不必要的损失。

3. 养成列车司机职业习惯

列车司机应自觉养成遵纪守时、尊重他人、持续学习、勇于承担责任的职业习惯。

（1）遵纪守时　列车司机必须做到遵纪守时、爱岗敬业、忠于职守、克己奉公。员工多一分用心,乘客的安全就多一分保障。

（2）尊重他人　承恩施善、德贯全程、敢担大任,回馈社会是城市轨道交通企业的服务宗旨,尊重每一位乘客,关爱每一个生命,帮助每一位乘客是列车司机服务社会的基本职责。

（3）操作规范　严格按照驾驶作业标准和驾驶规范操作,不断通过手指口呼确认进路安全、注意限速,确认通过信号、道岔位置正确等,确保操作正确,守护驾驶安全。

（4）安全责任　"手柄轻四两,责任重千斤""在岗一分钟安全 60 秒"是城市轨道交通列车司机的职业信条和习惯。在小小的驾驶室里,默默坚守岗位,为每一位乘客的出行保驾护航,肩负起城市轨道交通安全运营的重任。

4. 掌握专业基础知识

（1）设备、工具的使用与维护知识　包括仪器、仪表、工具的使用,电路图识图基础知识及常用电气符号,电动机的结构、作用以及基本原理,常用控制电器种类、结构及作用,机械传动,机械识图,计算机等基础知识。

（2）行车知识　包括行车组织规则和作业标准,车辆基地功能、运作,行车线路线网构架,列车运行控制,列车运行图等基础知识。

（3）车辆知识　包括车辆结构、组成和功能,车辆牵引系统、制动系统、门系统、辅助系统、走行部组成原理等基础知识。

（4）通信信号知识　包括车载信号设备、驾驶模式、人机交换界面操作、通信设备使用等基础知识。

（5）供电和轨道线路知识　包括供电系统组成、轨道线路组成、相关车站设备等基础知识。

（6）安全基本知识　包括消防安全、用电安全、行车安全、公共安全、交通安全等基础知识。

（7）应急处理知识　包括行车应急预案、车辆简单故障处理方法、通信信号简单故障处理方法、站台门应急处理方法、突发事件应急处理方法等。

（8）相关法律、法规知识　包括《中华人民共和国劳动法》《中华人民共和国劳动合同法》《中华人民共和国安全生产法》《中华人民共和国突发事件应对法》《中华人民共和国消防法》《中华人民共和国特种设备安全法》《中华人民共和国反恐怖主义法》《生产安全事故报告和调查处理条例》等法律法规的相关知识。

（9）其他知识　包括国务院办公厅印发的《关于保障城市轨道交通安全运行的意见》《国家城市轨道交通运营突发事件应急预案》,交通运输部公布的《城市轨道交通运营管理规定》以及城市轨道交通安全运营管理相关知识。

5. 具备较强的心理素质

心理素质包括很多方面,一名优秀的列车司机应具备较强的抗压、快速反应及危机处理能力。

（1）抗压能力　抗压能力是个体面对逆境时,承受与调节心理压力和负面情绪的能力,主要是指对逆境的适应力、容忍力、耐力、战胜力。

列车司机压力源大致包括:

① 行车工作注意力高度集中,对人体精力和体力消耗较大;

② 长时间单独作业,工作内容单调繁复,较容易疲劳;

③ 处理行车事故,不可避免地要处理与乘客间的矛盾;

④ 行车工作必须遵守各项严格的规章制度;

⑤ 轨道企业管理模式变化,新设备、新技术的使用,需要不断学习,并适应新的环境;

⑥ 面对各级、各类考核与评比;

⑦ 避免行车事故。

压力每个人都有,压力过大,容易让一个人失去信心、丧失自我,影响自己的生活和工作。因此当压力来临时,必须学会自我调节。

① 自我正确认知:正确评估自己,接受自己,认识环境,适应环境。列车司机要正确理解轨

道交通企业各项规章制度的重要性,换位思考,就能自觉遵守规章制度。同时,不断学习专业知识,勇于面对新技术的挑战,适应新的岗位要求和素质要求。

② 自我调整心态:列车司机在工作中要引导自己关注行车工作的风险点,注重职业形象,建立列车司机的职业荣誉感。利用幽默、积极的自我暗示,保持乐观和良好的心态。

③ 善于应对工作:列车司机要做好职业规划,不断提升个人工作能力,挖掘工作中的积极面,学会分解、传递压力,把工作和生活分开。要充分认识到本岗位与其他岗位的相关性,团结协作,积极营造和谐的工作环境。

④ 掌握减压技术:列车司机可通过心理知识的了解与学习掌握减压技术,自我放松,进行放松舒缓训练。在工作之余,积极参加各种文化体育活动,通过阅读等各种活动转移注意力,缓解紧张的心理压力。

(2)快速反应能力　列车司机在行车过程中常常会遇到突发事件,需要快速反应,准确判断,果断采取措施。快速反应能力的提升应从平时训练入手。

① 要努力加强技能训练,提高业务水平,积累工作经验。列车司机要加强技术业务学习,熟悉列车基本技术性能,熟练掌握应知必会内容、故障处理方法、非正常行车办法、事故救援流程等专业知识,并积极参加技术竞赛、预案演练等活动,不断提升技术水平。

② 要勤于思考、善于分析、判断果断。列车司机要养成归纳总结的习惯,及时总结日常行车的经验体会,互相交流,取长补短。要克服在驾驶列车过程中时常出现的麻痹心理、急躁心理、紧张心理,在行车过程中遇到问题能采取适当措施,需要立即决定时,应当机立断,毫不犹豫。当事故无法避免时,应以损失最小为前提进行处理。

③ 要加强身体素质训练。列车司机需要有较好的身体素质、良好的感官和反应能力。平时应注重身体素质训练,行车前应充分休息,调整情绪,确保精神状态良好。

(3)危机处理能力　处理危机事件时,必须按照一定的原则妥善处理,取得公众的支持与谅解,尽快恢复企业的信誉和形象。危机处理应当遵循以下原则:

职业标准
城市轨道交通列车司机国家职业技能标准

① 积极主动原则:遇到危机时,要用积极的态度投入到危机处理工作中,寻求最佳的解决方案,争取专家的帮助和公众的支持与谅解。列车司机是行车事故现场的第一目击人,必须积极主动地参加到危机处理的全过程。要挺身而出,勇于承担责任,寻找解决问题的方法,变被动为主动。列车司机在危机面前不能推诿、回避调查,应主动配合,说明情况,妥善处理危机。

② 及时真实原则:危机发生后,要迅速反应,争取时间,果断处理,避免事态恶化和蔓延。列车司机必须在第一时间向上级领导汇报事故现场的所有信息,帮助上级领导作出正确的判断,及时采取措施,把危害降到最小。当现场情况发生变化,列车司机还要及时汇报新的情况。列车司机汇报现场情况要本着实事求是的态度,公布事实真相,让事实说话,才能防止流言蔓延。

微课
走近城市轨道交通列车司机

③ 冷静客观原则:发生危机事件,列车司机要沉着冷静、不急不躁,才能应对自如,客观对待。

④ 灵活处置原则:由于危机多属于突发事件,列车司机要严格按照相关事故预案的要求进行处理,对于在预案中没有包含的事项,应在取得上级领导的同意后,根据实际情况灵活处理。

三、城市轨道交通列车司机岗位规范

1. 着装规范

列车司机上岗时按规定统一着装,穿戴领带、肩章、黑皮鞋等,着装应整洁大方。在非工作时间,仍穿着工作制服的列车司机,着装和行为举止一律按上岗时的规定执行。男性不得留胡须、留长发、剃光头、染发等发型;女性不得浓妆艳抹和佩戴首饰,应将长发盘起置于发卡网兜内,如图 1-1 所示。

着制服时,应衣着整洁,不缺扣、不立领、不卷袖挽裤。上装要保持干净无皱褶(注意毛发灰尘),口袋内不装多余东西,裤子干净,裤线整齐。衬衣干净无皱纹,领口无污垢,衬衣下沿应束进裤内(夏装除外),衬衣不得漏扣或缺扣,系好领带。领带打好之后,外侧应略长于内侧,打好的领带应以领带下端正好触及腰带扣的上端为宜,不得过短或过长,如图 1-2 所示。

图 1-1　列车司机规范着装示例

图 1-2　领带系好示例

工帽应戴正,帽徽对准正前方,女帽保持帽檐水平状,男帽帽檐前缘与眉同高,如图 1-3 所示。

图 1-3　工帽戴法示例

工号牌应佩戴于领带与制服领口的中间处,呈水平状态。穿着衬衫时,工号牌应佩戴于左胸前,与袋口呈水平状态,如图1-4所示。工号牌损坏或丢失时,应佩戴胸卡,以便识别。

2. 用语规范

列车司机在上班期间与相关人员进行交流时,应使用普通话。

在工作交流时,应采用行车标准用语,阿拉伯数字"1、2、3、4、5、6、7、8、9、0"分别读作"幺、两、三、四、五、六、拐、八、九、洞"。

当列车自动报站故障或其他情况需要人工报站或播放清客广播时,列车司机应使用普通话,并保持语调沉稳、声音洪亮、吐字清晰、语速适中。

列车司机遇乘客求助时,如由于时间关系不能为乘客解答,应礼貌的指引乘客与车站站台岗或车站控制室人员联系。

在接待乘客投诉时,列车司机态度要和蔼、亲切,不得说斗气、噎人、训斥、顶撞的话。

3. 行为规范

(1)标准站姿如图1-5所示。

① 上半身挺胸收腹,收臀直腰,双手自然下垂,双肩平齐,头正,双眼平视前方。

图1-4 工号牌佩戴示例

② 下半身双腿直立,脚跟并拢,脚尖向外呈60°,V字形。

③ 站立时双手贴于身体两侧,紧贴裤缝;不要耸肩,斜靠墙柱、墙壁等,保持良好的精神面貌。

④ 立岗接班时,保持标准站姿,不背手、抱臂、抱握拳、玩手机及做其他无关的事情,不得把手插进口袋或将手搭在其他物品上;站台立岗保持跨立姿势。

(2)标准坐姿如图1-6所示。端坐,背挺直,眼睛平视前方,右手置于主控手柄旁(列车自动驾驶)或握住牵引手柄(人工驾驶),左手置于驾驶广播控制盒右侧区域。

图1-5 标准站姿

图1-6 标准坐姿

（3）标准走姿应抬头挺胸，收腹立腰，肩部放松，两臂自然前后摆动，重心前倾，双目向前平视，步幅适中均匀；不得左右摇晃或左顾右盼。

（4）呼唤应答标准手势　呼唤应答是指通过心想、眼看、手指、口呼需要确认的安全关键部位，以达到集中注意力、正确操作的一种安全确认方法。各城市轨道交通公司都要求列车司机必须严格执行呼唤应答制度，其目的是保证列车的行车安全。列车司机在隧道或者高架上驾驶列车，周围环境单调枯燥，时间一长，容易产生视觉疲劳和注意力不集中等现象，而列车运行中会遇到很多指示灯、信号灯、标识、道岔等，要求司机必须集中精力辨识和确认。为了防止司机走神，使其注意力高度集中，司机在行车中应按照"手指呼唤"的一套标准化规范进行呼唤应答作业。呼唤应答制度对站姿、坐姿、行走标准、呼唤时机、呼唤内容等都有严格、规范的执行要求，大部分城市轨道交通公司会将"司机在值乘中未按规定要求执行呼唤制度"列为 C 类一般事故，可见该项制度受重视的程度和其重要性。但需要注意的是，针对运营列车采用单司机还是双司机制度，呼唤应答的要求不同，各城市轨道交通公司根据自己的企业制度和企业文化要求，呼唤时机和呼唤内容设计得也不一样。

呼唤应答标准手势如图 1-7 所示。

① 手臂平直伸展，与肩同高，无名指、小指贴于掌心，大拇指压在无名指第二关节处，食指与中指并拢伸直，准确指向待确认的设备或部位。

② 列车静止时用右手完成规定动作，列车运行时用左手完成。

③ 手指准确指出所呼设备，同时呼唤设备状态，要求做到眼看（观察确认物状态）、手指（指出确认物）、口呼（呼出确认物状态）三点同步完成。

图 1-7　呼唤应答标准手势

④ 在进行呼唤应答时，不得间隔其他确认物。

四、城市轨道交通列车司机岗位纪律

微课

列车司机服务规范"三字经"

1. 遵守劳动纪律

（1）对于不能按规定时间到达指定地点出乘的，应及时电话通知当值派班员，并听从安排。

（2）出乘前临时需要请假的，必须提前电话通知当值派班员。

2. 服从指挥

（1）在正线，司机必须服从行车调度员（行调）的统一指挥。

（2）在车场，司机必须服从车厂调度的统一指挥。

（3）在列车调试、演练或发生紧急情况时，司机必须服从现场总指挥或事故处理主任的指挥。

3. 服从管理

（1）服从管理是城市轨道交通列车司机的首要责任。作为一名客车司机，首先应服从班组长（含轮值、派班员）及以上人员的管理，对班组作出的工作安排或指示，应予以执行。

（2）值乘期间，应主动接受班组长及以上人员的检查和监督，当检查发现问题被考核或批评指正时，应虚心接受并改正。

（3）对班组长及以上人员的工作安排、指示或检查批评有不同意见或不满的,应通过向上级领导反映寻求解决,不能因此带着情绪上线开车,更不能开斗气车、闷车。

（4）值乘运营列车过程中,遇身体不适的,应及时报告行车调度员,并通知正线轮值或派班员,请求协助。在具有相关操作资格的人员未到位接替前,应听从正线轮值或派班员的安排,并尽可能地维持列车的正常运行。严禁在未通知任何相关人员的情况下,擅自离岗或拒绝开车。

（5）班前规定的时间内及班中严禁喝酒。班前注意休息,班中保持注意力集中,值乘列车运行期间应保持坐姿端正,不间断地对前方进路进行瞭望,严禁在列车运行期间打瞌睡、打盹、闭目养神、看书、聊天等。

4. 工作禁令

（1）严禁在接受口头命令时,不按规定进行复诵。

（2）严禁擅自改变列车运行方式。

（3）严禁人车冲突后未确认人员状况时,再次动车。

（4）严禁在挤岔后未经专业人员确认时,再次动车。

（5）严禁在列车压警冲标、冒进信号时未及时报告行车调度员。

（6）严禁夹人夹物动车或车门未关闭且未采取有效措施时动车。

（7）严禁擅自通过按规定应停车的车站或在规定应通过的车站停车。

（8）严禁在非涉及行车事宜时,使用手机。

（9）严禁在运营线路抛弃杂物。

五、城市轨道交通列车司机管理

1. 派班管理

列车司机的派班管理工作一般由派班室统一负责管理,派班员必须严格按照《运营时刻表》执行行车工作,及时公布和传达有关的安全指示精神及行车注意事项。

（1）派班室负责根据《运营时刻表》编制及时更新列车司机交路图及配套的列车司机出勤表。

（2）当班派班员必须掌握全体列车司机的动向,并根据生产计划及施工计划需要安排、监督列车司机出乘及待乘等工作。

（3）派班员负责核对施工周计划及每日临时补充计划,根据各类计划要求合理安排列车司机的派班工作。

（4）确因工作需要,可安排列车司机临时值乘。原则上临时值乘的列车司机,特别是参与调试作业的列车司机名单应由有关部门决定。计划内的临时值乘任务,派班员应在规定时间前确定临时值乘列车司机名单,并在规定时间内负责通知值乘的列车司机。

（5）列车司机接到派班员的通知后,应及时出勤,服从安排,无特殊情况不得以任何理由推诿或拒绝接受任务。在紧急情况下被指定临时值乘的列车司机必须无条件服从安排,完成工作任务。

2. 司机公寓管理

司机公寓是城市轨道交通列车司机待乘休息的重要场所,由城市轨道交通运营公司相关部门统一负责管理和使用。

（1）由当班派班员负责安排当班列车司机入住公寓,派班员将人员入住的房间号和叫醒时间等信息填写在《司机公寓叫班表》(见表1-1)上,交由公寓管理员执行。临时值乘的列车司机如需在公寓待乘,应凭当班派班员开具的《司机公寓临时入住单》(见表 1-2)由公寓管理员安排入住指定的房间。

表 1-1　司机公寓叫班表

_____年_____月_____日_____班　　　　　　　　公寓管理员_____

序号	车次	房间号	司机姓名	叫醒时间	确认签名	备注

表 1-2　司机公寓临时入住单

入住人姓名		部门		岗位	
审批人		房间号		日期	
入住事由					
叫醒时间				管理员签章	

(2)其他人员因特殊原因入住公寓时,需要向城市轨道交通运营公司相关部门提出申请,由公寓管理员安排入住指定的房间;但首先必须保证列车司机的使用需求。

(3)待乘的列车司机一律凭有效证件入住公寓,按照《司机公寓叫班表》指定的房间号入住,严禁私自调房。

(4)所有入住人员应服从公寓管理员安排,临时入住人员与待乘的列车司机应分开就寝。

(5)入住人员应自觉保持室内卫生,爱护环境,不得在室内乱涂乱画,不得随意移动室内设备和物品。要爱护室内公共财物,损坏应照价赔偿。

(6)公寓内不得大声喧哗,所有人员在指定的地点就餐。严禁在寝室内吸烟、打牌、饮酒、玩游戏等,不得随地吐痰。

(7)离开公寓时应关好门窗,关闭电源及空调开关,并与公寓管理员交接。

3. 司机待乘室、休息室管理

司机待乘室和休息室是为了让城市轨道交通列车司机在值乘工作期间有一个良好的休息环境和休息质量而设置的司机专用休息场所,配置了桌、椅、床、空调等物品。

(1)列车司机应按要求及操作规程使用待乘室、休息室内设备,爱护待乘室内所有公共财物,损坏应照价赔偿。

(2)不得在待乘室、休息室内打闹、喧哗,不得在待乘室、休息室内任何地方及公物上乱涂乱写,不得随意移动室内的设备或物品。

(3)保持室内卫生,不得在室内乱吐痰、扔废物、抽烟,用餐完毕应及时清理。

(4)运营结束后,工班人员必须打扫好室内卫生,锁闭室门。

(5)负责开启和锁闭待乘室的工班必须对室内物品及行车用品、备品进行清点,并由司机长在《司机长交接班日志》上做好记录、签认。

任务 1.2　出勤

 知识准备

一、出勤规定

出勤是列车司机在运营前的重要准备阶段,在这个阶段中应做好出勤前的各项准备工作,包括业务准备、生理准备、心理准备。

(1)出乘前10 h严禁饮酒或服用影响精神状态的药物,做好充分休息,生理和心理状况必须符合工作要求。

(2)值乘早班交路时,值乘司机应在公司公寓备班,保持精力充沛。

(3)公寓备班时,必须严格执行公寓备班管理制度,公寓入住时执行签到制度,签到后不准外出(特殊情况经当值队长或车辆段派班员同意者除外)。公寓备班或借宿期间,禁止饮酒或影响他人休息。

(4)严格执行叫班签认制度,保证准时出乘。

(5)列车司机应按相应交路表规定的时间、地点到指定的出勤地点出勤。

(6)备用列车司机应在首班车出库前的规定时间出勤,出勤后对备用列车进行检查,检查后应在列车司机候乘室内待命,严禁擅自外出或到列车司机公寓休息。

(7)出勤时应按规定着装,并携带好计时工具、工作证、有效驾驶证、行车备品及规章文本。严禁无证上岗,不得携带与行车无关的物品,手机调至振动或飞行模式。

二、交路表

交路表是城市轨道交通列车司机每日值乘车次的合理、有序的集合表,如图1-8所示。交路表通常有交路号、出勤地点、出勤车次、叫班时间、出勤时间、出库/动车时间、值乘车次、退勤地点、公里数等要素。其中,交路号是交路表中司机所值乘的序号。每一名司机每天值乘一个交路号,并按该交路号规定的值乘车次驾驶列车,最后组成了每一天运营的所有列车车次,确保列车在正线的正常运营。也可以根据最大的交路号,统计出每一天所需要的值乘司机数量。当需要增加人数或者减少人数时,就可以通过修改交路来实现。

微课

5 min 教你看懂交路表

交路是优化列车司机工作量的重要依据。通过交路表,列车司机还可以获知其退勤地点,以及该交路的行车公里数,给乘务日常工作的统计与分析提供方便。

微课

早班出勤

三、车辆段/车场出勤

车辆段/车场出勤时,应按列车出库时间提前到运转值班室(派班室)向运转值班员(派班员)出勤,听从运转值班员(派班员)的安排,其作业流程如图1-9所示。

(1)规范填写《司机日志》 《司机日志》见表1-3,其中运行揭示及注意事项一栏是填写的重中之重。这一栏主要是抄写运行揭示,包括行车的安全关键点和注意事项。这些内容司机必须熟记于心，根据其做好安全预想，并在行车时提醒自己提高警惕。

乘务一车间Z1005交路表

交路号	出勤地点	出勤车次	叫班时间	出勤时间	出库动车时间	值乘车次	退勤地点	公里数
早1	车辆段	002	4:29	4:59	5:09	002-007-042	A站	70
早2	车辆段	坐002	4:29	4:59	5:09	坐002-003-036-039	A站	80
早3	车辆段	004	4:36	5:06	5:16	004-009-044	A站	70
早4	车辆段	坐004	4:36	5:06	5:16	坐004-005-040-043	A站	80
早5	车辆段	852	4:28	4:58	5:23	852次文昌阁存车线备用	A站	55
早6	车辆段	006	4:34	5:04	5:29	006-011-046	A站	70
早7	车辆段	008	4:39	5:09	5:34	008-013-048	A站	70

注意事项：1、司机出勤时认真学习《Z1005》运行图执行说明；2、除002次、004次司机不用检车外，其余车次皆由出车司机负责所担当车次全检；3、库备车整备作业完毕后关闭照明、空调，锁好通道门和司机室侧门。

交路号	出勤地点	接车车次	出勤时间	接车时间	值乘车次	退勤地点	公里数
中1	A站	031	8:02	8:12	031-066-069-102-105-136-139-170	A站	180
中2	A站	042	8:07	8:17	042-045-080-083-116-119-150-153	A站	170
中3	A站	033	8:08	8:18	033-068-071-104-107-138-141-172	A站	180
中4	A站	044	8:14	8:24	044-047-082-085-118-121-152-155	A站	170
晚1	A站	147	15:27	15:37	147-180-183-220-223-254-257回段	车辆段	170
晚2	A站	149	15:35	15:45	149-182-185-222-225-256-259回段	车辆段	170
晚3	A站	151	15:43	15:53	151-184-187-224-227回段	车辆段	120
晚4	A站	153	15:51	16:01	153-186-189-228-231-260-263回段	车辆段	170
晚5	A站	852	16:20	16:30	852次文昌阁存车线备用-851回段	车辆段	55
晚6	A站	155	16:00	16:10	155-192-195-230-233-262-265回段	车辆段	170

图 1-8　交路表

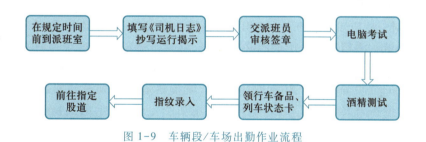

图 1-9　车辆段/车场出勤作业流程

表 1-3　司　机　日　志

日期		车次		车号	
司机		学员		天气	
出勤时间		派班员签名			
退勤时间		派班员签名			

当班交路

运行揭示及
注意事项

续表

规章执行及任务 完成情况	
客车状况	
备注	

（2）交派班员签章确认　司机填写完《司机日志》后，交给派班员审核。这时，派班员会确认司机的精神状态，审核《司机日志》抄写的运行揭示是否完整、正确，再次口头转达有关安全注意事项，符合安全行车要求后签章，并交还司机。

（3）电脑考试　抄写完《司机日志》对当日工作有大致的了解后，一些地铁公司还会对司机进行电脑抽考，对一些应知应会的专业知识进行抽测。测试合格才允许出乘。

（4）酒精测试　酒精测试是出勤的必经程序，但城市轨道交通列车驾驶的酒驾测试标准比平时的汽车酒驾判定标准要严苛得多。平常汽车酒驾判定标准是每百毫升血液中的酒精含量大于等于 20 mg/100 ml，小于 80 mg/100 ml。城市轨道交通列车司机的酒精检测必须是 0 mg/100 ml，才可在当天值乘列车，列车司机使用如图 1-10 所示的酒精测试仪进行酒精检测时。

（5）领取并核对行车备品和《列车状态卡》　酒精测试合格后，司机将从派班员处领取列车主控钥匙、屏蔽门钥匙、方孔钥匙、对讲机、800 m 无线电台等行车备品（如图 1-11 所示）以及《列车状态卡》（见表 1-4）、《司机报单》（见表 1-5）等表单，这些都是司机驾驶必备的物品。主控钥匙用来激活列车；屏蔽门钥匙用来在异常情况下手动开关屏蔽门；方孔钥匙用来打开或锁闭设备柜或者用来进行门切除等；对讲机用于在车站时和车站人员联系；800 m 电台用于在车场与信号楼值班员、在正线与 OCC 指挥中心行车调度联系。而列车状态卡标明了列车的停放位置和技术状态，因此，司机要仔细检查确认备品的功能完好，状态卡信息完整，列车状态良好，并在《司机出退勤登记簿》（见表 1-6）上登记，交由运转值班员（派班员）确认列车司机符合出勤条件并在《司机报单》上签章。

图 1-10　酒精测试仪

　　主控钥匙　　屏蔽门钥匙　　方孔钥匙　　400 m对讲机　　800 m对讲机

图 1-11　部分行车备品

表 1-4　列车状态卡

车号		股道		日期	

列车技术状态良好,符合运营条件,可投入运营:

检修调度:＿＿＿＿＿＿＿　　　　　　　　　　　　年　　月　　日　　时　　分

车场调度:＿＿＿＿＿＿＿　　　　　　　　　　　　年　　月　　日　　时　　分

备注:

＿＿＿

＿＿＿

＿＿＿

＿＿＿

对上述内容已确认,可以出车:

车场调度:＿＿＿＿＿＿＿　　　　　　　　　　　　年　　月　　日　　时　　分

出段车次:＿＿＿＿＿＿＿　　　　　　　　　　　　年　　月　　日　　时　　分

出段司机:＿＿＿＿＿＿＿　　　　　　　　　　　　年　　月　　日　　时　　分

当天列车是否有故障:

是(并已记录)□　　　　否　　□

入库车次:＿＿＿＿＿＿＿

入库司机:＿＿＿＿＿＿＿　　　　　　　　　　　　时　　　分

车场调度:＿＿＿＿＿＿＿　　　　　　　　　　　　时　　　分

出库公里数:　　　　　　　　　　　入库公里数:

	序号	时间	故障情况	采取措施	司机签字
故障记录					

表 1-5 司 机 报 单

No：　　　　　　　　　　　　　　　　　　　　　　　　日期：_____年_____月_____日

工号				派班员签章		
姓名				出勤时间		
职务				退勤时间		
序号	车组号	车次号	始发站	时间	终点站	时间
1						
2						
3						
4						
5						
6						
7						
8						
9						
10						
本班工时				走行公里数		

行车记录：

（6）指纹录入　上述步骤顺利完成后，司机进行指纹录入，如图 1-12 所示，然后持《列车状态卡》到车库规定的股道进行整备作业，出勤的全部程序到此全部完成。

图 1-12　指纹录入

表 1-6　司机出退勤登记簿

_____年_____月_____日_____班　　　　　　　　　　　　　派班统计员_____

序号	车次	车号	司机姓名	出勤时间	退勤时间	电台号
1						
2						
3						
4						
5						
6						
7						
8						
9						
10						
11						
12						
13						
14						
15						

四、正线出勤

正线出勤作业流程如图 1-13 所示。正线出勤时，列车司机必须保持精神状态良好，按规定着装，并带齐个人备品，按接车时间提前到线路车站的指定候乘室，向班组长出勤。在出勤时认真阅读行车注意事项，做好安全预想，在《司机日志》上做好记录，并认真参加班前会，在派班员处领取《司机报单》，并在《司机出退勤登记簿》上登记，由派班员或司机长确认列车司机符合出勤条件并在《司机报单》《司机日志》上签章后，列车司机方可出勤，到指定位置接车，上车后与接车司机交接客车钥匙和行车备品，并确认备品齐全、作用良好。遇特殊线路，需线路两头出勤时，可通过电话方式向班组长出勤。

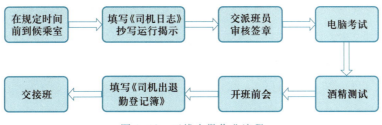

图 1-13　正线出勤作业流程

五、电话出勤

电话出勤时,列车司机应保持精神状态良好,着装符合上岗要求,带齐个人备品,按出勤时间提前到换乘室(车站车控室)打电话给派班员出勤,派班员确认来电显示为电话出勤地点,传达行车指示内容给出勤司机,出勤司机记录下派班员所传达的行车指示并复诵给派班员,并传达给共同出勤人员,由派班员确认记录正确后,列车司机方可出勤。出勤完毕,列车司机按要求到达接班地点接班值乘。

任务实施

出勤作业工单

班级		学习小组	
姓名		学号	
任务名称	出勤作业		
任务描述	以小组为单位，组员分别扮演列车司机、派班员、考核员，司机严格按照作业流程和标准进行出勤，考核员按标准进行考核评价		
任务要求	1. 出勤作业流程正确：作业步骤完整、顺序正确，无漏项 2. 出勤作业方法正确规范：每一步操作内容完全符合作业标准 3. 出勤的各项表单填写工整、规范、完整		

任务实施

序号	作业步骤	作业内容	作业标准	是否执行	是否规范
1	准备工作	规范着装	按规定穿着工作制服		
			工帽戴正，帽徽对准正前方，帽檐前缘与眉同高（女生长发盘起，置于发卡网兜内）		
			肩章清洁平整，对称佩戴于肩部		
			领带外侧略长于内侧，下端正好触及腰带扣上端，长度适中		
			衬衫下摆扎于裤子内		
		检查自带行车备品	手电筒、秒表等		
		检查自带文本规章	司机日志、司机手册等		
		手机模式调整	手机调至振动或飞行模式		
2	派班室	查阅交路表	在交路表上确认出勤及值乘的车次		
	报到	到达派班室	按交路表规定的出勤时间提前到达派班室		
3	填写《司机日志》	填写基本信息	填写工整、清晰		
		填写运行交路	填写正确、工整		
		抄写运行揭示	填写工整、清晰、无漏项		

续表

序号	作业步骤	作业内容	作业标准	是否执行	是否规范
4	交派班员签章确认	确认司机精神状态	精神振作,状态饱满		
		审核《司机日志》	运行揭示抄写完整、正确		
		口头转达安全注意事项	派班员口头转达有关安全注意事项,司机认真听取		
		签章确认	符合安全行车要求后签章交还司机		
5	电脑测试	应知应会测试	答题过程规范,无舞弊现象		
			结果完全正确		
6	酒精测试	使用酒精测试仪	使用规范、正确		
		测试结果符合要求	酒精含量为 0 mg/100 ml		
7	领取行车备品和《列车状态卡》	领取行车备品	清点行车备品规格及数量		
			检查行车备品的功能		
		领取《列车状态卡》	检查《列车状态卡》信息完整、列车状态良好		
		填写《司机出退勤登记簿》	填写完整、准确、规范		
		填写《司机报单》	填写完整、准确、规范		
		交派班员确认签章	《司机出退勤登记簿》《司机报单》交派班员确认签章		
8	指纹录入	按压指纹扩大器	正确录入指纹		
	出勤结束				

任务评价

班级		学习小组	
姓名		学号	
任务名称		出勤作业	

序号	评价内容	评价标准	分值	评价方式	得分
1	自主学习能力	在线课程学习时间和进度符合要求	10	师评	
		作业上交及时,准确度高	10	师评	
		积极参与在线讨论,有效回帖 5 个以上	5	机评	
2	应知应会知识	知识掌握全面、准确	10	机评	
3	备品携带	齐全,无漏项	5	互评	
4	出勤流程	步骤完整、正确,无漏项	10	互评	
5	表单填写	表单填写完整、清晰、准确	10	互评	
6	电脑考试	答题正确	10	互评	
7	行车备品领取	有清点环节,有功能查验环节	5	互评	
8	完成时间	10 min 内完成应知应会考试	2	互评	
		10 min 内完成出勤操作	2	互评	
9	团队合作	能与团队成员合作,共同完成工作任务	2	自评	
			2	互评	
			3	师评	
10	执行力	能服从老师、组长的安排	2	自评	
			2	互评	
			3	师评	
11	纪律责任意识	遵章守纪,有较强的责任意识	2	自评	
			2	互评	
			3	师评	

 任务反思

1. 城市轨道交通列车司机出勤时为什么要抄写运行揭示?

2. 城市轨道交通列车司机出勤时要注意哪些事项?

任务 1.3　交接班

 知识准备

一、车辆段/车场交接班

列车司机在停车库内交接班时,接班司机应与交班司机进行对口交接,交接内容包括:列车钥匙、驾驶专业物品、《司机报单》以及当日正线运行注意事项,并对列车进行检查和试验,了解列车的技术状况,一旦发现列车故障或车辆状况不符合出库要求时,应及时向信号楼及派班室报告。

二、正线交接班

列车司机在正线交接班时,接班司机需等交班司机办理完开关门作业后,再执行对口交接工作,交接内容包括:列车钥匙、列车行驶交路、所交接列车的技术状况、驾驶专业物品、《司机报单》、继续有效的行车命令以及其他有必要交接的内容;如遇设备故障或发生事故情况,以及在规定时间内未交接完毕的,应随车继续交接,直至处置或交接完毕。

三、存车线备用列车交接班

存车线备用列车交接班时,交接班司机应跟车进出存车线路。必须步行进入的,交接班司机应向行车调度员申请,按照面向来车方向通行路径,说明进出路线,得到其同意后,方能下线路与备车司机交接班。进入线路行走时,应加强对线路的瞭望,尽量靠线路限界外侧行走,确保自身安全。

接班司机与交班司机交接完毕后,必须在司机交接班本上签字确认。

四、交接班"三做到"

交接班做到一听、二查、三交接。

一听:听交班人员交接运营情况、车辆状况及有效命令等事项。

二查:认真查看有关命令、运营情况、车辆状况、《故障记录单》及工具备品。

三交接:端正站立、目迎、两转体。

（1）端正站立　交接人员站在规定位置,端正站立。两手自然下垂,两脚并拢。

（2）目迎　接班人员双目平视进站列车。

（3）两转体　接班人员在规定位置站立,待列车进站时面向来车方向端正站立,目迎列车进站。当进站列车经过后立即转体面向列车车门,并注意监听列车有无异响。

五、交接内容

① 确认列车表号和车次。

② 列车运行时刻和运行早、晚点情况。

③《故障记录单》和《司机报单》。

④ 驾驶室门钥匙和备品齐全,工具箱锁闭良好。

⑤ 列车车辆技术状况。

⑥ 继续有效的调度命令。

⑦ 有关行车注意事项。

⑧ 段内预备车交接做到双方共同试车确认。

六、交接班具体流程

1. 到达候乘室

接班司机按交路表规定出勤时间提前到达候乘室。

2. 立岗接车

接班司机提前 5 min 到达规定接班地点,站立于黄线外侧、站台端部,面向来车方向立岗,迎接列车进站。立岗标准为头正、颈直、肩压、胸展、臂垂、腹收、膝提、趾抓,如图 1-14 所示。

3. 开客室车门

当列车到站停稳时,接班司机左转面向司机室。交班司机下车,手动开启客室车门,然后,身体与列车呈 45°夹角立岗,进行上下客监护。

4. 工作交接

如图 1-15 所示,交、接班司机互相敬礼后,正式开始工作交接。首先交接列车状态、继续有效的行车指令,交班司机口呼:"××次,安全无事",接班司机复诵,然后交接主控钥匙、800 m 电台等行车备品,接班司机口呼:"800 m 钥匙有",交班司机复诵。

图 1-14   接班司机立岗标准

图 1-15   交、接班司机互相敬礼

5. 关客室车门

交接完毕,交班司机入司机室取包,接班司机进入黄线内立岗,继续监护乘客上下车,并掌握时机关客室车门。客室车门关好后,交班司机下车在黄线外侧立岗,两人共同确认车门关好,且无夹人夹物,无异物侵入黄线内,如图 1-16 所示。

6. 立岗发车

接班司机入司机室,交班司机继续立岗观察有无异物侵入黄线内。直到列车启动时,交班司机左转面向列车,目送列车安全离站,如图 1-17 所示。到此,正线交接班工作全部完成。

图 1-16　交接班司机共同确认车门关好

微课
正线交接班

图 1-17　交班司机目送列车安全离站

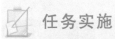任务实施

正线交接班作业工单

班级		学习小组	
姓名		学号	
任务名称	正线交接班作业		
任务描述	以小组为单位,组员分别扮演接班司机、交班司机、派班员、考核员,司机严格按照作业流程和标准进行正线交接班,考核员按标准进行考核评价		
任务要求	1. 交接班作业流程正确:步骤完整、顺序正确,无漏项 2. 交接班作业方法正确规范:作业过程中,每一步操作符合作业标准。呼唤应答时口呼内容原则上不要求与标准一字不差,只要表达的内容完全一致即可		

任务实施

序号	作业步骤	作业内容	作业标准	是否执行	是否规范
1	到达派班室	查阅交路表	在交路表上确认出勤及值乘的车次		
		到达候乘室	按交路表规定出勤时间提前到达候乘室		
2	立岗接车	交班司机:通知接车	用语清晰、准确		
		接班司机:站台立岗	提前 5 min 至站台端部面向来车方向立岗		
			立岗姿势规范		
3	列车到站开门	接班司机:接车	列车停稳时,左转面向司机室		
		交班司机:开门	列车停稳时,下车开客室车门		
		交班司机:上下客监护	身体与列车呈 45° 夹角,监护乘客上下车		
4	工作交接	互相敬礼	敬礼姿势正确,保持 2 s 礼毕		
		交接列车状态、继续有效的行车指令	交班司机口呼:"××次,安全无事"		
			接班司机复诵		
		交接行车备品	接班司机口呼:"800 m 钥匙有"		
			交班司机复诵		
5	关客室车门	立岗监护上下客	接班司机立岗监护上下客		
			交班司机入司机室取包,交班司机下车站接班司机外侧立岗		

续表

序号	作业步骤	作业内容	作业标准	是否执行	是否规范
5	关客室车门	关门	接班司机掌握时机关门		
			两人共同确认车门关好无夹人夹物，无异物侵入黄线内		
6	立岗发车	立岗	接班司机进入司机室		
			交班司机继续立岗观察有无异物侵入黄线内		
		发车	接班司机启动列车驶离站台		
			交班司机转身目送列车安全离站		
	交接班结束				

任务评价

班级		学习小组	
姓名		学号	
任务名称		正线交接班作业	

序号	评价内容	评价标准	分值	评价方式	得分
1	自主学习能力	在线课程学习时间和进度符合要求	10	师评	
		作业上交及时,准确度高	10	师评	
		积极参与在线讨论,有效回帖5个以上	5	机评	
2	应知应会知识	知识掌握全面、准确	10	机评	
3	交接班流程	步骤完整、正确,无漏项	5	互评	
4	立岗接车	操作正确、规范	5	互评	
5	列车到站开门	操作正确、规范	10	互评	
6	工作交接	交接内容完整,操作规范	10	互评	
7	关门发车	操作正确、规范	10	互评	
8	完成时间	10 min 内完成应知应会考试	2	互评	
		10 min 内完成正线交接班操作	2	互评	
9	团队合作	能与团队成员合作,共同完成工作任务	2	自评	
			2	互评	
			3	师评	
10	执行力	能服从老师、组长的安排	2	自评	
			2	互评	
			3	师评	
11	纪律责任意识	遵章守纪,有较强的责任意识	2	自评	
			2	互评	
			3	师评	

 任务反思

1. 交接班期间,如遇接班司机没有及时到岗,交班司机该怎么做呢?

2. 城市轨道交通列车司机交接班的内容有哪些?

3. 交接班时,如遇列车故障,司机该怎么做呢?

任务 1.4　退勤

 知识准备

一、车场内退勤

车场内退勤作业流程如图 1-18 所示。列车司机在停车场内退勤时,应到运转值班室(派班室)与运转值班员(派班员)办理退勤手续,并与运转值班员(派班员)做好移交手续,移交内容包括电动列车钥匙、《司机报单》、对讲机、应急包等,并汇报列车的技术状况及当日列车运行情况。

图 1-18　车场内退勤作业流程

微课

晚班退勤

① 回场后,应将列车停在接车股道的指定停车位置。

② 填写好《列车状态卡》与《司机报单》。

③ 列车司机到车场调度处归还《列车状态卡》。

④ 向运转值班员(派班员)汇报当班的运营情况,发生事件时填写《行车事故(事件)单》(见表 1-7)。

表 1-7　行车事故(事件)单

_____年_____月_____日

车号		车次		司机姓名	
事件类别			□掉线　□救援　□清客　□其他		
发生时间		发生地点		审核人	

事故(事件)概况:

事故(事件)处理情况:

部门负责人意见:

⑤ 由运转值班员(派班员)盖章确认《司机日志》下个班次的出勤时间和地点正确,审核《行车事故(事件)单》《司机报单》填写正确,确认归还的列车钥匙、行车备品完好后,运转值班员(派班员)方可在《司机报单》《司机日志》上盖章,准许列车司机退勤。

二、正线退勤

列车司机在正线退勤时,应到规定地点退勤,将当日运营情况向接班班组长汇报。遇值乘列车发生事故、严重晚点或乘务管理部门认为有必要时,值乘列车司机应到运转值班室(派班室)办理退勤手续,书面报告事件经过并积极配合调查。正线退勤作业流程如图 1-19 所示。

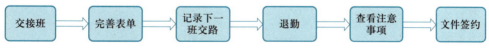

图 1-19　正线退勤作业流程

① 列车司机必须完成交接班后方可办理退勤,如因交路混乱或其他原因造成交接班时间到点而无人交接班时,列车司机应坚守岗位,按顺序继续值乘,等待司机长安排替班人员完成交接班后方可退勤。

② 列车司机必须对当日列车运营情况和车辆故障情况进行记录、做好交接。对有故障的车辆,列车司机必须认真填写《列车状态卡》。

③ 对运营中发生的事故或事件,列车司机应翔实地记录于《司机报单》上。

④ 列车司机交接完毕,下车前应确认交接的行车备品齐全、无损坏。

⑤ 由派班员盖章确认《司机日志》下个班次的出勤时间和地点正确,审核《行车事故(事件)单》《司机报单》填写正确,派班员方可在《司机报单》《司机日志》盖章准许列车司机退勤。

三、电话退勤

① 完成本班工作与接班司机进行交接后,到换乘室打电话给派班员退勤,汇报本班工作情况并落实归还行车备品。

② 当班期间发生特殊情况时须填写《行车事故(事件)单》,原则上应亲自交给派班员确认。

③ 向派班员报告下一个班次的出勤时间和地点,得到其允许后方可退勤。

④ 当班期间发生安全问题的,不得采用电话退勤。

四、不得退勤的情况

① 不在规定退勤地点。

② 设备备品不清。

③ 接班司机未到岗。

④ 发生车辆故障或行车事件未交接清楚。

⑤ 不具备退勤的其他情况。

 **任务实施**

退勤作业工单

班级		学习小组	
姓名		学号	
任务名称	退勤作业		
任务描述	以小组为单位,组员分别扮演列车司机、派班员、考核员,司机严格按照作业流程和标准进行退勤,考核员按标准进行考核评价		
任务要求	1. 退勤作业流程正确:作业步骤完整,顺序正确,无漏项 2. 退勤作业方法正确规范:每一步操作内容完全符合作业标准 3. 退勤的各项表单填写工整、完整、规范		

任务实施

序号	作业步骤	作业内容	作业标准	是否执行	是否规范
1	到达派班室	到达派班室	按交路表规定退勤时间提前到达派班室		
2	填写《司机日志》	填写"退勤时间"	填写工整、清晰		
		填写"规章执行及任务完成情况"	填写完整、工整、清晰		
		填写"客车状况"	填写完整、工整、清晰		
3	填写《司机报单》	填写"退勤时间"	填写完整、工整、清晰		
		填写值乘过程记录	填写完整、工整、清晰		
		填写工时里程数	填写完整、工整、清晰		
		填写"行车记录"	填写完整、工整、清晰		
4	填写《列车状态卡》	填写列车入库信息	填写完整、工整、清晰		
		填写列车故障记录	如有故障,则填写完整、工整、清晰		
5	填写《行车事故（事件）单》	填写基本信息	填写工整、清晰		
		填写事故概况	填写完整、简明扼要、思路清晰		
		填写事故处理情况	填写完整、简明扼要、思路清晰		
6	交派班员签章确认	审核上述四份表单	填写的内容是否规范准确		
		签章确认	核对无误后签章留存		
7	归还行车备品	清点行车备品	规格及数量均正确		
		检查行备品的功能	各备品功能完好		
8	指纹录入	按压指纹打卡器	正确录入指纹		
	退勤结束				

任务评价

班级		学习小组	
姓名		学号	
任务名称		退勤作业	

序号	评价内容	评价标准	分值	评价方式	得分
1	自主学习能力	在线课程学习时间和进度符合要求	10	师评	
		作业上交及时,准确度高	10	师评	
		积极参与在线讨论,有效回帖 5 个以上	5	机评	
2	应知应会知识	知识掌握全面、准确	10	机评	
3	退勤流程	步骤完整、正确,无漏项	10	互评	
4	表单填写	表单填写完整、清晰、准确	20	互评	
5	行车备品归还	有清点环节,有功能查验环节	10	互评	
6	完成时间	10 min 内完成应知应会考试	2	互评	
		10 min 内完成退勤操作	2	互评	
7	团队合作	能与团队成员合作,共同完成工作任务	2	自评	
			2	互评	
			3	师评	
8	执行力	能服从老师、组长的安排	2	自评	
			2	互评	
			3	师评	
9	纪律责任意识	遵章守纪,有较强的责任意识	2	自评	
			2	互评	
			3	师评	

 榜样力量

"北京地铁第一人"廖明

如图 1-20 所示为北京地铁司机廖明,五十岁有余。像这样年纪的地铁司机,就如同他拿下的诸多劳模奖章一样,在全国并不多见。

北京地铁密如蛛网,无数列车在高速运行,稍不注意每一分、每一秒都可能出现问题,所以北京地铁对司机有着非常苛刻的标准:列车晚点 5 min 以上算事故;某个车门未关严,列车启动算事故;红灯动车算事故;停车超过规定线算事故……触犯一项,之前的安全纪录全部归零。正是在这样严苛的环境中,廖明一圈、一圈、再一圈……坚持了33年,安全行车110万公里,成为全国地铁安全行车里程最长的人。

伴随着该无事故里程记录不断被刷新,这位"地铁明星"的荣誉也一次次刷新,"感动交通十大年度人物""安全行驶百万公里第一人""首都劳动模范"……但在廖明看来,如果你用5年去学做一件事,你就可以做好这件事;用10年,你就是这件事的专家;20年、30年你还在专注这件事,你就是这件事的权威,可以称之为这个行业的"工匠"。

图1-20　北京地铁司机廖明

 任务反思

1. 城市轨道交通列车司机应具备怎样的能力和素质?
2. 地铁"工匠"是如何炼成的?
3. 哪些情况下,城市轨道交通列车司机不得退勤?

任务2
列车整备作业

 【任务描述】

　　列车在投入正线运营前,城市轨道交通列车司机应对列车的整体状态进行检查,以确定列车是否具备运营条件,称为整备作业。整备作业完毕,状态良好的列车才能在信号楼值班员和行车调度员的指挥下出库运营。本任务要求学生按照正确的流程及标准,在规定时间内进行一次列车整备作业。

 【知识目标】

1. 掌握车辆总体、驾驶室及客室的基本构造。
2. 掌握列车整备作业的基本流程和作业标准。
3. 掌握车辆及设备的编号规则。
4. 掌握列车左右侧和Ⅰ、Ⅱ位端的定义。

 【能力目标】

1. 能正确识别车下设备、驾驶室设备及客室设备。
2. 能按正确的走行路线和流程进行整备作业。
3. 能正确、规范、独立地完成列车静态检查作业。
4. 能正确、规范、独立地完成列车动态试验作业。

 【素养目标】

1. 具备严谨细致、精益求精的工匠精神。
2. 具备遵守规程、规范操作的职业习惯。
3. 具备高度的安全意识和责任心。

任务 2.1　整备作业路线规划

知识准备

一、整备作业内容

城市轨道交通列车整备作业是列车司机在出勤后按技术规定和操作规范对即将投入运营的列车部件、性能进行各种检查、试验以满足城轨列车良好的运用状态,保证城市轨道交通列车运行安全的重要环节。列车司机必须熟悉整备作业的内容、走行路线及作业流程,才能高效、准确地检查列车,确保列车状态良好的投入运营。

整备作业包括静态检查和动态试验两大部分。

静态检查主要包括对车体及车下设备、两端司机室的设备、客室设备进行检查。如车体、运行灯、头灯/尾灯等有无明显损坏变形;转向架、车钩外观是否良好;变流器箱、制动电阻箱等是否锁闭正常;客室照明、广播、信息屏、空调通风、车门、车窗、设备柜、安全应急设备等是否符合运营条件;操纵台仪表、开关、指示灯,设备柜所有旁路开关、切除开关,司机室内挡风玻璃、司机室门等功能是否正常,位置是否正确,铅封是否齐全,其状态是否满足城轨列车上线运营条件等。

动态试验分别在两端司机室进行,主要对列车牵引、制动、门开关等项目进行性能调试。

二、整备作业路线规划

列车整备作业的地点在停车列检库。停车列检库是车辆段最重要的设施之一,运行列车的停放、日常整备、技术检查和一般性故障处理都在这里完成。

列车司机应在规定时间内对列车进行静态检查和动态试验,以确保列车运行安全并提高服务质量。大部分城市轨道交通运营企业规定整备作业时间为 30 min。为了提高作业效率,以及确保检查到位、避免漏检,规定整备作业要严格按照规定的顺序或者行走路线进行,并采用手指口呼的方式进行确认。

三、整备作业流程

列车司机应掌握列车整备作业流程,按作业标准对列车进行检查与试验,确保列车性能达到运营技术状态。以长沙地铁 1 号线列车为例,其整备作业流程如图 2-1 所示。

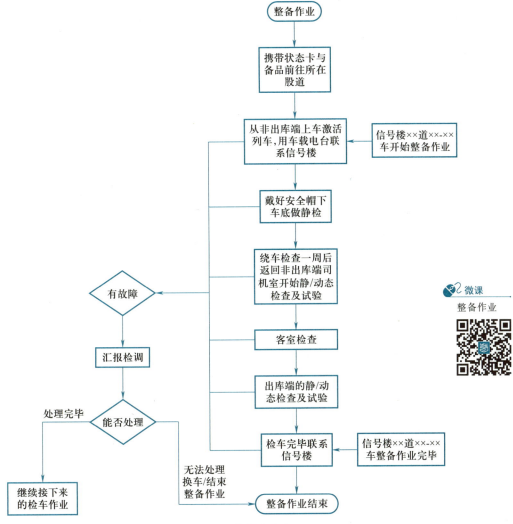

图 2-1 整备作业流程

任务实施

整备作业路线规划工单

班级		学习小组	
姓名		学号	
任务名称	整备作业路线规划		
任务描述	根据整备作业的内容及流程,按照提高时间最短、效率最高、保证不漏项的思路,合理规划整备作业的路线,画出整备作业走行路线图		
任务要求	1. 请用不同序号表示不同的检查内容,检查内容要全面 2. 不同检查内容的走行线路用不同颜色标注,请用箭头表示走行的方向 3. 用序号的连续性表示路线的连续性		

任务实施

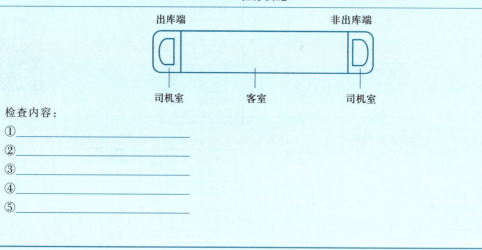

检查内容:

① _____

② _____

③ _____

④ _____

⑤ _____

任务评价

班级			学习小组		
姓名			学号		
任务名称			整备作业路线规划		

序号	评价内容	评价标准	分值	评价方式	得分
1	自主学习能力	在线课程学习时间和进度符合要求	10	师评	
		作业上交及时,准确度高	10	师评	
		积极参与在线讨论,有效回帖 5 个以上	5	机评	
2	应知应会知识	知识掌握全面、准确	15	机评	
3	整备作业路线规划	检查内容描述准确,全面、无漏项	18	互评	
		走行路线合理,节省时间,效率高	16	互评	
		走行路线绘制工整,颜色标注清晰	5	互评	
4	独立分析及解决问题能力	积极思考,能够独立分析并解决问题	2	自评	
			2	互评	
			3	师评	
5	执行力	能服从老师、组长的安排	2	自评	
			2	互评	
			3	师评	
6	纪律责任意识	遵章守纪,有较强的责任意识	2	自评	
			2	互评	
			3	师评	

 任务反思

1. 列车整备作业为什么要按照标准化的路线和流程进行？如果不按标准化流程操作,会有什么后果？

2. 如何保证整备作业的效率和质量？

任务 2.2 静态检查

知识准备

一、车辆编号

车辆编号原则是"按车辆种类（数字或字母）+车辆类型+某类型单元车辆"来进行连续编号。例如广州地铁"01A02"，表示广州地铁一号线列车（01）的 A 车（A）的第二个单元车（02）；长沙地铁"02Mc01"表示长沙地铁 2 号线列车（02）的第一个单元车（01）的带司机室的动车（Mc）。

二、车辆Ⅰ、Ⅱ位端的定义

1. 带有驾驶室的车辆

驾驶室所在端为Ⅰ位端，另一端为Ⅱ位端。

2. 不带驾驶室的车辆

靠近本单元驾驶室的一段为Ⅰ位端，另一端为Ⅱ位端。

三、车辆、列车左右侧定义

1. 车辆左右侧

站在车辆内部，面向车辆Ⅰ位端，观察者左侧即为车辆的左侧，又称 1 侧；另一侧为车辆的右侧，又称 2 侧。

2. 列车左右侧

站在车辆内部，面向列车行进方向，观察者的左侧即为列车的左侧；另一侧为列车的右侧。车辆的左、右侧是固定的，而列车的左、右侧随行进方向的变化而改变。

四、车辆设备编号

车辆设备从车辆Ⅰ位端向Ⅱ位端依次编号，若左右侧均有，则车辆左侧设备编号以奇数为序，右侧设备编号以偶数为序。

1. 右侧门和左侧门的定义

当从车辆的Ⅱ位端向Ⅰ位端看去时，观察者的右侧定义为右侧车门，另一侧定义为左侧车门。

2. 车门编号

沿每节车辆的左侧门扇用 1、3、5、7 奇数连续编号；沿每节车辆的右侧门扇用 2、4、6、8 偶数连续编号。左侧 1 号门、右侧 2 号门是最靠近Ⅰ位端的车门。

五、作业前准备

1. 安全防护与确认

如图 2-2 所示，整备作业前应确认停车股道状况。列车司机到达指定列车股道后，确认股道号、车体号与列车状态卡相符。在整备作业之前,列车司机应仔细确认列车周围包括左右、前后、上下的状况,如车体两侧无异物侵限、车底无作业人员等,防止在动车时造成其他人员的伤害以及相关设备的损坏,导致不良后果。要加强自我保护和自我防范意识,防止发生工伤事故。

图 2-2　整备作业前确认停车股道状况

2. 向值班员报备

列车司机在整备作业之前,必须用车载台向信号楼值班员报备。具体操作方法如下:

（1）列车激活　将司机室继电器柜内的"列车激活"开关置于"合"位,确认蓄电池电压不低于 104 V,主风缸压力不低于 550 kPa,如图 2-3 所示。

(a) 列车激活旋钮　　　　(b) 蓄电池电压表　　　　(c) 风压表

图 2-3　列车激活

（2）列车无线车载电台试验

① 如图 2-4 所示,按压车载电台电源按钮 1 s 以上开机,伴有一声"滴"提示音,确认自检通过。

② 电台开机,确认内容完整,字体无缺损;

③ 在待机状态下按压"通话"键,与信号楼值班员进行通话,报告整备作业,并确认通话质量良好。

图 2-4　车载电台

（3）若列车已升弓，则切断负载将受电弓降下。

（4）如图 2-5 所示，用车载电台联系信号楼值班员的联控用语为"××道××车开始整备作业"。

六、静态检查内容及标准

静态检查是依次对城市轨道交通车辆的车体和车下设备、司机室设备、客室设备进行外观、锁闭情况等进行检查。在静态检查时，必须确保轮对下无铁鞋、轨面无异物、地沟无人员作业、车头两端无禁动牌，有异常及时报信号楼值班员。

1. 车下设备检查

车下设备检查应从非出库端开始。进行车下设备检查时，应保持降弓状态，在黄色安全线外检查，严禁触摸车下设备。车下设备检查的内容及标准如下：

（1）车体外观　无明显损坏，无变形，电客车标志（包括地铁标记、标志灯）完整清晰，折棚良好。

（2）运行灯、头灯/尾灯　显示正常，外观无破损，车端部外观如图 2-6 所示。

图 2-5　用车载电台联系信号楼值班员

图 2-6　车端部外观

（3）车钩及缓冲装置（包括自动车钩，半自动车钩，半永久牵引杆） 外观无明显损坏变形，钩腔无异物，如图 2-7 所示；电气盖板和解钩盒锁闭良好，电缆软管无脱落，各阀门位置正确，主风管截断塞门正确位置如图 2-8 所示；车钩连接处无异物。

图 2-7　钩腔无异物　　　　　　图 2-8　主风管截断塞门正确位置

（4）轨面　无异物侵限，无铁鞋，如图 2-9 所示为轨面有铁鞋的情况。

（5）司机室扶手、脚蹬　外观良好，无明显损坏，如图 2-10 所示。

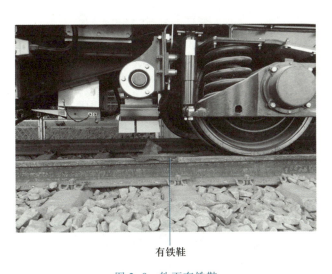

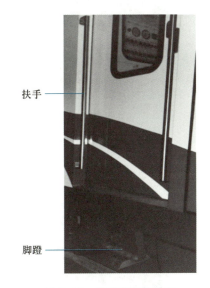

图 2-9　轨面有铁鞋　　　　　　图 2-10　扶手和脚蹬外观

（6）转向架　外观良好，停放缓解拉环良好，空气弹簧无明显破损漏气，转向架如图 2-11 所示。

（7）能耗记录仪高压电源箱、辅助电源箱、蓄电池箱等　锁闭良好，如图 2-12 所示。

（8）车间（库用）电源　锁闭良好，如图 2-13 所示。

（9）空气压缩机　外观良好，阀门位置正确，如图 2-14 所示。

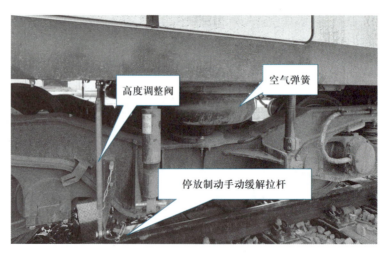

图 2-11　转向架

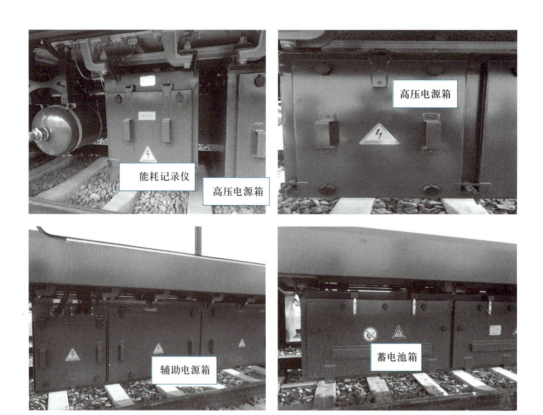

图 2-12　车下电气设备箱

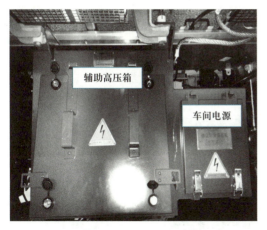

图 2-13　车间电源

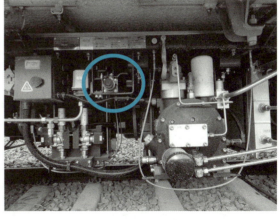

图 2-14　空气压缩机

（10）制动控制单元　箱盖锁闭良好。

（11）风缸及气路的各阀门　位置正确,如图 2-15 所示。

（12）制动电阻风机　滤网上无异物,如图 2-16 所示。

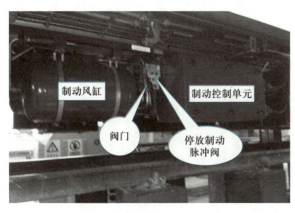

图 2-15　阀门

图 2-16　制动电阻风机

2. 司机室检查

司机室检查的内容和标准如下:

（1）继电器柜　旁路开关铅封完整,自动开关位置正确。如不正确,需重置正确位,再确认,如图 2-17 所示。

（2）司机控制器(方向手柄、主控手柄)　均在"零"位,完整无缺,运转灵活,无卡滞现象,警惕按钮作用良好。

（3）司机室侧门　锁闭良好,动作灵活,无明显卡滞现象,司机室侧门玻璃无破裂。侧门面板外观良好,保护盖完好,如图 2-18 所示。

（4）通道门　锁闭良好,动作灵活,无明显卡滞现象。

（5）司机台设备　仪表外罩完整、显示正确;按钮、开关位置正确;指示灯显示正确;HMI、DMI、CCTV 触摸屏外观、功能良好,信息显示正确;车载无线电台外观、功能良好,如图 2-19 所示。

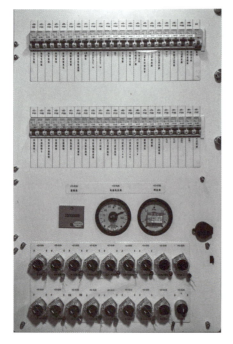

图 2-17　继电器柜

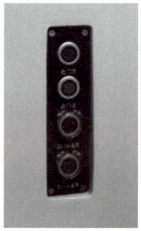

图 2-18　司机室侧门及侧门面板

车载台　左侧按钮面板　速度表　HMI　DMI　右侧按钮面板　CCTV

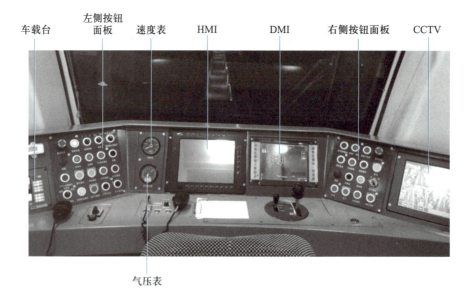

气压表

图 2-19　司机台设备

（6）前窗　玻璃清洁,无破裂,刮雨器完整无缺。

（7）遮阳布　外观良好,动作灵活无明显卡滞,前窗玻璃及附件如图 2-20 所示。

（8）司机室　各处无异物、杂物,卫生良好。

（9）司机台下设备　安全帽、防毒面具及红闪灯齐全,功能良好;灭火器安装牢固,压力正常,铅封完好,如图 2-21 所示。

遮阳布

刮雨器

图 2-20　前窗玻璃及附件

（10）司机室通风　通风良好,调速开关作用良好,如图 2-22 所示。

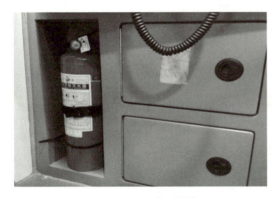

图 2-21　司机台下设备

图 2-22　司机室通风

3. 客室检查

如图 2-23 所示,客室检查的内容及标准如下:

（1）客室（天花板、安防、扶手、立柱、座椅、地板）　外观良好,无明显损坏,清洁无异物。

（2）照明　外观良好,照明良好。

（3）车顶通风　通风良好,通风隔栅完好。

（4）车门　外观良好,指示灯正常,紧急解锁手柄处于水平位,盖板安装良好,乘客报警按钮良好,如图 2-24 所示。

（5）LED/LCD 动态地图、LCD 显示器　外观良好,显示正常。

（6）B05 盖板　锁闭良好,如图 2-25 所示。

（7）每节车厢的灭火器　安装牢固,压力正常,铅封完好,如图 2-26 所示。

照明　　　扶手　安防　　　天花板　通风隔栅

座椅　　　　　　　　立柱　地板

图 2-23　客室设备

LED/LCD动态地图　　　盖板　解锁手柄

图 2-24　车门及周围设备

图 2-25　B05 盖板

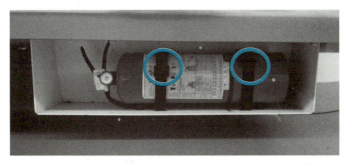

图 2-26　灭火器

（8）继电器柜、微机柜、空调柜　各柜门锁闭良好，完整无损坏。

（9）贯通道　各柜门锁闭良好，完整无损坏，卫生条件符合出库运营条件，如图 2-27 所示。

图 2-27　贯通道

微课
静态检查

任务实施

1. 车体及车下设备检查工单

班级		学习小组	
姓名		学号	
任务名称	车体及车下设备检查		
完成时间	年　　月　　日　　时　　分至　　时　　分		
任务用时	分钟		
任务描述	以小组为单位,组员分别扮演列车司机、信号楼值班员、考核员,司机严格按照作业流程和标准进行车体及车下设备检查,考核员按标准进行考核评价		
任务要求	1. 车下设备检查操作流程正确:试验项目及步骤完整、顺序正确,无漏项 2. 车下设备检查操作方法正确规范:检查过程中,需呼唤应答,要求眼看、手指设备,并清晰、准确、连贯地口呼设备名称及设备状态(或操作) 3. 呼唤应答时的口呼内容原则上不要求与标准一字不差,只要表达的内容完全一致即可		

任务实施

序号	作业步骤	作业内容	作业标准	是否执行	是否规范
1	第6节车检查	运行灯	眼看、手指被检查的设备,口呼:"运行灯良好(或异常)。"		
		头灯/尾灯	眼看、手指被检查的设备,口呼:"头灯/尾灯良好(或异常)。"		
		自动车钩	眼看、手指被检查的设备,口呼:"自动车钩良好(或异常)。"		
		车体外观	眼看、手指被检查的设备,口呼:"车体外观良好(或异常)。"		
		后端线路	眼看、手指被检查的设备,口呼:"轨面无异物(或有异物)。"		
		后端转向架	眼看、手指被检查的设备,口呼:"转向架良好(或异常)。"		
		网关阀	眼看、手指被检查的设备,口呼:"网关阀良好(或异常)。"		
		后端附加风缸	眼看、手指被检查的设备,口呼:"附加风缸良好(或异常)。"		
		制动电阻	眼看、手指被检查的设备,口呼:"制动电阻良好(或异常)。"		

续表

序号	作业步骤	作业内容	作业标准	是否执行	是否规范
1	第6节车检查	牵引逆变器	眼看、手指被检查的设备，口呼："牵引逆变器良好(或异常)。"		
		辅助逆变器	眼看、手指被检查的设备，口呼："辅助逆变器良好(或异常)。"		
		前端附加风缸	眼看、手指被检查的设备，口呼："附加风缸良好(或异常)。"		
		前端线路	眼看、手指被检查的设备，口呼："轨面无异物(或有异物)。"		
		前端转向架	眼看、手指被检查的设备，口呼："转向架良好(或异常)。"		
2	第5、6节车连接处检查	半永久车钩	眼看、手指被检查的设备，口呼："半永久车钩良好(或异常)。"		
3	第5节车检查	车体外观	眼看、手指被检查的设备，口呼："车体外观良好(或异常)。"		
		后端线路	眼看、手指被检查的设备，口呼："轨面无异物(或有异物)。"		
		后端转向架	眼看、手指被检查的设备，口呼："转向架良好(或异常)。"		
		智能阀	眼看、手指被检查的设备，口呼："智能阀良好(或异常)。"		
		后端附加风缸	眼看、手指被检查的设备，口呼："附加风缸良好(或异常)。"		
		辅助逆变器	眼看、手指被检查的设备，口呼："辅助逆变器良好(或异常)。"		
		蓄电池箱	眼看、手指被检查的设备，口呼："蓄电池箱良好(或异常)。"		
		风源模块	眼看、手指被检查的设备，口呼："风源模块良好(或异常)。"		
		高压箱	眼看、手指被检查的设备，口呼："高压箱良好(或异常)。"		
		前端附加风缸	眼看、手指被检查的设备，口呼："附加风缸良好(或异常)。"		

序号	作业步骤	作业内容	作业标准	是否执行	是否规范
3	第5节车检查	前端线路	眼看、手指被检查的设备,口呼:"轨面无异物(或有异物)。"		
		前端转向架	眼看、手指被检查的设备,口呼:"转向架良好(或异常)。"		
4	第4、5节车连接处检查	半永久车钩	眼看、手指被检查的设备,口呼:"半永久车钩良好(或异常)。"		
5	第4节车检查	车体外观	眼看、手指被检查的设备,口呼:"车体外观良好(或异常)。"		
		后端线路	眼看、手指被检查的设备,口呼:"轨面无异物(或有异物)。"		
		后端转向架	眼看、手指被检查的设备,口呼:"转向架良好(或异常)。"		
		智能阀	眼看、手指被检查的设备,口呼:"智能阀良好(或异常)。"		
		后端附加风缸	眼看、手指被检查的设备,口呼:"附加风缸良好(或异常)。"		
		制动电阻	眼看、手指被检查的设备,口呼:"制动电阻良好(或异常)。"		
		牵引逆变器	眼看、手指被检查的设备,口呼:"牵引逆变器良好(或异常)。"		
		辅助逆变器	眼看、手指被检查的设备,口呼:"辅助逆变器良好(或异常)。"		
		前端附加风缸	眼看、手指被检查的设备,口呼:"附加风缸良好(或异常)。"		
		前端线路	眼看、手指被检查的设备,口呼:"轨面无异物(或有异物)。"		
		前端转向架	眼看、手指被检查的设备,口呼:"转向架良好(或异常)。"		
6	第3、4节车连接处检查	半自动车钩	眼看、手指被检查的设备,口呼:"半自动车钩良好(或异常)。"		

续表

序号	作业步骤	作业内容	作业标准	是否执行	是否规范
7	第 3 节车检查	车体外观	眼看、手指被检查的设备,口呼:"车体外观良好(或异常)。"		
		后端线路	眼看、手指被检查的设备,口呼:"轨面无异物(或有异物)。"		
		后端转向架	眼看、手指被检查的设备,口呼:"转向架良好(或异常)。"		
		网关阀	眼看、手指被检查的设备,口呼:"网关阀良好(或异常)。"		
		后端附加风缸	眼看、手指被检查的设备,口呼:"附加风缸良好(或异常)。"		
		辅助逆变器	眼看、手指被检查的设备,口呼:"辅助逆变器良好(或异常)。"		
		牵引逆变器	眼看、手指被检查的设备,口呼:"牵引逆变器良好(或异常)。"		
		主风缸(制动模块)	眼看、手指被检查的设备,口呼:"主风缸良好(或异常)。"		
		低压箱	眼看、手指被检查的设备,口呼:"低压箱良好(或异常)。"		
		前端附加风缸	眼看、手指被检查的设备,口呼:"附加风缸良好(或异常)。"		
		前端线路	眼看、手指被检查的设备,口呼:"轨面无异物(或有异物)。"		
		前端转向架	眼看、手指被检查的设备,口呼:"转向架良好(或异常)。"		
8	第 2、3 节车连接处检查	半永久车钩	眼看、手指被检查的设备,口呼:"半永久车钩良好(或异常)。"		
9	第 2 节车检查	车体外观	眼看、手指被检查的设备,口呼:"车体外观良好(或异常)。"		
		后端线路	眼看、手指被检查的设备,口呼:"轨面无异物(或有异物)。"		
		后端转向架	眼看、手指被检查的设备,口呼:"转向架良好(或异常)。"		

续表

序号	作业步骤	作业内容	作业标准	是否执行	是否规范
9	第2节车检查	智能阀	眼看、手指被检查的设备,口呼:"智能阀良好(或异常)。"		
		后端附加风缸	眼看、手指被检查的设备,口呼:"附加风缸良好(或异常)。"		
		低压箱	眼看、手指被检查的设备,口呼:"低压箱良好(或异常)。"		
		主风缸(制动模块)	眼看、手指被检查的设备,口呼:"主风缸良好(或异常)。"		
		风源模块	眼看、手指被检查的设备,口呼:"风源模块良好(或异常)。"		
		蓄电池箱	眼看、手指被检查的设备,口呼:"蓄电池箱良好(或异常)。"		
		辅助逆变器	眼看、手指被检查的设备,口呼:"辅助逆变器良好(或异常)。"		
		前端附加风缸	眼看、手指被检查的设备,口呼:"附加风缸良好(或异常)。"		
		前端线路	眼看、手指被检查的设备,口呼:"轨面无异物(或有异物)。"		
		前端转向架	眼看、手指被检查的设备,口呼:"转向架良好(或异常)。"		
10	第1、2节车连接处检查	半永久车钩	眼看、手指被检查的设备,口呼:"半永久车钩良好(或异常)。"		
11	第1节车检查	车体外观	眼看、手指被检查的设备,口呼:"车体外观良好(或异常)。"		
		后端线路	眼看、手指被检查的设备,口呼:"轨面无异物(或有异物)。"		
		后端转向架	眼看、手指被检查的设备,口呼:"转向架良好(或异常)。"		
		智能阀	眼看、手指被检查的设备,口呼:"智能阀良好(或异常)。"		
		后端附加风缸	眼看、手指被检查的设备,口呼:"附加风缸良好(或异常)。"		

续表

序号	作业步骤	作业内容	作业标准	是否执行	是否规范
11	第 1 节车检查	辅助逆变器	眼看、手指被检查的设备,口呼:"辅助逆变器良好(或异常)。"		
		牵引逆变器	眼看、手指被检查的设备,口呼:"牵引逆变器良好(或异常)。"		
		主风缸(制动模块)	眼看、手指被检查的设备,口呼:"主风缸良好(或异常)。"		
		低压箱	眼看、手指被检查的设备,口呼:"低压箱良好(或异常)。"		
		前端附加风缸	眼看、手指被检查的设备,口呼:"附加风缸良好(或异常)。"		
		前端线路	眼看、手指被检查的设备,口呼:"轨面无异物(或有异物)。"		
		前端转向架	眼看、手指被检查的设备,口呼:"转向架良好(或异常)。"		

虚拟仿真
走行部检查

作业标准
走行部检查

2. 司机室检查工单

班级		学习小组	
姓名		学号	
任务名称	司机室检查		
完成时间	年　　月　　日　　时　　分至　　时　　分		
任务用时	分钟		
任务描述	以小组为单位,组员分别扮演列车司机、信号楼值班员、考核员,司机严格按照作业流程和标准进行司机室检查,考核员按标准进行考核评价		
任务要求	1. 司机室检查操作流程正确:试验项目及步骤完整、顺序正确,无漏项 2. 司机室检查操作方法正确规范:检查过程中,需呼唤应答,要求眼看、手指设备,并清晰、准确、连贯地口呼设备名称及设备状态(或操作) 3. 呼唤应答时口呼内容原则上不要求与标准一字不差,只要表达的内容完全一致即可		

任务实施

序号	检查步骤	检查内容	检查标准	是否执行	是否规范
1	驾驶台检查	司机控制器	眼看、手指被检查的设备,口呼:"司控器完整无缺,动作灵活无卡滞现象,警惕按钮作用良好。"		
		无线电面板(车载电台)	眼看、手指被检查的设备(车载电台),口呼:"无线电良好。"		
		ATC 显示屏	眼看、手指被检查的设备,口呼:"ATC 显示屏良好。"		
		车辆显示屏	眼看、手指被检查的设备,口呼:"车辆显示屏良好。"		
		仪表面板	眼看、手指被检查的设备,口呼:"仪表外罩完整、无破裂,显示正确。"		
		主控面板	眼看、手指被检查的设备,口呼:"指示灯、开关,外罩完整、显示正确、位置正确。"		
		驾驶面板	眼看、手指被检查的设备,口呼:"指示灯、开关,外罩完整、显示正确。"		
		PIDS 显示屏	眼看、手指被检查的设备,口呼:"PIDS 显示屏良好。"		
		驾驶台备品柜	眼看、手指被检查的设备,口呼:"备品柜备品齐全,功能良好。"		
		灭火器	眼看、手指被检查的设备,口呼:"灭火器良好。"		

续表

序号	检查步骤	检查内容	检查标准	是否执行	是否规范
2	车门面板检查	左侧车门面板	眼看、手指被检查的设备,口呼:"指示灯、开关,外罩完整、显示正确。"		
		右侧车门面板	眼看、手指被检查的设备,口呼:"指示灯、开关,外罩完整、显示正确。"		
3	前窗检查	前窗玻璃	眼看、手指被检查的设备,口呼:"清洁,无损坏,刮雨器完整,遮光板良好。"		
		遮阳布	眼看、手指被检查的设备,口呼:"外观良好,动作灵活无明显卡滞。"		
4	司机室门检查	司机室左侧门	眼看、手指被检查的设备,口呼:"侧门锁闭良好,动作灵活。"		
		司机室右侧门	眼看、手指被检查的设备,口呼:"侧门锁闭良好,动作灵活。"		
5	司机室柜体检查	司机室继电器柜	眼看、手指被检查的设备,口呼:"继电器柜内所有开关位置正确(或有开关位置错误)。" 若有开关未在正确位置需将其至正确位置,然后再次眼看、手指继电器柜,口呼:"继电器柜内所有开关位置正确。"		
		司机室设备柜	眼看、手指被检查的设备,口呼:"设备柜良好。"		
6	司机室通道门检查	司机室通道门	眼看、手指被检查的设备,口呼:"通道门锁闭良好,动作灵活。"		

虚拟仿真　　作业标准

司机室检查　　司机室检查

3. 客室检查工单

班级		学习小组	
姓名		学号	
任务名称	客室检查		
完成时间	年　月　日　时　分 至　时　分		
任务用时	分钟		
任务描述	以小组为单位,组员分别扮演列车司机、信号楼值班员、考核员,司机严格按照作业流程和标准进行客室检查,考核员按标准进行考核评价		
任务要求	1. 客室检查操作流程正确:试验项目及步骤完整、顺序正确,无漏项 2. 客室检查操作方法正确规范:检查过程中,需呼唤应答,要求眼看、手指设备,并清晰、准确、连贯地口呼设备名称及设备状态(或操作) 3. 呼唤应答时口呼内容原则上不要求与标准一字不差,只要表达的内容完全一致即可		

任务实施

序号	检查步骤	检查内容	检查标准	是否执行	是否规范
1	天花板检查	天花板	眼看、手指被检查的设备,口呼:"天花板良好(或异常)。"		
2	地板检查	地板	眼看、手指被检查的设备,口呼:"地板良好(或异常)。"		
3	门窗玻璃检查	门窗玻璃	眼看、手指被检查的设备,口呼:"门窗玻璃良好(或异常)。"		
4	照明检查	照明	眼看、手指被检查的设备,口呼:"照明良好(或异常)。"		
5	A1 车门检查	A1 左侧车门	眼看、手指被检查的设备,口呼:"车门良好(或异常)。"		
		A1 右侧车门	眼看、手指被检查的设备,口呼:"车门良好(或异常)。"		
6	A1 紧急开门装置检查	A1 左侧紧急开门装置	眼看、手指被检查的设备,口呼:"紧急开门装置良好(或异常)。"		
		A1 右侧紧急开门装置	眼看、手指被检查的设备,口呼:"紧急开门装置良好(或异常)。"		
7	A1 动态地图检查	A1 左侧动态地图	眼看、手指被检查的设备,口呼:"动态地图良好(或异常)。"		
		A1 右侧动态地图	眼看、手指被检查的设备,口呼:"动态地图良好(或异常)。"		

续表

序号	检查步骤	检查内容	检查标准	是否执行	是否规范
8	A1 LCD 屏检查	A1 左侧 LCD 屏	眼看、手指被检查的设备，口呼："LCD 屏良好（或异常）。"		
		A1 右侧 LCD 屏	眼看、手指被检查的设备，口呼："LCD 屏良好（或异常）。"		
9	A1 拉手检查	A1 中部拉手	眼看、手指被检查的设备，口呼："拉手良好（或异常）。"		
10	A1 座椅检查	A1 左侧座椅	眼看、手指被检查的设备，口呼："座椅良好（或异常）。"		
		A1 右侧座椅	眼看、手指被检查的设备，口呼："座椅良好（或异常）。"		
		A1 灭火器（座椅下）	眼看、手指被检查的设备，口呼："灭火器良好（或异常）。"		
11	A1 紧急通话器检查	A1 紧急通话器	眼看、手指被检查的设备，口呼："紧急通话器良好（或异常）。"		
12	A2 车门检查	A2 左侧车门	眼看、手指被检查的设备，口呼："车门良好（或异常）。"		
		A2 右侧车门	眼看、手指被检查的设备，口呼："车门良好（或异常）。"		
13	A2 紧急开门装置检查	A2 左侧紧急开门装置	眼看、手指被检查的设备，口呼："紧急开门装置良好（或异常）。"		
		A2 右侧紧急开门装置	眼看、手指被检查的设备，口呼："紧急开门装置良好（或异常）。"		
14	A2 动态地图检查	A2 左侧动态地图	眼看、手指被检查的设备，口呼："动态地图良好（或异常）。"		
		A2 右侧动态地图	眼看、手指被检查的设备，口呼："动态地图良好（或异常）。"		
15	A2 LCD 屏检查	A2 左侧 LCD 屏	眼看、手指被检查的设备，口呼："LCD 屏良好（或异常）。"		
		A2 右侧 LCD 屏	眼看、手指被检查的设备，口呼："LCD 屏良好（或异常）。"		
16	A2 拉手检查	A2 中部拉手	眼看、手指被检查的设备，口呼："拉手良好（或异常）。"		

续表

序号	检查步骤	检查内容	检查标准	是否执行	是否规范
17	A2 座椅检查	A2 左侧座椅	眼看、手指被检查的设备,口呼:"座椅良好(或异常)。"		
		A2 右侧座椅	眼看、手指被检查的设备,口呼:"座椅良好(或异常)。"		
		A2 B05 盖板(座椅下)	眼看、手指被检查的设备,口呼:"B05 盖板良好(或异常)。"		
18	A2 紧急通话器检查	A2 紧急通话器	眼看、手指被检查的设备,口呼:"紧急通话器良好(或异常)。"		
19	A3 车门检查	A3 左侧车门	眼看、手指被检查的设备,口呼:"车门良好(或异常)。"		
		A3 右侧车门	眼看、手指被检查的设备,口呼:"车门良好(或异常)。"		
20	A3 紧急开门装置检查	A3 左侧紧急开门装置	眼看、手指被检查的设备,口呼:"紧急开门装置良好(或异常)。"		
		A3 右侧紧急开门装置	眼看、手指被检查的设备,口呼:"紧急开门装置良好(或异常)。"		
21	A3 动态地图检查	A3 左侧动态地图	眼看、手指被检查的设备,口呼:"动态地图良好(或异常)。"		
		A3 右侧动态地图	眼看、手指被检查的设备,口呼:"动态地图良好(或异常)。"		
22	A3 LCD 屏检查	A3 左侧 LCD 屏	眼看、手指被检查的设备,口呼:"LCD 屏良好(或异常)。"		
		A3 右侧 LCD 屏	眼看、手指被检查的设备,口呼:"LCD 屏良好(或异常)。"		
23	A3 拉手检查	A3 中部拉手	眼看、手指被检查的设备,口呼:"拉手良好(或异常)。"		
24	A3 座椅检查	A3 左侧座椅	眼看、手指被检查的设备,口呼:"座椅良好(或异常)。"		
		A3 右侧座椅	眼看、手指被检查的设备,口呼:"座椅良好(或异常)。"		
		A3 灭火器(座椅下)	眼看、手指被检查的设备,口呼:"灭火器良好(或异常)。"		

续表

序号	检查步骤	检查内容	检查标准	是否执行	是否规范
25	A3 紧急通话器检查	A3 紧急通话器	眼看、手指被检查的设备,口呼:"紧急通话器良好(或异常)。"		
26	A4 车门检查	A4 左侧车门	眼看、手指被检查的设备,口呼:"车门良好(或异常)。"		
		A4 右侧车门	眼看、手指被检查的设备,口呼:"车门良好(或异常)。"		
27	A4 紧急开门装置检查	A4 左侧紧急开门装置	眼看、手指被检查的设备,口呼:"紧急开门装置良好(或异常)。"		
		A4 右侧紧急开门装置	眼看、手指被检查的设备,口呼:"紧急开门装置良好(或异常)。"		
28	A4 动态地图检查	A4 左侧动态地图	眼看、手指被检查的设备,口呼:"动态地图良好(或异常)。"		
		A4 右侧动态地图	眼看、手指被检查的设备,口呼:"动态地图良好(或异常)。"		
29	A4 行李架检查	A4 左侧行李架	眼看、手指被检查的设备,口呼:"行李架良好(或异常)。"		
		A4 右侧行李架	眼看、手指被检查的设备,口呼:"行李架良好(或异常)。"		
30	A4 设备柜检查	A4 微机柜	眼看、手指被检查的设备,口呼:"微机柜良好(或异常)。"		
		A4 空调柜	眼看、手指被检查的设备,口呼:"空调柜良好(或异常)。"		
31	A4 贯通道检查	A4 贯通道	眼看、手指被检查的设备,口呼:"贯通道良好(或异常)。"		

虚拟仿真　　　作业标准

客室检查　　　客室检查

任务评价

班级		学习小组	
姓名		学号	
任务名称		静态检查	

序号	评价内容	评价标准	分值	评价方式	得分
1	自主学习能力	在线课程学习时间和进度符合要求	10	师评	
		作业上交及时,准确度高	10	师评	
		积极参与在线讨论,有效回帖5个以上	5	机评	
2	应知应会知识	知识掌握全面、准确	10	机评	
3	车体及车下设备检查	检查内容及步骤完整、正确,无漏项	10	机评	
		呼唤应答动作规范,内容清晰、准确	3	互评	
4	司机室检查	检查内容及步骤完整、正确,无漏项	10	机评	
		呼唤应答动作规范,内容清晰、准确	3	互评	
5	客室检查	检查内容及步骤完整、正确,无漏项	10	机评	
		呼唤应答动作规范,内容清晰、准确	3	互评	
6	完成时间	10 min 内完成应知应会考试	2	机评	
		15 min 内完成静态检查操作	3	机评	
7	团队合作	能与团队成员合作,共同完成工作任务	2	自评	
			2	互评	
			3	师评	
8	执行力	能服从老师、组长的安排	2	自评	
			2	互评	
			3	师评	
9	纪律责任意识	遵章守纪,有较强的责任意识	2	自评	
			2	互评	
			3	师评	

任务反思

1. 在静态检查的过程中出现了哪些问题? 这些问题应如何避免?
2. 在静态检查的过程中积累了哪些经验和技巧?

3. 静态检查时发现异常情况时,应该如何处理?

任务2.3 动态试验

 知识准备

一、动态试验内容及标准

动态试验是对列车的牵引制动系统、车门系统、空调系统、照明系统等进行的性能试验,确保其功能正常、技术状态良好,保障列车运营安全。动态试验过程中如发现故障应及时报告信号楼值班员。

1. 激活司机台

合上司控器钥匙,确认"空气制动施加"灯、"所有门关好"绿灯、"停放施加"灯、"降弓"灯、"HSCB 分"灯均亮起,仪表灯亮,车辆屏、信号屏无故障显示,如图 2-28 所示。

2. 试灯试验

按压"灯测试"按钮,确认各指示灯和发光按钮指示灯显示正常(除退行模式、RM 模式、ATP 模式、ATO 模式、自动折返模式按钮、ATC 切除指示灯)。点击信号屏"灯测试",退行模式、RM 模式、ATP 模式、ATO 模式、自动折返模式按钮指示灯亮,司机台右侧按钮面板如图 2-29 所示。

图 2-28 激活司机台

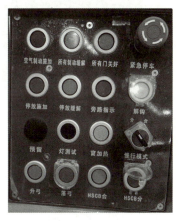

图 2-29 司机台右侧按钮面板

3. 紧急停车按钮试验

(1)方向手柄置"前"位,选择"RM 模式",确认制动缸压力由 276±20 kPa 下降至 185±20 kPa。

(2)按压驾驶台"紧急停车"按钮(如图 2-29 所示),确认制动缸压力由 185±20 kPa 上升至 276±20 kPa。

(3)鸣笛后,按压"升弓"按钮,受电弓不能升起。

(4)恢复紧急停车按钮,选择"RM 模式",确认制动缸气压降至 185±20 kPa;另一个紧急停车按钮实验同上步骤。

4. 升弓、合主断试验

按压"升弓"按钮,从驾驶台司机屏(HMI)确认受电弓升起,网压正常,"升弓"按钮指示灯亮;按压"高速断路器(HSCB)合"按钮,确认 HMI 高断闭合,"HSCB 合"绿灯亮,按压"HSCB 分"按钮,确认 HMI 高断断开,"HSCB 分"红灯亮(保持高速断路器在分位)。

5. 停放制动试验

(1)按压"停放制动缓解"按钮,其按钮指示灯亮,"停放制动施加"按钮指示灯灭,停放制动缓解。

(2)按压"停放制动施加"按钮,其按钮指示灯亮,"停放制动缓解"按钮指示灯灭,停放制动施加(保持停放制动在"施加"状态)。

6. 照明试验

旋动客室照明开关至"合"位,客室照明指示绿灯亮,打开通道门确认客室照明灯全亮,检查完毕后保持客室照明开启。前照明试验方法为将头灯打至"远/近光"位,前照灯变亮/暗,司机台左侧按钮面板如图 2-30 所示。

图 2-30　司机台左侧按钮面板

7. 空调试验

按压"Tc 车空调开"按钮,其绿色指示灯亮,(在车辆段内只开 Tc 车空调,进入正线后才开列车空调)。再按压"空调开"按钮,其绿色指示灯亮,待确认全列车空调启动后,保持合位。

8. 刮雨器试验

先按压刮雨器操作面板的"喷水"按钮,再操作刮雨器操作面板的"慢速"或"快速"旋钮开关,刮雨器摆动正常,旋钮开关置"停止"位,刮雨器能复位。

9. 乘客信息系统试验

(1)在车辆屏"设置"中选择"广播设置",点击"ON"和"TCMS"且图标变亮;在车辆屏"设置"中选择"线路/车站选择",进行起点站、终点站的选择和确认,返回主页。按压"离站广播"或"进站广播",报站正确、系统工作正常。

(2)按压"人工广播"按钮,报站播音中断,按压麦克风上的"PTT"键进行测试,监听客室音量,人工广播是否正常。

10. 牵引制动试验

(1)按压主断"合"按钮,检查确认主断"分"红色指示灯灭,主断"合"绿色指示灯亮。

（2）选择"RM 模式"，方向手柄转至"前"位。

（3）检查确认车辆显示屏上的"制动"和"牵引"状态，确认列车制动状态正常、牵引电动机正常。

（4）将主控手柄从"0"位拉至"制动"区，制动缸压力为 185±20 kPa。

（5）拉至"全常用制动"位，制动缸压力上升至 232±20 kPa。

（6）将主控手柄拉至"快速制动"位，制动缸压力上升至 276±20 kPa。

（7）将主控手柄推回"全常用制动"位，制动缸压力下降至 232±20 kPa。

（8）将主控手柄推回"制动"区，制动缸压力下降至 185±20 kPa。

（9）将主控手柄推回"0"位，制动缸压力为 185±20 kPa。

（10）将方向手柄拉至"后"位，按下"CBTC 取消"按钮，选择"RM 模式"，制动缸压力由 276±20 kPa 下降至 185±20 kPa。

（11）将主控手柄推向"牵引"区，但不得超过 20%，制动缸压力下降至零，检查确认驾驶台"所有气制动缓解"指示灯亮。

（12）待列车稍有移动，立即将主控手柄拉到"制动"区 100%处停车。确认驾驶台"气制动施加"指示灯亮。

（13）检查列车显示屏应无故障显示。

11. 客室门试验

（1）RM 模式下，操作"CBTC 取消"按钮给出车门使能信号。

（2）确认开关门指示灯均亮，按压左侧"开门"按钮，"关门"指示绿灯灭，左侧所有车门打开，车辆显示屏左侧车门图标显示黑色。按压左侧"关门"按钮，客室车门蜂鸣器发出连续报警声，左侧"关门"指示灯亮，车门关闭，"所有门关好"指示绿灯亮，车辆显示屏左侧车门图标显示灰色。

（3）右侧车门试验与左侧车门试验程序相同。

出库端和非出库端司机室动态试验的所有操作均形同。

列车整备作业完毕后，开启客室照明和全列车空调。同时司机需向信号楼报备："×道×端××次××车整备作业完毕，制动试验良好，防溜措施已撤除，申请××道出库进路。"信号楼调度员复诵。

二、呼唤应答

列车司机在整备作业过程中必须严格执行呼唤应答制度，熟练地进行手指、口呼，形成习惯，以提高安全意识和操作技能，达到少出错误、少出纰漏、少出事故的目的。呼唤应答的标准姿势已在任务 1 中详细说明，这里不再赘述。

微课
动车试验

虚拟仿真
动车试验

技能竞赛实录
动车试验

任务实施

列车动态试验工单

班级		学习小组	
姓名		学号	
任务名称	列车动态试验		
完成时间	年　月　日　时　分至　时　分		
任务用时	分钟		
任务描述	以小组为单位,组员分别扮演列车司机、信号楼值班员、考核员,司机严格按照作业流程和标准进行列车动态试验,考核员按标准进行考核评价		
任务要求	1. 动态试验操作流程正确:试验项目及步骤完整、正确,无漏项 2. 动态试验操作方法正确规范:试验过程中,需呼唤应答,要求眼看、手指设备,并清晰、准确、连贯地口呼设备名称及设备状态(或操作) 3. 呼唤应答时口呼内容原则上不要求与标准一字不差,只要表达的内容完全一致即可		

任务实施

序号	作业步骤	作业内容	作业标准	是否执行	是否规范
1	激活列车	激活列车	将"列车激活旋钮"置"合"位		
		检查确认"列车激活"旋钮绿灯亮	眼看、手指设备,口呼:"列车激活旋钮绿灯亮。"		
		检查确认蓄电池电压表表值为 110 V(不低于 85 V)	眼看、手指设备,口呼:"蓄电池电压110 V。"		
		检查确认风压表的主风缸压力不低于 4 Bar	眼看、手指设备,口呼:"主风缸压力不低于 4 Bar。"		
		检查确认"信号选择"开关在"有效"位	眼看、手指设备,口呼:"信号选择开关位置正确。"		
		将"关门模式选择"开关置"手动"位	将"关门模式选择"开关置"手动"位,眼看、手指设备,口呼:"关门模式置手动位。"		
2	激活司机台	激活司机台	闭合"主控钥匙"开关		
		检查确认受电弓"降"灯亮	眼看、手指设备,口呼:"受电弓'降'灯亮。"		

续表

序号	作业步骤	作业内容	作业标准	是否执行	是否规范
2	激活司机台	检查确认停放制动"施加"灯亮	眼看、手指设备,口呼:"停放制动'施加'灯亮。"		
		检查确认气制动"施加"灯亮	眼看、手指设备,口呼:"气制动'施加'灯亮。"		
		检查确认主断"分"灯亮	眼看、手指设备,口呼:"主断'分'灯亮。"		
		检查确认左门"关"灯亮	眼看、手指设备,口呼:"左门'关'灯亮。"		
		检查确认右门"关"灯亮	眼看、手指设备,口呼:"右门'关'灯亮。"		
		检查确认司机显示屏激活	眼看、手指设备,口呼:"司机显示屏激活。"		
3	试灯试验	按下"试灯"按钮,确认驾驶室所有指示灯亮	按下"试灯"按钮,眼看、手指设备,口呼:"驾驶室所有指示灯亮。"		
4	紧急按钮试验	将驾驶模式置 RM 模式	眼看、手指设备,口呼:"驾驶模式置 RM 位。"并将"驾驶模式选择开关"置"RM"位		
		检查风压表的制动缸压力约为 2 Bar	眼看、手指设备,口呼:"制动缸压力 2 Bar。"		
		按下右侧"紧急制动"按钮	按下司机操纵台右侧"紧急制动"按钮		
		检查风压表的制动缸压力约为 3 Bar	眼看、手指设备,口呼:"制动缸压力 3 Bar。"		
		升起受电弓	按下受电弓"升"按钮		
		检查确认受电弓未升起	眼看、手指车辆显示屏受电弓图标,口呼:"受电弓未升起。"		
		恢复右侧"紧急制动"按钮	恢复司机操纵台右侧"紧急制动"按钮		
		按下左侧"紧急制动"按钮	按下司机操纵台左侧"紧急制动"按钮		

序号	作业步骤	作业内容	作业标准	是否执行	是否规范
4	紧急按钮试验	检查风压表的制动缸压力约为 3 Bar	眼看、手指设备，口呼："制动缸压力3 Bar。"		
		升起受电弓	按下受电弓"升"按钮		
		检查确认受电弓未升起	眼看、手指车辆显示屏受电弓图标，口呼："受电弓未升起。"		
		恢复左侧"紧急制动"按钮	恢复司机操纵台左侧"紧急制动"按钮		
5	升弓	升起受电弓	按下受电弓"升"按钮		
		检查确认受电弓"升"绿灯亮	眼看、手指设备，口呼："受电弓'升'绿灯亮。"		
		检查确认受电弓"降"红灯灭	眼看、手指设备，口呼："受电弓'降'红灯灭。"		
		检查"车辆显示屏"，确认受电弓标志升起、线路网压约为 1 500 V	眼看、手指车辆显示屏受电弓图标，口呼："受电弓升起，线路网压1 500 V。"		
6	开关门试验	检查"车辆显示屏"，确认各车门在关闭状态且无故障	眼看、手指车辆显示屏车门状态界面，口呼："所有车门关闭。"		
		确认"关门模式选择"开关在"手动"位	眼看、手指设备，口呼："关门模式'手动'位。"		
		打开左侧车门	按下左侧"强制开门"按钮及左侧开门按钮，将左侧车门打开		
		检查确认显示屏所有车门状态显示为"门开"状态图标，所有车门已经开启	眼看、手指车辆显示屏车门状态界面，口呼："左侧所有车门开启。"		
		检查确认左侧关门指示灯灭	眼看、手指设备，口呼："左侧关门指示灯灭。"		
		关闭左侧车门	按下左侧关门按钮，确认车门关闭警示声音响起，车门关闭		
		确认显示屏显示所有车门"门关"的图标，所有车门已经关闭	眼看、手指车辆显示屏车门状态界面，口呼："所有车门关闭。"		

续表

序号	作业步骤	作业内容	作业标准	是否执行	是否规范
6	开关门试验	检查确认左侧关门指示灯亮，"所有车门关闭"指示灯亮	眼看、手指设备，口呼："左侧关门指示灯亮、所有车门关闭指示灯亮。"		
		打开右侧车门	按下右侧"强制开门"按钮及右侧开门按钮，将右侧车门打开		
		检查确认显示屏所有车门状态显示为"门开"状态图标，所有车门已经开启	眼看、手指车辆显示屏车门状态界面，口呼："右侧所有车门开启。"		
		检查确认右侧关门指示灯灭	眼看、手指设备，口呼："右侧关门指示灯灭。"		
		关闭右侧车门	按下右侧关门按钮，确认车门关闭警示声音响起，车门关闭		
		确认显示屏显示所有车门"门关"的图标，所有车门已经关闭	眼看、手指车辆显示屏车门状态界面，口呼："所有车门关闭。"		
		检查确认右侧关门指示灯亮，"所有车门关闭"指示灯亮	眼看、手指设备，口呼："右侧关门指示灯亮、所有车门关闭指示灯亮。"		
7	重开门试验	打开左侧车门	按下左侧开门按钮，将左侧车门打开		
		关闭左侧车门	按下左侧关门按钮，确认车门正在关闭		
		在车门未完全关闭好前，按压左侧的"重开门按钮"	马上按下左侧的"重开门按钮"，确认未完全关闭的车门正在重新打开		
		检查确认显示屏所有车门状态显示为"门开"状态图标，所有车门已经开启	眼看、手指车辆显示屏车门状态界面，口呼："左侧所有车门开启。"		
		将打开的左侧车门关闭	按下左侧关门按钮，确认车门关闭警示声音响起，车门关闭		

序号	作业步骤	作业内容	作业标准	是否执行	是否规范
7	重开门试验	确认显示屏显示所有车门"门关"的图标,所有车门已经关闭	眼看、手指车辆显示屏车门状态界面,口呼:"所有车门关闭。"		
		检查确认左侧关门指示灯亮,"所有车门关闭"指示灯亮	眼看、手指设备,口呼:"左侧关门指示灯亮、所有车门关闭指示灯亮。"		
		打开右侧车门	按下右侧开门按钮,将右侧车门打开		
		关闭右侧车门	按下右侧关门按钮,确认车门正在关闭		
		在车门未完全关闭好前,按压右侧的"重开门按钮"	马上按压右侧的"重开门按钮",确认未完全关闭的车门正在重新打开		
		检查确认显示屏所有车门状态显示为"门开"状态图标,所有车门已经开启	眼看、手指车辆显示屏车门状态界面,口呼:"右侧所有车门开启。"		
		将打开的右侧车门关闭	按下右侧关门按钮,确认车门关闭警示声音响起,车门关闭		
		确认显示屏显示所有车门"门关"的图标,所有车门已经关闭	眼看、手指车辆显示屏车门状态界面,口呼:"所有车门关闭。"		
		检查确认右侧关门指示灯亮,"所有车门关闭"指示灯亮	眼看、手指设备,口呼:"右侧关门指示灯亮、所有车门关闭指示灯亮。"		
8	停放制动试验	按下"停放制动缓解"按钮	按下"停放制动缓解"按钮		
		检查确认停放制动"缓解"绿色指示灯亮,"施加"红色指示灯灭,列车停放制动缓解	眼看、手指设备,口呼:"停放制动'缓解'绿色指示灯亮,'施加'红色指示灯灭,列车停放制动缓解。"		
		检查确认车辆显示屏制动图标无停放制动标志"P"	眼看、手指车辆显示屏制动状态界面,口呼:"无停放制动标志'P'。"		

序号	作业步骤	作业内容	作业标准	是否执行	是否规范
8	停放制动试验	按下"停放制动施加"按钮	按下"停放制动施加"按钮		
		检查确认停放制动"施加"红色指示灯亮，停放制动"缓解"绿色指示灯灭，施加列车停放制动	眼看、手指设备，口呼："停放制动'施加'红色指示灯亮，停放制动'缓解'绿色指示灯灭，列车停放制动施加。"		
		检查确认车辆显示屏制动图标有停放制动标志"P"	眼看、手指车辆显示屏制动状态界面，口呼："有停放制动标志'P'。"		
		按下"停放制动缓解"按钮，保持停放制动缓解状态	按下"停放制动缓解"按钮，缓解停放制动		
9	警惕按钮试验	确认警惕按钮状态	按几下警惕按钮，确认警惕按钮无卡滞现象		
		方向手柄置"前"位	将方向手柄置"前"位		
		将主控手柄推向牵引位最小位	无需按压警惕按钮，将主控手柄推向牵引位最小位		
		检查确认车辆显示屏出现"牵引封锁/无人警惕"字样	眼看、手指车辆显示屏，口呼："牵引封锁/无人警惕。"		
		主控手柄拉回"零"位	将主控手柄拉回"零"位		
		检查确认车辆显示屏"牵引封锁/无人警惕"字样消失	眼看、手指车辆显示屏，口呼："牵引封锁/无人警惕消失。"		
10	牵引/制动试验	合高速断路器	按下主断"合"按钮		
		检查确认主断"分"红色指示灯灭，主断"合"绿色指示灯亮	眼看、手指设备，口呼："主断'分'红色指示灯灭，主断'合'绿色指示灯亮。"		
		检查确认，网压显示在1 000~1 800 V之间	眼看、手指车辆显示屏受电弓界面，口呼："线路网压1 500 V。"		
		确认驾驶模式在"RM"位	手指设备，口呼："驾驶模式RM位。"		

续表

序号	作业步骤	作业内容	作业标准	是否执行	是否规范
10	牵引/制动试验	检查确认车辆显示屏上的"制动屏",确认列车制动状态正常	眼看、手指车辆显示屏制动状态界面,口呼:"列车制动状态正常。"		
		检查确认车辆显示屏上的"牵引状态屏",确认牵引电动机正常	眼看、手指车辆显示屏牵引状态界面,口呼:"牵引电动机正常。"		
		主控手柄拉至"快速制动"位	将主控手柄拉至"快速制动"位		
		检查确认车辆显示屏显示"快速制动"字样	眼看、手指车辆显示屏,口呼:"快速制动。"		
		主控手柄拉回"零"位	将主控手柄拉回"零"位		
		检查确认车辆显示屏"快速制动"字样消失	眼看、手指车辆显示屏,口呼:"快速制动字样消失。"		
		主控手柄推向"牵引"区	主控手柄推向"牵引"区,但不得超过20%		
		检查确认驾驶台"所有气制动缓解"指示灯亮	眼看、手指设备,口呼:"所有气制动缓解指示灯亮。"		
		待客车刚移动,立即将主控手柄拉回"制动"区100%处	立即将主控手柄拉回"制动"区100%处		
		列车停车,确认驾驶台"气制动施加"指示灯亮	眼看、手指设备,口呼:"气制动施加指示灯亮。"		
		检查列车显示屏应无故障显示	眼看、手指车辆显示屏,口呼:"显示屏无故障显示。"		
11	RM 模式选择试验	进入信号屏中的菜单,选择 RM60 后回到主页,确认 RM60 选择成功	进入信号屏中的菜单,选择 RM60 后回到主页,口呼:"RM60 选择成功。"		
		进入信号屏中的菜单,选择 RM25 后回到主页,确认 RM25 选择成功	进入信号屏中的菜单,选择 RM25 后回到主页,口呼:"RM25 选择成功。"		
		整备作业完毕	用车载台与信号楼联控,口呼:"×道×端××次××车整备作业完毕。"		

任务评价

班级		学习小组	
姓名		学号	
任务名称		动态试验	

序号	评价内容	评价标准	分值	评价方式	得分
1	自主学习能力	在线课程学习时间和进度符合要求	10	师评	
		作业上交及时,准确度高	10	师评	
		积极参与在线讨论,有效回帖 5 个以上	5	机评	
2	应知应会知识	知识掌握全面、准确	10	机评	
3	车门试验	试验步骤完整、正确,无漏项	5	机评	
		试验方法正确、规范	5	机评	
		呼唤应答动作规范,内容清晰、准确	3	互评	
4	牵引制动试验	试验步骤完整、正确,无漏项	5	机评	
		试验方法正确、规范	5	机评	
		呼唤应答动作规范,内容清晰、准确	3	互评	
5	其他试验	试验步骤完整、正确,无漏项	5	机评	
		试验方法正确、规范	5	机评	
		呼唤应答动作规范,内容清晰、准确	3	互评	
6	完成时间	10 min 内完成应知应会考试	2	机评	
		15 min 内完成动态试验操作	3	机评	
7	团队合作	能与团队成员合作,共同完成工作任务	2	自评	
			2	互评	
			3	师评	
8	执行力	能服从老师、组长的安排	2	自评	
			2	互评	
			3	师评	
9	纪律责任意识	遵章守纪,有较强的责任意识	2	自评	
			2	互评	
			3	师评	

任务反思

1. 在动态试验的过程中出现了哪些问题？这些问题应如何避免？
2. 在动态试验的过程中积累了哪些经验和技巧？

警钟长鸣

小车轮，大事故——检车不能流于形式！

一提到德国制造，人们想到的往往是其产品经久耐用、值得信赖。代表德国高科技的 ICE 是世界上最快的列车之一，通达德国各地，并且以豪华舒适和极高的安全性著称，号称世界上最安全、最先进的列车设备。

ICE 列车高速行驶了 7 年无一例死亡事故，但是，1998 年 6 月 3 日，一辆从德国慕尼黑开往汉堡的高速列车却在途中突然出轨，造成了 101 人遇难，88 人重伤，106 人轻伤，成为世界高铁历史上第一次严重的伤亡事故，打破了德国制造的神话。德国《明镜》周刊甚至用"德国的泰坦尼克号事件"来形容此次事故，其脱轨现场如图 2-31 所示。

图 2-31　德国 ICE 列车脱轨现场

在德国联邦铁路局的组织下，一支独立的特别调查小组对事故原因展开全面调查。经过全面勘察及技术鉴定，调查人员得出如下结论：由于金属疲劳，884 号列车第一节车厢的一个车轮钢圈脱落，该破损脱落的钢圈呈竖直状挂在高速行驶的列车下，一路刮磨铁轨。在经过出事地点前的交汇点时将护轨铲起，铲起的护轨猛地从底部插入车厢，巨大的冲击力造成铁轨交汇点发生松动，首节车厢驶过交汇点后继续沿着主线行驶，但后面的车厢被导向错误的轨道，驶向当地的支线。最后方向失控的车厢迎头撞上路桥的桥柱，致使整个桥面垮塌并砸在列车上，而后部的车厢则在惯性的作用下，继续高速向前冲，最终挤压在堆积的桥面废墟上，顷刻间酿成一场悲剧。

这场悲剧的深层次原因，除了车轮本身的双壳式设计缺陷，还跟检车人员的工作疏忽有关。如果检车人员在检车时能及时发现车轮内侧的裂纹，这起悲剧也许就能避免。

血淋淋的事实时刻警示着我们：安全无小事！检车工作虽然简单，但一定不能流于形式！

任务3
列车出入车辆段/车场作业

【任务描述】

列车整备作业完成后,如果一切正常,符合投入运营标准,则可以将列车驾驶出库,途经平交道口、车辆段/车场道岔区段,以及转换轨等重要区域,驶出车辆段/车场,投入正线运营。经过一天的正线载客运营后,再将列车驾驶回段回库。列车出入车辆段/车场的操作是否得当,对段内工作人员人身安全、设备安全以及列车是否能够正常运营起着至关重要的作用。本任务要求学生按照正确的流程及标准,进行一次列车出库出段和入段入库作业。

【知识目标】

1. 掌握车辆基地的功能组成和主要设施。
2. 掌握车辆段/车场线路和信号标志的含义。
3. 掌握各种驾驶模式的基本特征及运用场合。

【能力目标】

1. 能规范执行出入车辆段/车场操作中的呼唤应答和联控制度。
2. 能正确使用运用各种驾驶模式并进行转换。
3. 能正确、规范、独立地完成列车出入车辆段/车场作业。

【素养目标】

1. 具备严谨细致、精益求精的工匠精神。
2. 具备遵守规程、规范操作的职业习惯。
3. 具备高度的安全意识、责任心。

任务 3.1　列车出库出车辆段/车场作业

 知识准备

一、车辆基地认知

车辆段与综合维修基地简称车辆基地,是城市轨道交通系统重要的组成部分,是保证城市轨道交通整个系统正常运营的后勤基地,是城市轨道交通车辆以及系统各设备和设施(包括线路、轨道、桥梁、涵洞房屋建筑等)的整备、维修、管理单位。车辆基地主要包括车辆段、综合维修基地、物资总库和培训中心,为本线的运营、检修起着后勤保障作用。

1. 车辆段

车辆段是城市轨道交通运营线路运用列车的编组进行停放、整备、列检和各种定期修理,使列车各种设备保持良好状态,保证行车安全运行的重要管理、维修单位。城市轨道交通车辆段分为检修车辆段(车辆段)和停放车辆段(停车场)两种。

城市轨道交通每条线路通常设一个车辆段。当一条线路长度超过 20 km 时,车辆段至另一端的发车空行距离将增大,运营费用也将增加。这时一般会在线路一端设一个车辆段,另一端适当位置设一个停车场。车辆段的基本功能为:

(1)承担本线范围内列车的乘务、停放、列检、洗刷、清扫及定期消毒等日常业务。乘务日常业务包括司乘人员出勤、退勤前的技术交接,车辆日常保养中还应包括双周和三月检以及车辆一般性故障处理。

(2)承担本线车辆的厂修、架修、定修。

(3)承担本线车辆运行中出现故障时的救援工作。包括列车脱轨、颠覆或接触网中断供电时,能迅速出动救援设备起复车辆或将列车牵引到邻近车站,并排除线路事故或故障,恢复行车。

(4)折返站乘务司机换班及派出列检。

(5)负责车辆段内设备机具的维修和调机、工程车等的整备及维修。

(6)段内线路、调机的运行管理。

2. 综合维修基地

综合维修基地是机电、工务、建筑等设备的维修和管理单位。其主要功能是:

(1)负责全线轨道、道岔、隧道、桥涵、路基等建筑及设备的检查、维修及保养。

(2)负责全线车站建筑、站内装饰、导向标志、广告、出入口设施、风亭等的巡视、养护和维修工作。包括轨道交通所有地下、地上的建筑物。

(3)负责全线各变电所、接触网、供电线路及设备的运行管理和检修。

(4)负责环控、给排水、消防、电梯及自动扶梯、屏蔽门、防淹门等机电设备的运行管理和检修。

(5)负责全线通信系统设备的运行管理和检修。

(6)负责全线信号系统设备的运行管理和检修。

(7)负责全线综合监控系统设备的运行管理和检修。

(8)负责全线自动售检票系统设备的运行管理和检修。

（9）负责全线环控（BAS）、防灾报警（FAS）、电力监控（PSCADA）及计算机设备的运行管理和检修。

（10）负责配属维修中心的各种工程车辆的管理、使用及检修。

（11）负责全线的事故救援工作。

3. 主要设施

（1）主要线路　某地铁车辆段平面布置如图 3-1 所示，车辆基地设出入段线、洗车线、镟轮线、停车/列检线、月检线、定修/临修线等，还设有停车备用线、工程车停放线以及试车线等。

（2）主要房屋配置　车辆段运用厂房设运用库（含停车列检棚），检修厂房设检修主厂房，段内还设有调机库、工程车库、运转综合楼、物资总库、运营综合楼及其他辅助生产生活房屋。车辆段控制中心（DCC）设在运营综合楼内，乘务员公寓设在车辆段综合楼内。

设牵引降压混合变电所 1 座。

信号设备采用微机连锁设备；根据生产、运营管理要求设置通信设备。

4. 主要设备和设施

车辆段设列车外部清洗设备，不落轮镟轮设备，车辆大、架修及定、临修检修试验设备，试车设施，列车救援设备等。

综合维修中心设钢轨和道岔等的检测、探伤、现场焊接及打磨等设备；各系统设备检查和维修所需的各种设备、仪器仪表及工器具等；各种工程车辆。

物资总库设装卸、起重设备及运输车辆。

微课
揭秘车场线路和信号

二、车场线路及线路标志

1. 车场线路

线路是机车车辆和列车运行的基础，它承受着由列车轮对传来的巨大压力，并引导列车车辆轮对运行列车。

地铁线路就其在运营中的作用分为正线、辅助线、车辆段（车场）线等。

车场内线路按作业目的和用途分为运用线和维修线。运用线包括走行线、停车线、洗车线、牵出线、联络线、工程车运用线等；维修线包括列检线、镟轮线、月检线、定修/临修线、架修线、静调线、吹扫线等。

（1）停车线　为运用列车停放时所使用的线路，定期维护及保养部门为综合机电部，使用管理部门为安全调度室。

（2）列检线　为列车日常维护保养及故障处理时所使用的线路，主要使用部门为检修车间，定期维护及保养部门为综合机电部，使用管理部门为安全调度室。

（3）镟轮线　为列车轮对镟修时所使用的线路，定期维护及保养部门为综合机电部，使用管理部门为安全调度室。

（4）静调线　为列车静态调试时所使用的线路，定期维护及保养部门为综合机电部，使用管理部门为安全调度室。

（5）吹扫线　为列车走形部定期吹扫时所使用的线路，定期维护及保养部门为综合机电部，使用管理部门为安全调度室。

（6）定修/临修线　为列车年修或临时故障处理时所使用的线路，定期维护及保养部门为综合机电部，使用管理部门为安全调度室。

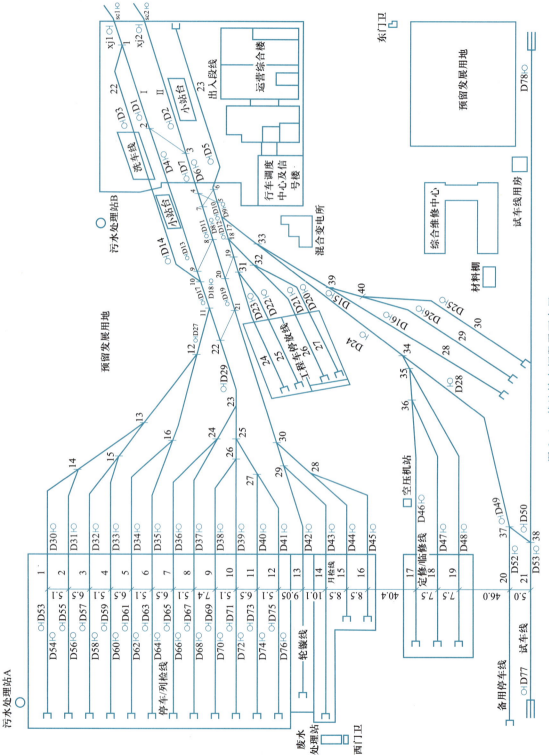

图 3-1　某地铁车辆段平面布置

（7）月检线 为列车进行双周检、月检、季检及年检时所使用的线路,定期维护及保养部门为综合机电部,使用管理部门为安全调度室。

（8）工程车运用线 为存放调机及工程车辆所使用的线路,定期维护及保养部门为综合机电部,使用管理部门为安全调度室。

（9）试车线 为地铁列车或工程车辆动态调试时所使用的线路,试车线设备维护及保养部门为综合机电部和通号部,使用管理部门为安全调度室。

（10）洗车线 为地铁列车清洗时所使用的线路,主要使用部门为车辆部检修车间,定期维护及保养部门为综合机电,使用管理部门为安全调度室。

（11）牵出线 设在车辆段线路的尽头,并与到发线相连接,专供列车解体、编组、待修及转线洗车等需要牵出车辆时所使用的线路,定期维护及保养部门为综合机电部,使用管理部门为安全调度室。

（12）走行线 车场内车库到正线起点站之间,用于列车转场、走行、折返的线路。

车场内除试车线采用 60 kg/m 的钢轨,其余均采用 50 kg/m 的钢轨。直线地段轨距为 1 435 mm。

车辆段、停车场内基本采用 50 kg/m 的钢轨 7 号道岔,只有与试车线接轨的道岔为 60 kg/m 的 9 号道岔。道岔侧向允许通过速度见表 3-1。

表 3-1 道岔侧向允许通过速度

辙叉号	9	7
速度/（km/h）	30	25

2. 车场线路标志

线路标志是根据列车运行和线路养护的需要,在地铁线路上设置的各种表示线路设备和建筑位置状态的指引标志。

（1）一度停车标 如图 3-2 所示,一度停车标一般设置于平交道口等地方,用以提醒列车司机注意停车确认进路安全,无异物侵限等情况。

（2）警冲标 如图 3-3 所示,警冲标用来指示列车停车时,不准越过道岔方向或线路交叉点方向,以防止停留在该线上的列车与临线上的机车车辆发生侧面冲突。

图 3-2 一度停车标　　　　　　　　　　　图 3-3 警冲标

三、车辆段信号

在城市轨道交通系统中,信号是指示列车行车及调车作业的命令,信号系统是一个集行车指挥和列车运行控制为一体的重要机电系统,它直接关系到城市轨道交通系统的运营安全、运营效率以及服务质量;能保障乘客和列车的安全,实现列车快速、高密度、有序运行。城市轨道交通行车相关人员必须熟知信号的显示方式,按照信号显示要求进行行车及调车作业。

信号机作为信号系统的重要设备,其作用是指挥列车,保证行车安全。列车必须绝对执行信号机显示的命令。城市轨道交通的信号机采用色灯信号机,如图3-4所示,它利用显示灯光的颜色、数目来表示信号。按色灯信号机支柱的高矮,可分为矮柱、高柱两种类型;按信号灯的数目,可分为二显示、三显示和多显示三种类型。

(a) 矮柱信号机　　　　　　　(b) 高柱信号机

图 3-4　色灯信号机

1. 车辆段信号机设置规则

(1)信号机通常设置在列车运行方向的右侧。

(2)在停车列检库前或转换轨两端处设置出段信号机;在车辆段入口处设置进段信号机,进段信号机通常会设置引导信号。

(3)在线路的尽头设置列车阻挡信号机。

(4)在同时能存放两列及以上列车的停车线中间进段方向设置信号机,实现列车阻挡和调车。

(5)车辆段内其他地点根据需要设置调车信号机。

2. 车辆段信号机信号含义

出库信号机设于停车库门口,用于指示列车出库,一般为矮柱二显示信号机,其含义见表3-2。

表 3-2　出库信号机含义

序号	信号灯显示	行车指示	备注
1	一个黄灯	允许越过该信号机运行	运行至出段信号机前停车
2	一个红灯	停止(禁止越过该信号机)	——
3	一个白灯	允许越过该信号机调车	仅作为调车信号使用

出段/场信号机设于车辆段/场的出口处,用于防护正线、指示列车从车辆段/场进入正线,一般为高柱三显示,其含义见表3-3。

表 3-3　出段/场信号机含义

序号	信号灯显示	行车指示	备注
1	一个黄灯	允许越过该信号机运行	运行至正线转换轨一度停车
2	一个红灯	停止（禁止越过该信号机）	—
3	一个黄灯和一个红灯	引导信号，允许通过	允许列车以不大于规定的速度运行到下一个顺向信号机并随时准备停车

进段/场信号机设于车辆段/场的入口处，指示列车从正线进入车辆段/场。一般为高柱三显示，其含义见表 3-4。

表 3-4　进段/场信号机含义

序号	信号灯显示	行车指示	备注
1	一个黄灯	允许进入车辆段	运行至正线转换轨一度停车
2	一个红灯	停止（禁止越过该信号机）	—
3	一个红灯和一个黄灯	引导信号，允许通过	黄、红灯位间设空灯位。允许越过该信号机，以不超过 15km/h 的速度进入车辆段并随时准备停车

调车信号机设于车辆段/场内，指示调车作业。一般为矮柱二显示，如图 3-5 所示，其含义见表 3-5。

图 3-5　调车信号机

表 3-5　调车信号机含义

序号	信号灯显示	行车指示	备注
1	一个蓝灯	禁止越过该信号机运行	—
2	一个白灯	允许越过该信号机调车	可运行到下一个顺向调车信号机前

3. 车辆段信号机的编号

对于车辆段内信号机的编号,各个城市在设计时都不尽相同,但主要遵循以下的规则来编号:

（1）车辆段内信号机的编号　信号机的编号共有 2~3 位,第一位字母为(D,S,X),第二至第三位为数字或字母。其中,第一位字母的含义分别为:D 代表调车信号机;S 代表上行方向的列车信号机;X 代表下行方向的列车信号机。

数字或字母代表设备编号,如果第一位为字母 D(调车信号机)且第 2 或第 2~3 位为数字,则单数为停车库下行咽喉区域设备,双数为停车库上行咽喉区域设备,然后按照列车到达方向顺序由段外向段内、从小到大的顺序进行编号。距离停车库最远的设备编号为第一个,如 1 代表停车库下行咽喉区域设备且距离停车库最远的信号机;2 代表停车库上行咽喉区域设备且距离站台最远的信号机。

如果第一位为字母 D(调车信号机)且第 2 或 2~3 位为字母或数字和字母,则表示按实际的停车库股道号来命名,如停车库第一 C 股道调车信号机的编号为 D1C。

如果第一位为字母 S 或 X(列车信号机),则第二或 2~3 位按实际的停车库股道号来命名,如停车库第一股道列车信号机的编号为 S1 或 X1。

特殊情况下,信号机编号可不分单双号,按顺序依次编号。

（2）出/入段线处信号机的编号　出/入段线处信号机分为入段信号机和出段信号机,入段信号机的方向为下行方向,所以用 X 表示,如设在入段线的入段信号机用 XR 编号;设在出段线的出段信号机用 XC 编号。还设有总出段信号机,因其方向为上行方向,所以用 S 表示。

四、列车驾驶模式的运用及转换

1. ATO(自动驾驶操作)自动驾驶模式(AM)

（1）基本特征　两站间的列车自动运行,不取决于司机。司机负责监督 ATP/ATO 指示、列车状况,所要通过的轨道、道岔、信号的状态,必要时加以人工介入。

（2）基本运用　正线的正常运行(包括折返线和试车线)。

2. 受监控/保护人工驾驶模式(SM/PM)

（1）基本特征　在 SM/PM 模式下,列车由司机人工驾驶,运行速度受列车超速防护(ATP)系统的实时监控。ATP/ATO 车载设备在驾驶室的显示器上显示列车的实际速度、限制速度、目标速度以及目标距离等参数。当列车接近 ATP 限制速度时,系统对列车司机发出声光报警信号,提醒列车司机注意。若列车的运行速度超过了限制速度,在 ATP 系统的超速防护下,列车立即实施紧急制动。

（2）基本运用

① ATO 故障时的降级运行。

② 运行时在轨道上发现有障碍物、在高架段轨面湿滑等需人工驾驶的情况。

③ 运营低峰期的列车司机驾驶练习。

3. 限制人工驾驶模式（RM）

（1）基本特征　RM 驾驶模式是只在 ATP 车载设备保护下限速为 25 km/h 或 60 km/h 的人工驾驶。驾驶员根据地面信号机的显示或车站值班员的手势行车,驾驶列车以不得超过 25 km/h 或 60 km/h 的 ATP 限制速度运行。如列车运行速度超过 ATP 车载设备的限制速度,将紧急制动。

（2）基本运用

① 车辆段运行。

② 联锁、轨道电路、ATP 轨旁设备故障。

③ 列车紧急制动以后。

4. 自动折返模式（AR/ATB）

（1）基本特征　AR 模式包括列车的自动换向和有折返轨的自动折返,其中有折返轨的自动折返又可分为人工折返和无人折返。

（2）基本运用　在折返站和具有换向功能的轨道区段使用。

5. 非限制人工驾驶模式（URM/NRM/cut-out）

（1）基本特征　列车的运行完全由驾驶员负责,没有 ATP 系统的监控。在列车运行中,驾驶员根据行车调度员的指示,按地面信号机的显示信号或按路票及车站值班员手势行车。

（2）基本运用

① 车载 ATP 设备故障,不能使用。

② 车辆部分设备检修和调试。

微课
列车驾驶模式转换

6. 列车驾驶模式转换

在运营时间内,ATO 自动驾驶模式和受监控/保护人工驾驶模式一般属于正常驾驶模式,限制人工驾驶模式和非限制人工驾驶模式属于非正常驾驶模式。列车在正线运营时原则上一般优先采用自动驾驶模式运行。

列车在正线及其辅助线转换驾驶模式的具体规定如下:

技能竞赛
列车驾驶模式转换

（1）在运营过程中,正常驾驶模式与非正常驾驶模式的转换以及限制人工驾驶模式和非限制人工驾驶模式间的转换须经行车调度员授权或向行车调度员报告。

（2）在紧急情况下列车司机确认行车安全后先动车再向行车调度员报告。

（3）列车从限制人工驾驶模式转换为 ATO 自动驾驶模式或受监控/保护人工驾驶模式时,根据信号显示进行转换并报行车调度员。

（4）列车出入车场过程需要从受监控/保护人工驾驶模式转换为限制人工驾驶模式或从限制人工驾驶模式转换为受监控/保护人工驾驶模式时,按有关规定办理。

（5）除行车调度员特殊要求外,列车在限制人工驾驶模式动车后,应尽可能升级到更高级别的驾驶模式,无法正常升级时及时向行车调度员报告。

（6）需要改变行车闭塞法时,行车调度员按标准用语发令,列车司机从命令中提供的起始车站选择匹配的预选模式。

五、列车出库出车辆段/车场作业

1. 作业流程

（1）出库前准备　出库前,司机应依据列车时刻表,根据出库时刻提前 10 min 打开库门,并确认库门开启到位,如图 3-6 所示。

图 3-6　库门开启到位

（2）与信号楼值班员联控　司机联控信号楼值班员,口呼:"信号楼,××车××道×段整备作业完毕。信号楼值班员回复司机:"××车×道×段整备作业完毕,信号楼明白。"待出库信号开放后,信号楼值班员通知司机:"××车,××道往 CD1 列车信号黄灯好,司机可以动车。"司机回复信号楼值班员:"××车,××道往 CD1 列车信号黄灯好,司机可以动车,司机明白。"

（3）列车出库　如图 3-7 所示,司机手指出库信号机,确认出库信号机黄灯亮。口呼:"列车信号黄灯好"。按照标准流程启动列车,并以 RM25(25 km/h)模式驾驶列车,库内限速 5 km/h。运行至平交道口前(约 10 m 范围内)一度停车,确认平交道口无人、无障碍,司机眼看、手指、口呼:"道口安全。"

图 3-7　出库信号机

（4）车场内运行　司机再次启动列车,并以 RM25 模式驾驶列车在车场内运行,途中遇道岔,需手指、口呼:"道岔位置正确。"

（5）列车出车辆段/车场　如图 3-8 所示,司机驾驶列车运行至出段信号机前(约 10 m 范围内）一度停车，并报告行车调度员："行调，××次在××信号机前停稳。"行车调度员回复司机："××次在××信号机前停稳，行调收到。××次凭信号显示出场。"司机复诵："××次凭信号显示出场，司机明白。"之后，司机眼看、手指信号机，确认信号，口呼："列车信号黄灯好。"再次启动列车，以RM25模式驾驶列车运行。

图 3-8　出段信号机

（6）进入转换轨　列车完全进入转换轨后，严格按照规定速度运行并且在前方信号机前（约10 m 范围内）停车。司机手指、口呼，确认显示屏收到列车投入服务小车图标，将驾驶模式转为PM 模式后，报告行车调度员："行调，××次在转换轨停稳，已转 PM 模式。"行车调度员回复司机："××次在转换轨停稳，已转 PM 模式，行调收到。××次凭信号显示动车。"司机复诵："××次凭信号显示动车，司机明白"，并确认前方信号机显示"信号正确"，显示屏收到速度码，再次启动列车，以 ATP 模式运行，途中遇到信号机及道岔，需确认道岔位置及信号状态。

（7）投入正线　列车运行至正线指定的车站（前方站或线路终端站），对标停车，投入正线运营服务或进入存车线转为备用。

2. 作业规定

出车辆段/车场作业是城市轨道交通列车在整备作业完成后，列车司机起动列车到始发站站台的过程中，要经过很多道岔与信号机。因此，列车司机应严格遵守有关作业规定，认真进行呼唤应答制度。

（1）列车司机在列车整备作业完成，确认列车具备动车条件后，应主动并及时地与信号楼值班员联系，复诵列车车号、车次、股道，并对列车状态进行描述，按问路式调车规定请求列车出场进路。

（2）得到信号楼值班员通知且地面信号开放后，列车司机应按规定进行呼唤应答（手指动作如图 3-9 所示、车场呼唤应答用语标准见表 3-6）并鸣笛后，方可启动列车。

图 3-9　手指动作

表 3-6　车场呼唤应答用语标准

呼唤时机	呼唤用语	手指	备注
库门前	一度停车	√	列车必须在库门前/一度停车牌前/平交道口前停车
平交道口前			
一度停车牌			
入库库门前	库门好红灯亮	√	确认库门开启位置正确,接触网有电
列车接近道岔时	道岔好	√	—
	停车	—	道岔位置显示不正确时,立即停车
列车接近调车信号机时	白灯	√	—
	红灯停车	√	列车必须在红灯前停车
列车进入尽头线	尽头线注意	—	自进入该线起,控制好速度,准备停车

（3）列车在车库门口,如图 3-10 所示,应一度停车,确认平交道上无人员走动并且具备行车条件并鸣笛后,方可启动列车出库。库内按规定限速运行,待列车尾部全部出清出库平交道后,列车司机方可适当提高速度(但不得超过规定速度)在停车场内运行。

（4）列车在停车场内行驶时,列车司机应认真确认进路中每个调车信号机的显示及每个道岔的开通位置,并进行相应的手指口呼,确认信号机、道岔位置正确。

（5）列车在停车场内行驶时,列车司机应做到瞭望不间断,过平交道或有人员在前方线路上行走时,应鸣笛警示并减速。

（6）列车在出场线出场时,列车司机应将列车运行至一度停车牌前(信号模式转换点处,如图 3-11 所示)一度停车,并建立 ATP/ATO 模式,按规定对出场信号机开放、进路、速度码进行手指口呼,确认出场信号正确、道岔位置正确、前方进路正确、速度码有后,方可以 ATP/ATO 模式进入正线。

图 3-10　车库门口

图 3-11　信号模式转换点处

任务实施

列车出库出车辆段/车场作业工单

班级		学习小组	
姓名		学号	
任务名称	列车出库出车辆段/车场作业		
完成时间	年　　月　　日　　时　　分至　　时　　分		
任务用时	分钟		
任务描述	以小组为单位,组员分别扮演列车司机、信号楼值班员、考核员,司机严格按照作业流程和标准进行列车出车辆段/车场作业,考核员按标准进行考核评价		
任务要求	1. 列车出车辆段/车场作业流程正确:作业项目及步骤完整、顺序正确,无漏项 2. 列车出车辆段/车场作业方法正确规范:出车辆段/车场作业过程中,需呼唤应答,要求眼看、手指设备,并清晰、准确、连贯地口呼设备名称及设备状态(或操作) 3. 呼唤应答时口呼内容原则上不要求与标准一字不差,只要表达的内容完全一致即可		

任务实施

序号	作业步骤	作业内容	作业标准	是否执行	是否规范
1	与信号楼值班员联控出厂	整备作业完毕后,司机与信号楼值班员联系出厂	司机联控信号楼值班员,口呼:"信号楼,××车××道×段整备作业完毕。"		
		信号楼值班员回复司机	信号楼值班员回复司机:"××车×道×段整备作业完毕,信号楼明白。"		
		信号楼值班员通知司机可以动车	待出库信号开放后,信号楼值班员通知司机:"××车,××道往 CD1 列车信号黄灯好,司机可以动车。"		
		司机复诵	司机回复信号楼值班员:"××车,××道往 CD1 列车信号黄灯好,司机可以动车,司机明白。"		
2	列车出库	确认出库信号机黄灯亮	手指出库信号机,口呼:"列车信号黄灯好"		
		启动列车,以 RM25(25 km/h)模式驾驶列车	按照标准流程启动列车,并以 RM25 模式驾驶列车,库内限速 5 km/h(列车限速到达警冲标处)。		
		在平交道口前一度停车	在平交道口前(约 10 m 范围内)一度停车		

续表

序号	作业步骤	作业内容	作业标准	是否执行	是否规范
2	列车出库	确认平交道口无人、无障碍	确认平交道口无人、无障碍,司机眼看、手指道口,口呼:"道口安全。"		
3	车场内运行	启动列车,以RM25(25 km/h)模式驾驶列车	再次启动列车,并以 RM25 模式驾驶列车		
		途中遇道岔,需手指、口呼	眼看、手指道岔,口呼:"道岔位置正确"(若干次)		
4	列车出场	CD1(出段信号机)前一度停车	在 CD1 信号机前(约 10 m 范围内)一度停车		
		汇报行车调度员	司机呼叫行车调度员:"行调,××次在CD1 信号机前停稳。"		
		行车调度员回复	行车调度员回复司机:"××次在 CD1信号机前停稳,行调收到。××次凭信号显示出厂。"		
		司机复诵	司机复诵:"××次凭信号显示出厂,司机明白。"		
		确认信号	确认信号,司机眼看、手指信号机,口呼:"列车信号黄灯好。"		
		启动列车,以RM25(25 km/h)模式驾驶列车	再次启动列车,并以 RM25 模式驾驶列车		
5	进入转换轨	进入转换轨后,严格控制列车速度,按照规定速度运行并且安全停车	列车完全进入转换轨后,在前方信号机前(约 10m 范围内)停车		
		确认显示屏收到列车投入服务小车图标	司机眼看、手指信号屏,口呼:"列车投入服务小车图标有。"		
		将驾驶模式转为 PM 模式	手指模式选择开关,口呼:"转 PM"后,将驾驶模式选择开关打至"PM"位		
		司机汇报行车调度员	司机呼叫行车调度员:"行调,××次在转换轨停稳,已转 PM 模式。"		

续表

序号	作业步骤	作业内容	作业标准	是否执行	是否规范
5	进入转换轨	行车调度员回复司机	行车调度员回复司机："××次在转换轨停稳,已转 PM 模式,行调收到。××次凭信号显示动车。"		
		司机复诵	司机复诵："××次凭信号显示动车,司机明白。"		
		确认前方信号机显示"信号正确",显示屏收到速度码	眼看、手指信号机,口呼:"信号正确",眼看、手指显示屏,口呼:"推荐速度有。"		
		启动列车,以 ATP 模式运行	再次启动列车,以 ATP 模式运行		
6	进入正线	途中遇到信号机及道岔,需确认道岔位置及信号状态	眼看、手指信号机/道岔,口呼:"信号正确""道岔位置正确"。(若干次)		
		第一站停车	进站对标停车		

技能竞赛
出库作业

任务评价

班级		学习小组	
姓名		学号	
任务名称		列车出库出车辆段/车场作业	

序号	评价内容	评价标准	分值	评价方式	得分
1	自主学习能力	在线课程学习时间和进度符合要求	10	师评	
		作业上交及时,准确度高	10	师评	
		积极参与在线讨论,有效回帖 5 个以上	5	机评	
2	应知应会知识	知识掌握全面、准确	10	机评	
3	联控及出库	操作步骤完整、正确,无漏项	5	机评	
		操作方法正确、规范	5	机评	
		联控及呼唤应答动作规范,内容清晰、准确	3	互评	
4	运行及出场	操作步骤完整、正确,无漏项	5	机评	
		操作方法正确、规范	5	机评	
		呼唤应答动作规范,内容清晰、准确	3	互评	
5	经转换轨入正线	操作步骤完整、正确,无漏项	5	机评	
		操作方法正确、规范	5	机评	
		呼唤应答动作规范,内容清晰、准确	3	互评	
6	完成时间	10 min 内完成应知应会考试	2	机评	
		15 min 内完成出库出车辆段/车场操作	3	机评	
7	团队合作	能与团队成员合作,共同完成工作任务	2	自评	
			2	互评	
			3	师评	
8	执行力	能服从老师、组长的安排	2	自评	
			2	互评	
			3	师评	
9	纪律责任意识	遵章守纪,有较强的责任意识	2	自评	
			2	互评	
			3	师评	

任务反思

1. 在列车出库出车辆段/车场作业的过程中出现了哪些问题？这些问题应如何避免？
2. 在列车出库出车辆段/车场的过程中积累了哪些经验和技巧？

任务 3.2　列车入车辆段/车场入库作业

 知识准备

一、列车入车辆段/车场入库作业的重要性

列车入车辆段/车场入库,表示列车完成运营任务或因故无法继续投入运营从而运行回库,每当此时,司机已经过一段时间的正线运营,体力和精力有所消耗,加上工作即将结束,不免在入车辆段/车场入库作业时有所懈怠,极易发生行车事故,所以进行入车辆段/车场入库作业更要提高警惕,站好最后一班岗。

二、列车入车辆段/车场入库作业流程

入车辆段/车场入库是城市轨道交通列车完成作业后回到车库的过程。作为列车司机,同样应严格遵守有关作业规定,认真进行呼唤应答制度,确保列车运行安全。

（1）终点站清客　回车辆段或车场的列车在运营终点站停稳后,应打开客室车门,进行上下客监护作业。同时,通过车辆显示屏,选择预置的"终点站清客"广播,进行清客。清客完毕后,关闭客室车门。

（2）出站　司机眼看、手指信号机/道岔,口呼："信号正确、道岔位置正确,推荐速度有。"按照标准启车流程启动列车,以 ATP 模式运行,驾驶列车时严格控制列车速度。

（3）进入转换轨　列车运行进入转换轨后,在入段信号机前一度停车,如图 3-12 所示。司机手指驾驶模式选择开关,口呼："转 RM"后,将驾驶模式选择开关打至"RM"位。司机联控信号楼值班员,口呼："信号楼,××车在转换轨×道停稳。"信号楼值班员回复司机："××车在转换轨×道停稳,信号楼明白。"待入场信号开放后,信号楼值班员通知司机："××车,转换轨×道往××道列车信号黄灯好,司机可以动车。"司机回复信号楼值班员："××车,转换轨×道往××道列车信号黄灯好,可以动车,司机明白。"

（4）入车辆段/车场运行　司机手指进段信号机,口呼："列车信号黄灯好",并按照标准流程启动列车,以 RM25 模式驾驶列车,以 25 km/h 的限制速度,运行至平交道口前一度停车。确认平交道口无人、无障碍,司机眼看、手指道口,口呼："道口安全。"再次启动列车,并以 RM25 模式驾驶列车,运行至车库门口一度停车标处停车,如图 3-13 所示,确认平交道口处及所要停入的股道内无人员作业或行走。

（5）入库运行　确认平交道口无人员及异物侵限后,司机以 RM25 模式,使用牵引一位启动列车,以 5 km/h 的限速运行进入车库,如图 3-14 所示。

图 3-12　入段信号机

图 3-13　一度停车标

运行过程中,司机应随时注意行人和车辆的状态。运行至停车股道末端信号机前约 10 m 时停车,如图 3-15 所示。

图 3-14　列车入库

图 3-15　停车股道末端信号机

（6）停车断电报信号楼值班员　司机将驾驶台主控手柄、方向手柄置"0"位,按压主断"分"按钮,施加停放制动,并确认停放制动"施加"红色指示灯亮,停放制动"缓解"绿色指示灯灭,列车停放制动施加。接着,司机联控信号楼值班员,口呼:"信号楼,××车已在××道×段停稳,列车已做好防护。"信号楼值班员回复司机:"××车已在××道×段停稳,列车已做好防护,信号楼明白。"司机降下受电弓,将驾驶模式转为 OFF,关闭主控钥匙,将激活按钮打至"分"位。

三、列车入车辆段/车场入库作业规定

（1）列车入场前,列车司机应确认客室内没有乘客滞留,按规定要求对出站信号机、前方进路、道岔防护信号机进行手指口呼,确认信号正确、进路正确后启动列车。

（2）确认入场信号开放后,凭速度码或行车调度命令动车至转换轨处,在入场信号机前停车,按规定要求对入场信号机进行手指口呼,及时将车载无线电台转换至"车辆段"模式与信号楼值班员联系列车停放股道、是否转线、洗车作业等。

（3）列车在停车场内行驶时,列车司机应认真确认进路中每个调车信号机的显示及每个道岔的开通位置,并进行相应的手指口呼,确认调车信号正确、道岔位置正确。

（4）列车在停车场内行驶时,列车司机应做到瞭望不间断,过平交道或有人员在前方线路上

行走时,应鸣笛警示并适当减速,严格遵守停车场内的限速规定。

（5）列车在停车库前平交道处应一度停车,列车进库前,列车司机应对车库门、股道送电、无人及异物侵入限界按规定进行手指口呼,确认车库门开启良好、安全销插好、股道送电正确、无人及异物侵入限界并鸣笛后,驾驶列车进入车库。

微课
列车入场作业

（6）列车进库时,按规定限速运行,在接近停车位置时,列车司机应控制好车速,在规定停车点停车。

（7）列车进入尽头股道停车时,应在停车位置规定距离前一度停车,然后以规定限速运行至停车处停车。

虚拟仿真
入库流程

（8）列车入库停车后,列车司机应巡视客室内部,发现乘客及不明物品时,应及时与车场安保人员联系。

（9）列车司机离车前,应将有关行车记录填写完毕,并记录两头司机室的列车走行公里数,同时携带好时刻表、手持台、主控钥匙、方孔钥匙等物品,根据运转值班员的命令决定是否收车。离开列车时,应安全锁闭两端司机室门,并清理司机室杂物。

四、列车出入车辆段/车场作业注意事项

（1）规定时间仍未收到信号楼值班员的动车指令时,要主动与信号楼值班员联系。

（2）出入场采用 RM 模式运行时,司机应加强瞭望,由近及远确认进路、信号及道岔位置正确,发现危及行车安全时立即停车,并及时做好汇报。

（3）故障时的出入场组织,按车场运作手册的有关规定执行。

✎ 任务实施

列车入车辆段/车场入库作业工单

班级		学习小组	
姓名		学号	
任务名称	列车入车辆段/车场入库作业		
完成时间	年　月　日　时　分至　时　分		
任务用时	分钟		
任务描述	以小组为单位,组员分别扮演列车司机、信号楼值班员、考核员,司机严格按照作业流程和标准进行列车入车辆段/车场作业,考核员按标准进行考核评价		
任务要求	1. 列车入车辆段/车场作业流程正确:作业项目及步骤完整、顺序正确,无漏项 2. 列车入车辆段/车场作业方法正确规范:入车辆段/车场作业过程中,需呼唤应答,要求眼看、手指设备,并清晰、准确、连贯地口呼设备名称及设备状态(或操作) 3. 呼唤应答时口呼内容原则上不要求与标准一字不差,只要表达的内容完全一致即可。		

任务实施

序号	作业步骤	执行内容	执行标准	是否执行	是否规范
1	终点站清客	进站停稳,车门打开	参照上下客监护作业执行		
		通过预置的清客广播清客	通过车辆显示屏,选择预置的"终点站清客"广播,进行清客		
		确认清客完毕,准备关门	确认车站清客完毕,口呼:"好了"信号有。		
		关闭车门	参照上下客监护作业执行		
2	出站	确认出站信号、道岔	列车到达终点站清客退出运营后,眼看、手指信号机/道岔,口呼:"信号正确、道岔位置正确,推荐速度有。"		
		启动列车,以ATP模式运行	按照标准启车流程启动列车;以ATP模式运行,驾驶列车时严格控制列车速度		
3	进入转换轨	列车进入转换轨后,在进段信号机前一度停车	列车完全进入转换轨后,在进段信号机前(约10 m范围内)停车		
		将驾驶模式转为RM	手指驾驶模式选择开关,口呼:"转RM"后,将驾驶模式选择开关打至"RM"位		

序号	作业步骤	执行内容	执行标准	是否执行	是否规范
3	进入转换轨	司机与信号楼值班员联系入库	司机联控信号楼值班员,口呼:"信号楼,××车在转换轨×道停稳。"		
		信号楼值班员回复司机	信号楼值班员回复司机:"××车在转换轨×道停稳,信号楼明白。"		
		信号楼值班员通知司机可以动车	待入厂信号开放后,信号楼值班员通知司机:"××车,转换轨×道往××道列车信号黄灯好,司机可以动车。"		
		司机复诵	司机回复信号楼值班员,口呼:"××车,转换轨×道往××道列车信号黄灯好,可以动车,司机明白。"		
4	入场运行	确认入厂信号机黄灯亮	手指进段信号机,口呼:"列车信号黄灯好。"		
		启动列车,以RM25(25 km/h)模式驾驶列车	按照标准流程启动列车,并以RM25模式驾驶列车		
		途中遇道岔	需手指、口呼:"道岔位置正确"(若干次)		
		在平交道口前一度停车	在平交道口前(约10 m范围内)一度停车		
		确认平交道口无人、无障碍	确认平交道口无人、无障碍,司机眼看、手指道口,口呼:"道口安全。"		
5	入库运行	启动列车,以RM25(25 km/h)模式驾驶列车	再次启动列车,并以RM25模式驾驶列车		
		在一度停车标处停车	在一度停车标处停车		
		启动列车,限速5 km/h	列车运行,限速5 km/h		
6	停车断电报信号楼值班员	在停车股道末端信号机前停车	在停车股道末端信号机前约10 m处停车		
		主控手柄、方向手柄置"0"位	主控手柄、方向手柄置"0"位		
		分主断	按压主断"分"按钮		
		施加停放制动	按压"停放制动施加"按钮		

续表

序号	作业步骤	执行内容	执行标准	是否执行	是否规范
6	停车断电报信号楼值班员	确认停放制动施加	眼看、手指按钮,口呼:"停放制动'施加'红色指示灯亮,停放制动'缓解'绿色指示灯灭,列车停放制动施加。"		
		汇报信号楼值班员	司机联控信号楼值班员,口呼:"信号楼,××车已在××道×段停稳,列车已做好防护。"		
		信号楼值班员回复司机	信号楼值班员回复司机:"××车已在××道×段停稳,列车已做好防护,信号楼明白。"		
		降下受电弓	按压受电弓"降"按钮		
		将驾驶模式转为 OFF	将驾驶模式选择开关打至"OFF"位		
		关闭主控钥匙	将主控钥匙置"关"位		
		断激活	将激活按钮打至"分"位		

任务评价

班级		学习小组	
姓名		学号	
任务名称		列车入车辆段/车场入库作业	

序号	评价内容	评价标准	分值	评价方式	得分
1	自主学习能力	在线课程学习时间和进度符合要求	10	师评	
		作业上交及时,准确度高	10	师评	
		积极参与在线讨论,有效回帖5个以上	5	机评	
2	应知应会知识	知识掌握全面、准确	10	机评	
3	清客出站	操作步骤完整、正确,无漏项	5	机评	
		操作方法正确、规范	5	机评	
		呼唤应答动作规范,内容清晰、准确	3	互评	
4	入车辆段/车场	操作步骤完整、正确,无漏项	5	机评	
		操作方法正确、规范	5	机评	
		呼唤应答动作规范,内容清晰、准确	3	互评	
5	入库	操作步骤完整、正确,无漏项	5	机评	
		操作方法正确、规范	5	机评	
		呼唤应答动作规范,内容清晰、准确	3	互评	
6	完成时间	10 min 内完成应知应会考试	2	机评	
		15 min 内完成入车辆段/车场入库操作	3	机评	
7	团队合作	能与团队成员合作,共同完成工作任务	2	自评	
			2	互评	
			3	师评	
8	执行力	能服从老师、组长的安排	2	自评	
			2	互评	
			3	师评	
9	纪律责任意识	遵章守纪,有较强的责任意识	2	自评	
			2	互评	
			3	师评	

任务反思

1. 在列车入车辆段/车场入库作业的过程中出现了哪些问题？这些问题应如何避免？
2. 在列车入车辆段/车场入库作业的过程中积累了哪些经验和技巧？

 警钟长鸣

司机出场操作不当造成挤岔事故

某日，某地铁公司学员司机向车场调度员请求出场进路，口呼："01026 车请求开放 3 道至转换轨道进路"。车场调度员收到请求后，因其在准备其他列车出库进路，并未发布 01026 动车指令。然而学员司机在未接到调度动车指令，且未确认地面信号的情况下，驾驶 01026 列车越过前方蓝色信号机，运行至前方道岔处。由于该道岔未开通，而带教司机玩手机，未对学员司机进行有效监督，造成列车挤岔，导致车辆段发车中断，道岔转辙机受损。

任务4
列车正线驾驶作业

 【任务描述】

列车正线驾驶是司机完成运营任务的过程,是司机工作内容的主体部分。正线驾驶时,司机应严格遵守执行列车操作的各项规章制度,确保列车安全、平稳、正点运行。本任务要求学生按照正确的规范、流程及标准,进行列车正线驾驶作业。

 【知识目标】

1. 能正确识别正线线路标志和信号标志,并说出其含义。
2. 能熟练说出正线规范驾驶要求的"四做到、五确认、一执行",以及正线安全驾驶要求的"七做到、十禁止"。
3. 能区分各种折返线路,并说明其特点。
4. 熟记正线呼唤应答、联控、广播标准用语。

 【能力目标】

1. 能正确操作司机室主要设备。
2. 能按正确的流程和标准进行列车进出站和区间运行作业。
3. 能按正确的流程和标准进行站台作业和列车折返作业。
4. 能正确、规范地执行呼唤应答制度和调度命令。

 【素养目标】

1. 具备严谨细致、精益求精的工匠精神。
2. 具备服务乘客、规范操作的职业素养。
3. 具备高度的安全意识、责任心。

任务 4.1 出站及区间运行作业

知识准备

一、正线线路及其标志

1. 线路类型

（1）正线　正线是指供列车载客运行的线路，贯穿所有车站和区间。它一般按双线设计，有上行和下行之分。列车运行采用双线单向靠右侧行车。由于行车速度高，密度大，对线路标准要求高，因此都以 60 kg/m 以上类型的钢轨铺设，采用 9 号道岔。道岔侧向允许通过速度一般为 30 km/h。

（2）辅助线　辅助线是指为空载列车进行折返、停放、检查、转线及出入段作业的线路，包括折返线、渡线、停车线、车辆段出入线、联络线、安全线等，是为保证正线运营而配置的线路。

① 折返线：是供运营列车往返运行时掉头转线用的线路，也可作为夜间存车使用。根据线路地形条件和实际需要的不同，折返线有灯泡型、人字型、交叉型等。

② 渡线：是指上下行正线之间（或其他平行线路之间）设置的连接线，通过一组联动道岔达到转线的目的。渡线有单渡线和交叉渡线之分。渡线单独设置时，用来临时折返列车，增强运营列车调度的灵活性；与其他配线配合使用时，能完成或增强其他配线的功能。

③ 停车线：一般设置在端点站，专门用于停车，也可进行少量检修作业。在城市轨道交通车辆检修基地，会设有足够的停车线以供夜间停止运营后的列车停放。此外，在轨道交通线路沿线每隔 3~5 个车站的站端应加设渡线和停车线。渡线可使故障列车及时掉头，停车线可供临时停放故障或事故列车，使之不影响后续列车运行。

④ 车辆段出入线：是车辆段与正线连接的线路。

⑤ 联络线：在整个城市轨道交通线路网中，要使同种制式的线路可以实现列车过轨运行，则需要通过线与线之间的联络线来实现。联络线主要是两条正线间的连接线，主要有以下作用：车辆送修的通道；调运运营车辆；为后建线路运送设备；同一期工程跨线修建时，两线间需设置联络线，近期当成正线使用。

⑥ 安全线：是为了防止列车冒进另一进路，发生与其他列车或机车车辆冲突而设置的一种线路设施。通常，在正线上下行线的尽头端分别设置一条安全线。

2. 正线线路标志

（1）限速和解除限速标　正线区段曲线限速的起点位置设置限速信号牌，如图 4-1 所示。终点位置设置解除限速信号牌，提醒司机注意按限速行驶或解除限速。

（2）预告标　在距离车站 200 m、300 m 处分别设置接近车站预告标，如图 4-2 所示。

（3）站名标　在距车站端墙 100 m 处设置黄底黑字的站名标，如图 4-3 所示。

（4）停车标　设于各车站站台端部列车运行方向的右侧，如图 4-4

图 4-1　限速信号牌

所示。列车站内停车时,列车司机室侧门中心线必须和停车标对齐,允许误差为±30 cm。

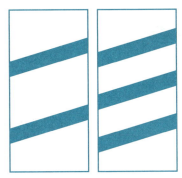
图 4-2　200 m、300 m 预告标

图 4-3　站名标

图 4-4　停车标

（5）百米标　设于隧道壁位置,表示正线的里程,有 100 m、200 m…900 m。

（6）公里标　设于隧道壁位置,表示正线的里程,各位数字以百米为单位,十位及以上以千米为单位。如:010(1 km)、020(2 km)…180(18 km)。

（7）曲线标　曲线起点和终点标志的简称。设在曲线中点处,标志上标明了曲线中心里程、半径大小、圆曲线及缓和曲线长度、超高、加宽等有关数据。

（8）坡度标　设在线路纵断面的变坡点处。它在正面与背面分别标明两边的坡度与坡段长度,箭头所指为坡度方向,箭尾数字表示坡度千分率,侧面标明变坡点位置。

（9）桥梁标　表示桥梁位置(中心里程)的标志,一般设置在桥梁中心里程处或桥头端,上面标明桥梁编号及中心里程数。

（10）警冲标　设于在两会合线路的线间距为 4 m 的中间,如折返线的道岔与正线之间。线间距不足 4 m 时,设在两线路中心线最大间隔的起点处,如图 4-5 所示。它用来指示机车车辆的停留位置,防止机车车辆侧面相撞。

（11）车挡表示器　设置在线路尽头线车挡上的表示器,便于驾驶员确认车挡位置,如图 4-6 所示。隧道内显示红色灯光,地面线路昼间使用红色方牌,夜间使用红色灯光。

图 4-5　警冲标

图 4-6　车挡表示器

（12）接触网终点标　表示接触网已经终止的标志,设在接触网终端,如图 4-7 所示。警告驾驶员不准越过该标,防止脱弓。

图 4-7　接触网终点标

二、正线信号机

1. 正线信号机设置

正线设置信号机是为了满足系统降级在后备运行模式下(含点式 ATP 和联锁级),行车安全防护的需求,以及实现列车最小行车间隔。正线信号机按照以下原则布置:

(1)每一站台的正向运行方向都应设置出站信号机。

(2)城市轨道交通线路在正常情况下是单线单方向运营,考虑到特殊情况(火灾、区间阻塞等)下的反方向运营,可在相应位置设置反向出站信号机。

(3)城市轨道交通信号控制系统中设有 ATP 系统时,一般情况下可不设通过信号机。但是考虑到长、大区间的运营能力需求以及基于通信的列车自动控制系统(CBTC, Communication Based Train Control System)降级运营的需求,可根据线路的实际情况设置通过信号机。

(4)道岔前都应设置道岔防护信号机。

(5)线路的尽头都应设置阻拦信号机。

(6)防淹门前都应设置防淹门防护信号机。

(7)显示距离不满足规定距离的情况下可设置复示信号机。

(8)车站设置发车指示器或发车计时装置。

(9)信号机应设在列车运行方向的右侧。特殊情况下可设于列车运行方向左侧或其他位置。

(10)正线一般采用三灯位四显示信号机,只在尽头型线路末端采用两灯位的显示信号机。

2. 正线信号机的命名规则

为了说明正线信号机的命名,先简单介绍一下城市轨道交通系统关于上、下行方向的设定原则。在一般的城市轨道交通系统中规定,列车驶离车辆段的方向为上行方向,列车驶入车辆段的方向为下行方向。以车站中心为界,上行列车驶入的一端为上行区域,下行列车驶入的一端为下行区域。

关于正线信号机的命名,在不同的城市轨道交通系统会有所不同,但一般而言,正线信号机的编号共有 5 位,第一位为字母,后 4 位为数字。其中:

第 1 位字母为 S 和 X,S 代表上行方向,X 代表下行方向。

第 2、第 3 位代表车站编号,如 01 代表第 1 个车站,17 代表第 17 个车站。

第 4、第 5 位代表设备编号。单数为站台下行区域设备,双数为站台上行区域设备,按照列车到达方向由站外到站内、从小到大的顺序进行编号,离站台最远的设备编号为第一个,如 01 代表为站台下行区域且离站台最远的设备,如 02 代表为站台上行区域且离站台最远的设备。

3. 正线信号机显示

正线常用的信号机包括以下三种：

（1）防护信号机 是列车运行正线上对道岔以及运行进路进行防护设置的信号机，一般设置在正线道岔的岔前和岔后适当地点，如图4-8中的A站所示。正线上防护信号机用X、S等命名，以数字序号作为第2位，下行咽喉编为单号，上行咽喉编为双号，从站外向站内顺序编号。

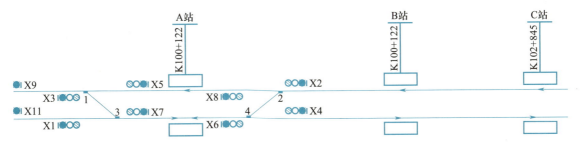

图4-8 防护信号机示意图

如图4-9所示，防护信号机采用三显示机构，自上而下为黄（或月白）、绿、红，具体显示意义是：

① 黄色（或月白）：道岔开通侧向位置，允许列车按照规定速度（一般限速不超过30 km/h）越过该信号机，运行至折返点；

② 绿色：道岔开通直向位置，允许列车按照规定速度越过该信号机进入区间；

③ 红色：禁止越过该信号机；

④ 红色+黄色（或月白）：引导信号，允许列车以不超过25 km/h的速度越过该信号机，并需准备随时停车。

图4-9 三显示防护信号机

（2）阻挡信号机 用以指示列车的停车位置或者在停运检修期间指示检修作业位置，阻挡列车（车辆）运行越过位置，确保安全，一般设置在线路尽头。阻挡信号机采用单显示机构，只有一个红灯。当阻挡信号机显示红灯时，列车应在距信号机至少10 m的安全位置停下。

当车站设置有阻挡信号机时，与防护信号机共同顺序编号，如图4-10中A站的X9、X11，H站的X18、X20。

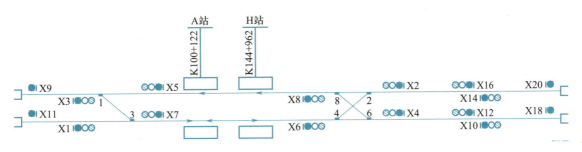

图4-10 阻挡信号机示意图

（3）通过信号机 一般设在区间线路上，用于防护前方进路。采用列车自动控制（ATC）系统的城市轨道交通车辆，一般在区间不设置通过信号机。为便于驾驶员在ATP设备发生故障时控制列车运行,可以根据需要设置通过信号机。

通过信号机采用三显示机构,自上而下灯位为黄、绿、红。具体显示意义是:

① 灭灯:系统运行在 CBTC 模式下。

② 黄色:系统运行在降级或后备模式下,进路中至少有一组道岔已经锁闭并在侧向开通位置。

③ 绿色:系统运行在降级或后备模式下,所有 ATP 系统条件都满足,同时,进路中所有道岔已锁闭并在直向开通位置,列车可按最高线路允许速度行车至下一架信号机。

④ 红色:系统运行在降级或后备模式下,禁止列车越过此信号。

⑤ 红色+黄色(或月白):引导信号显示,准许列车以不大于 25 km/h 的速度越过该架信号机继续运行,并随时准备停车。

4. 进、出站信号机

车站可根据需要设置进、出站信号机,或仅设置出站信号机。

进站信号机设置在车站入口外适当距离,用于防护车站内作业安全。进站信号机一般采用高柱双机构(两个显示机构),带引导信号机构,自上而下灯位为黄、绿、红、黄、白,进站信号显示说明见表 4-1。

表 4-1　进站信号显示说明

信号名称	色灯信号机(透镜式)	显示	信号显示的意义
进站信号机	黄 绿 红 黄 白	●红	停车,不准越过信号机
		○黄	进正线准备停车
		○黄/黄	进到发线准备停车
		●绿	按规定速度由正线通过
		●绿 ○黄	进站内准备停车,表示接车进路信号机在开放状态
		●红 ○白	引导信号,以不超过 20 km/h 的速度进站或通过接车进路,并随时准备停车

出站信号机设置在车站出口,即列车由车站向区间发车处的前方,指示列车能否由车站进入区间。出站信号显示说明见表 4-2。

表 4-2　出站信号显示说明

信号名称	色灯信号机(透镜式)		显示	信号显示的意义
出站信号机	非自动闭塞区段	绿 红 / 红 绿 绿	●红	停车,不准越过信号机,不准列车出站
			●绿	准许列车由车站出发进入区间
			●绿 绿	准许列车由车站出发开往次要线路

信号名称	色灯信号机（透镜式）		显示	信号显示的意义
出站信号机	自动闭塞区段	红绿黄绿	●红	停车，不准越过信号机
		绿黄	○黄	准许列车由车站出发，表示前方有一个闭塞分区空闲
			○绿	准许列车由车站出发，表示前方至少有两个闭塞分区空闲
			○绿○绿	准许列车由车站出发开往非自动闭塞区段

5. 发车表示器（倒计时发车牌）

车站可在正向出站方向站台一侧，列车停车位置前方适当地点设置发车表示器，如图 4-11 所示，向驾驶员表示能否关闭车门及发车的时间。发车表示器平时不亮灯，列车停靠后无显示表示不能关闭车门、发车；距发车还有 5 s 时显示白色闪光，提醒驾驶员关闭车门；显示白色稳定灯光表示可以发车。

图 4-11　发车表示器

三、司机室驾驶主要设备

如图 4-12 所示的司机室总体布置可以看出，城市轨道交通列车司机室设备主要由司机台、司机室顶部设备和司机室屏柜设备组成。

1. 门控制面板

左右门控面板安装在司机室左右侧墙上，用于列车车门的开关控制。

如图 4-13 所示为右门控制面板，其中"右门开"为红色带灯自复位按钮，在列车右门允许情况下用来打开右侧车门。当开门模式为自动和半自动模式时，自动开门；当开门模式为手动模式时，手动开门。红灯亮时表示右侧车门允许打开。"右门关"为绿色带灯自复位按钮，按下可关闭右侧车门。绿灯亮时表示右侧车门全关。

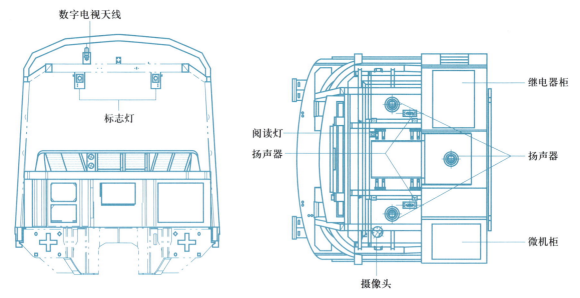

图 4-12　司机室总体布置

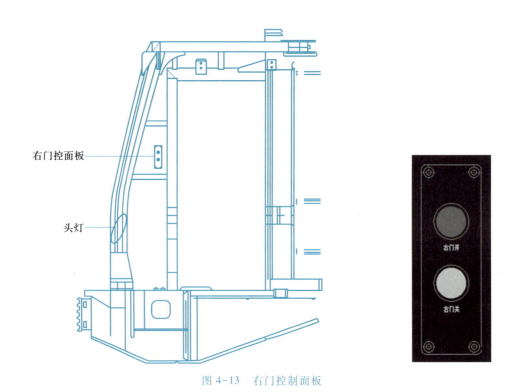

图 4-13　右门控制面板

2. 驾驶台

驾驶台是列车司机的主要操作设备,列车驾驶台的设备布置已在任务 2 中进行说明,此处不再赘述。人机交互界面(HMI)作为司机驾驶的主要操作设备,其功能含义必须为司机所熟知。

（1）主页界面　如图 4-14 所示，主页界面显示了基本布局，当按下"主页"键时显示。

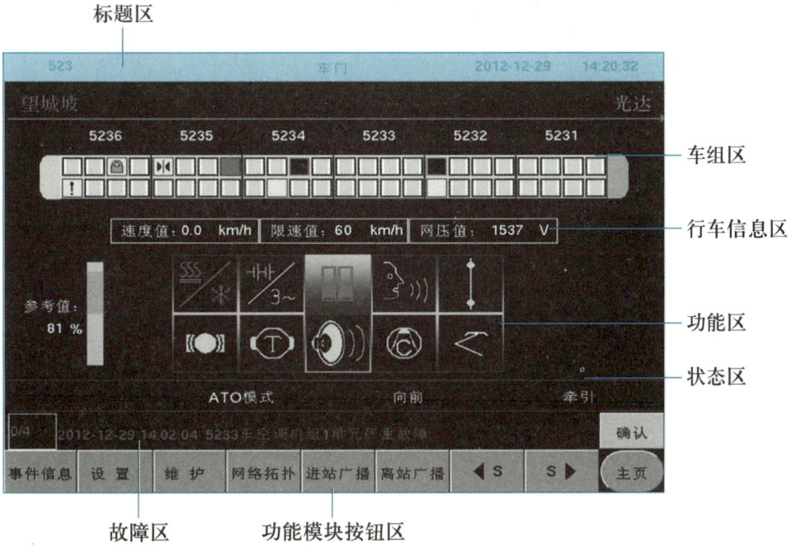

标题区

车组区

行车信息区

功能区

状态区

故障区　　功能模块按钮区

图 4-14　主页界面

① 标题区：显示通用信息。从左至右分别为：旅程号、画面标题（如"车门"）、实际日期和时间。

② 行车信息区：包括网压、限速、列车前进路线的下一站和终点站、即时速度。

③ 车组区：根据选择的画面显示实际信息。前方目的地定义为右侧，司机的位置用绿色司机室指示。车组区上方显示车号。

④ 功能区：在屏幕的中间区域布置有 10 个矩形按钮。这些按钮里的符号描绘了相应操作画面的意义。触摸按钮，将显示相应的操作画面。选择后，按钮的背景颜色将会改变。

⑤ 状态区：此行显示列车状态信息，将显示最高优先级的状态。列车状态信息表见表 4-3。

表 4-3　列车状态信息表

模式	方向	工况	模式	方向	工况
车间供电	向后	停放制动	ATO 模式		制动
紧急牵引	向前	紧急制动	ATP 模式		牵引
洗车模式		快速制动	RM 模式		惰行
退行模式		保持制动	ATP 切除		

⑥ 故障区：从左到右分别显示故障确认数/当前故障总数，故障发生的日期、时间、车号，故障内容。最早发生的故障将显示在故障区，直到司机按下"确认"按钮。新的信息将存储在显示器内存中，当消息被确认后新的消息会逐条显示，直到故障信息显示完毕。

新消息出现时，会同时产生一个声音信号引起司机的注意，声音信号和信息的颜色相关，所有信息都在"事件信息"中显示。消息处理默认项目设置见表 4-4。

表 4-4　消息处理默认项目设置

信息分类	声音信号
严重故障,报警(红色)	持续声音报警直到消息被确认
中等故障,警告(黄色)	声音将间断重复直到消息被确认
轻微故障或状态信息(白色)	仅响一声

⑦ 功能模块按钮区:按相应的按钮进入各个模块的功能界面。

选择"事件信息""设置""维护""网络拓扑"按钮将进入对应的特殊操作画面。

其他 4 个按钮为乘客信息(PIS)系统报站广播设计。

半自动报站模式下,司机可通过 ◀S 、 S▶ 调整当前站站名显示,并操作"进站广播""离站广播"人工触发进站和离站广播。 ◀S 表示无声跳站到上一站,此按钮将用于轨道上车辆实际位置与 HMI 上"站信息区域"指示的上一站或实际站名不相符合的情形。 S▶ 与此相似,表示下一站相关操作。

(2)空调页面及状态显示如图 4-15、表 4-5 所示。

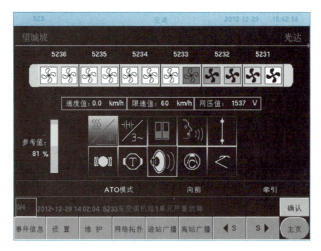

图 4-15　空调页面

表 4-5　空调状态显示

优先级	符号	指示状态	优先级	符号	指示状态
1		空调故障(红)	5		空调运行于"限制制冷"模式,由辅助电源供电(紫)
2		空调警告(黄)	6		空调运行,无故障(绿)
3		空调运行于"紧急通风"模式,由蓄电池供电(橙)	7		空调关闭,无故障(纯白)
4		空调运行于"通风"模式,由辅助电源供电(白)			

（3）辅助电源页面及状态显示如图 4-16、表 4-6 所示。

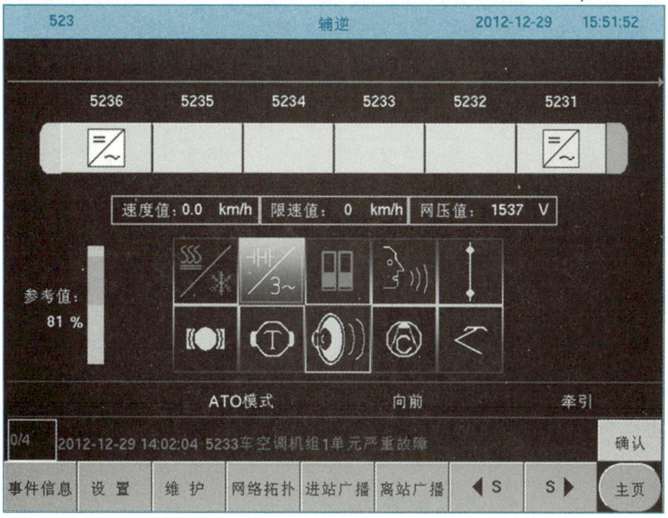

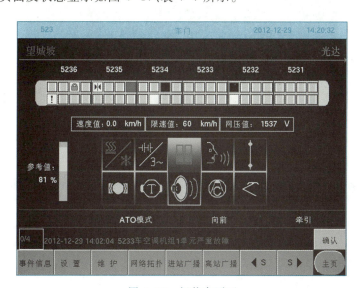

图 4-16　辅助电源页面

表 4-6　辅助电源状态显示

优先级	符号	指示状态	优先级	符号	指示状态
1		AC/DC 辅助电源故障（红）	3	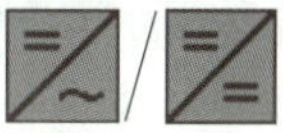	AC/DC 辅助电源运行，无故障（绿）
2	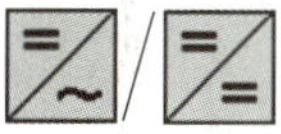	AC/DC 辅助电源警告（黄）	4	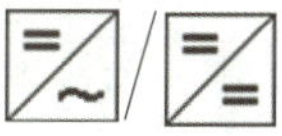	AC/DC 辅助电源断开，无故障（白）

（4）门状态页面及状态显示如图 4-17、表 4-7 所示。

图 4-17　门状态页面

表 4-7   门状态显示

优先级	符号	指示状态	优先级	符号	指示状态
1	!	紧急情况下门从里面或外面打开(黄)	6		门开,无故障(黑)
2		门切除(橙)	7		门关,无故障(灰)
3		门故障(红)	8	对应门上方或者下方有红线	"门安全回路"故障
4		门警告(黄)	9	无	"门安全回路"正常
5	▶◀	门检测到障碍物(黄)			

（5）紧急通信页面及状态显示如图 4-18、表 4-8 所示。

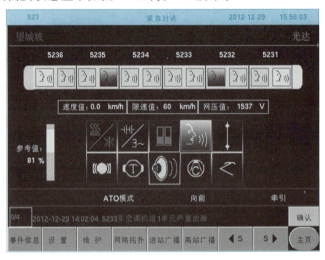

图 4-18   紧急通信页面

表 4-8   紧急通信状态显示

优先级	符号	指示状态	优先级	符号	指示状态
1		乘客紧急通信单元故障(红)	3		乘客紧急通信单元激活,司机已打开通信通道(绿)
2		乘客紧急通信单元激活,乘客要求紧急对讲(蓝)	4		乘客紧急通信单元正常,未激活(灰)

（6）HSCB/库用供电页面及状态显示如图 4-19、表 4-9 所示。

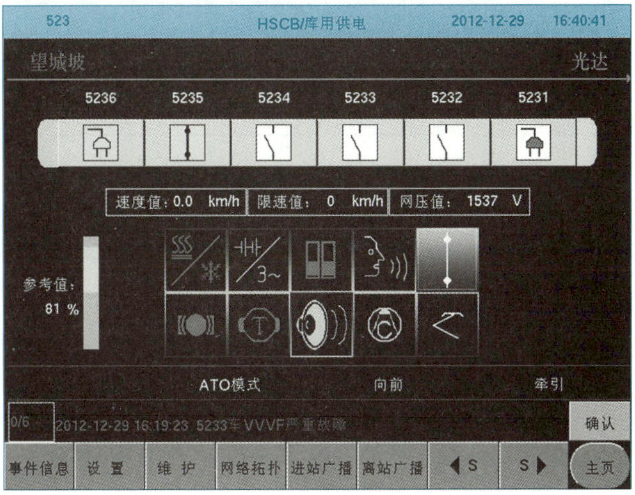

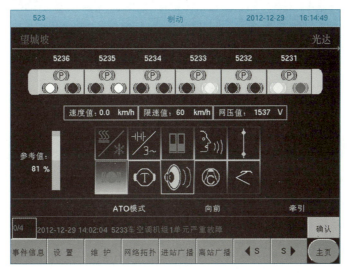

图 4-19　HSCB/库用供电页面

表 4-9　HSCB/库用供电状态显示

优先级	符号	指示状态	优先级	符号	指示状态
1		库用插座插上（绿）	3		HSCB 合上（绿）
2		库用插座未插上（红）	4		HSCB 断开（白）

（7）制动状态页面及状态显示如图 4-20、表 4-10、表 4-11 所示。

图 4-20　制动状态页面

表 4-10　停放制动状态显示

优先级	符号	指示状态	优先级	符号	指示状态
1		停放制动施加（灰）	2		停放制动未施加（灰）

表 4-11　其他制动状态显示

优先级	符号	指示状态	优先级	符号	指示状态
1		制动切除（橙）	4		空气制动施加（黑）
2		制动故障（红）	5		空气制动缓解（白）
3		制动警告（绿）			

（8）牵引状态页面及状态显示如图 4-21、表 4-12 所示。

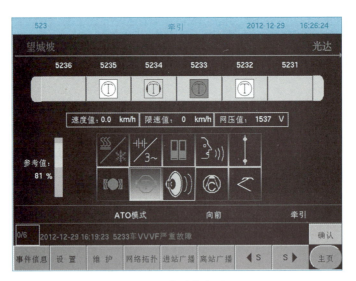

图 4-21　牵引状态页面

表 4-12　牵引状态显示

优先级	符号	指示状态	优先级	符号	指示状态
1		牵引故障（红）	3		牵引激活（加速/减速），无故障（绿）
2		牵引警告（黄）	4		牵引断开，无故障（白）

（9）紧急广播页面如图 4-22 所示，显示了紧急广播清单，通过触摸选择相应行，按"确认"按钮向 PIS 发送广播。触摸"返回"按钮返回至主界面。

图 4-22　紧急广播页面

（10）空气压缩机页面及状态显示如图 4-23、表 4-13 所示。

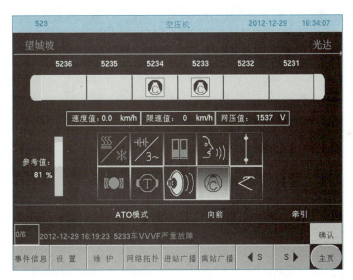

图 4-23　空气压缩机页面

表 4-13　空气压缩机状态显示

优先级	符号	指示状态	优先级	符号	指示状态
1		空气压缩机故障（红）	3		空气压缩机运行，无故障（绿）
2		空气压缩机警告（黄）	4		空气压缩机断开，无故障（白）

（11）受电弓页面及状态显示如图 4-24、表 4-14 所示。

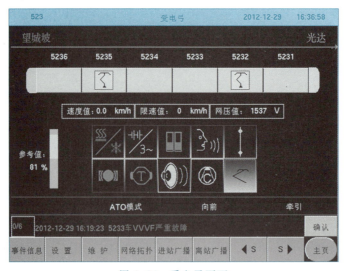

图 4-24　受电弓页面

表 4-14　受电弓状态显示

优先级	符号	指示状态	优先级	符号	指示状态
1		受电弓升起且故障(红)	3		受电弓工作无故障(绿)
2		受电弓落下且故障(红)	4		受电弓放下无故障(白)

（12）事件信息页面如图 4-25 所示。该页面显示当前故障发生日期时间,故障级别(严重、中等、轻微),故障信息内容,故障总数,当前页和总页数,以及当前故障信息的建议措施。按 、 按钮进行上下翻页。当前故障最多显示 80 条。图中展示的消息仅为示例。

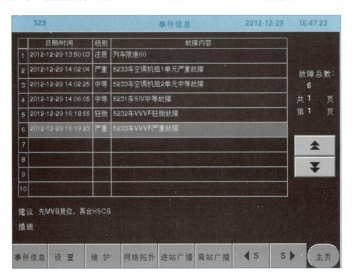

图 4-25　事件信息页面

（13）设置页面如图 4-26 所示。触摸相应的按钮将触发进入对应的画面。

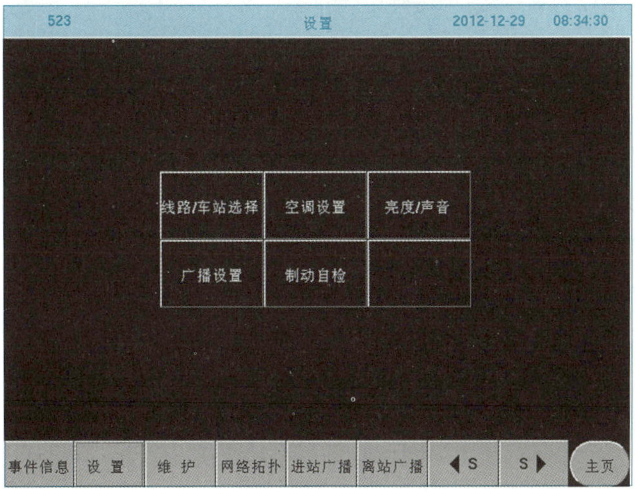

图 4-26 设置页面

空调设置页面如图 4-27 所示。选择"UIC 模式"，空调系统将根据规定的目标温度、车厢内温度、结合新风温度，依据国际铁路联合会行业标准 UIC 553—2004《客车车厢的通风、供暖和空调》计算出制冷需求。触摸"关闭预冷""火灾模式""测试模式"按钮可以启动相应的功能。触摸"返回"按钮返回至上一界面。

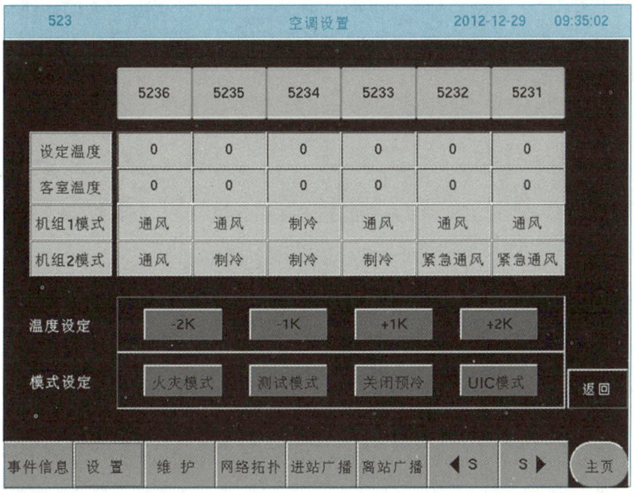

图 4-27 空调设置页面

广播设置页面如图 4-28 所示。触摸相应的按钮触发对应功能，触摸"返回"按钮返回至上一界面。

亮度调节页面如图 4-29 所示。亮度调节方法是触摸"＋""－"按钮调节显示屏亮度增加或降低。声音："ON""OFF"按钮控制打开/关闭显示器提示音。触摸"返回"按钮返回至上一界面。

制动自检页面如图 4-30 所示。触摸"开始"按钮触发制动自检，每节车的制动自检状态（成功/失败/激活/故障）能够分别显示。触摸"返回"按钮返回至上一界面。

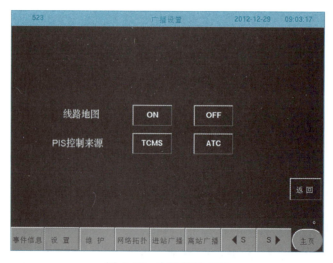

图 4-28　广播设置页面

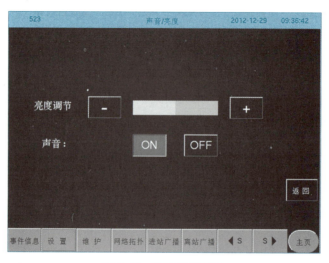

图 4-29　亮度调节页面

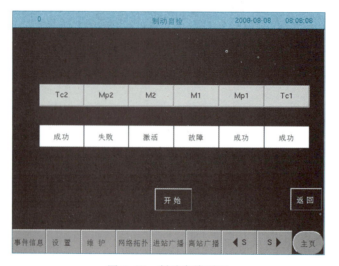

图 4-30　制动自检页面

线路/车站选择页面如图 4-31 所示。有几条线路可供选择,当前列车位置为起点站,目的地为终点站。

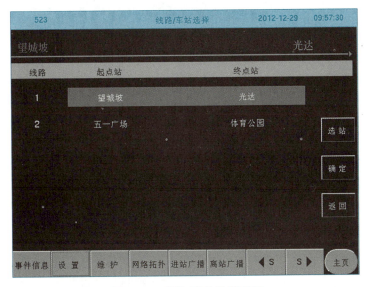

图 4-31　线路/车站选择页面

如果想选择的路线不是两条线路中的起点站和终点站,可选择基准路线然后按下"选站"按钮跳转到如图 4-32 所示的车站选择页面。

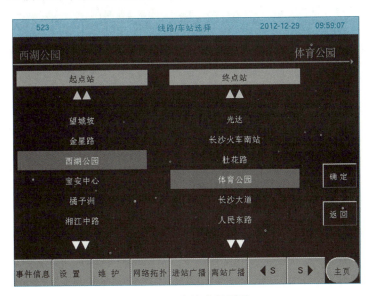

图 4-32　车站选择页面

▲▲ 、▼▼ 按钮为黄色时将分别触发上、下页的站名显示,按钮为灰色时表示没有上、下页显示。选择的起点站、终点站将会显示在上面的对应区域。触摸"确定"按钮将确定选择,"返回"按钮返回至上一界面。

网络拓扑页面如图 4-33 所示,绿色表示该模块网络通信正常,红色表示故障。

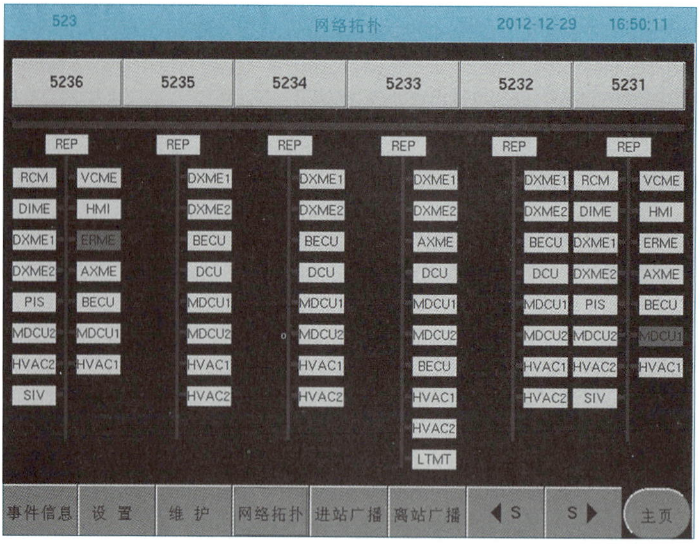

图 4-33　网络拓扑页面

临时事件页面如图 4-34 所示。激活后的临时事件会进行全屏显示,文本颜色与报警程度对应,与文本颜色对应的声音信号也会报警提示。仅特殊的或者重要的事件会进行临时事件显示,当信息消失时,HMI 显示之前的画面。

图 4-34　临时事件页面

3. 继电器柜

某型号地铁列车的继电器柜总体布局如图 4-35 所示,主要有上部的断路器开关、中部的仪器仪表及下部的按钮、旋钮三大部分组成。

继电器柜上部设备布置如图 4-36 所示,下部设备布置如图 4-37 所示。

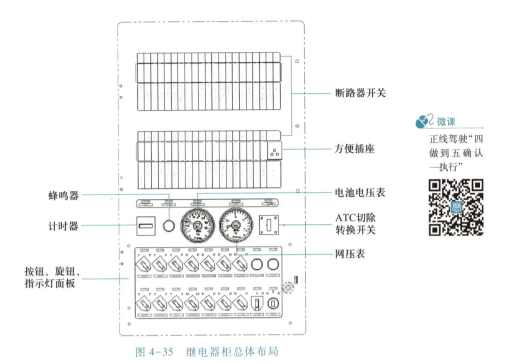

图 4-35　继电器柜总体布局

微课

正线驾驶"四做到五确认一执行"

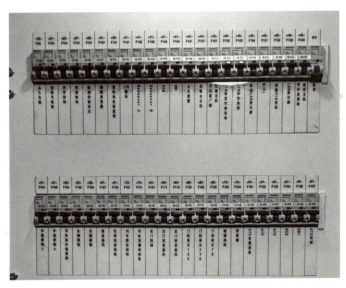

图 4-36　继电器柜上部设备布置

四、正线规范驾驶"四做到、五确认、一执行"

1. 驾驶姿势"四做到"

列车司机在驾驶列车运行的过程中，一要做到坐姿端正、挺胸抬头；二要做到 ATO 驾驶时，左手放在鸣笛按钮附近，右手放在紧急停车按钮附近，标准姿势如图 4-38a 所示；人工驾驶时，右手掌心向下轻轻按压警惕按钮，手掌握住牵引手柄，左手自然放置在司机台面，如图 4-38b 所示；三

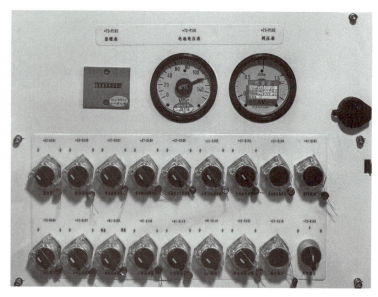

图 4-37　继电器柜下部设备布置

要做到双脚平放,不得将双腿或双脚交叉,不得抖动双腿;四要做到双眼平视前方,集中精神,认真观察前方线路情况,保持不间断瞭望。同时,密切注意司机驾驶台仪表、指示灯和显示屏的显示,关注列车运行情况。

(a) ATO驾驶标准姿势

(b) 人工驾驶标准姿势

图 4-38　驾驶姿势

2. 动车之前"五确认"

驾驶列车运行中司机应做到"五确认"。

（1）确认信号、凭证　动车前要确认信号显示及各种行车凭证无误后,方可按规定动车。

（2）确认线路、道岔　驾驶过程中应不间断瞭望,确认线路无人员及障碍物,并认真确认即将经过的道岔开通方向。

（3）确认关门状态　运营中司机须通过 PSL（屏蔽门就地控制盘）指示灯确认屏蔽门关闭状态,并通过列车关门指示灯、列车状态显示屏显示,确认车门已关好,屏蔽门与车门间的间隙无夹人夹物后方准上车。

（4）确认操纵部件　动车前全面确认各司机室操纵按钮、开关及手柄位置。应注意确认更换操纵台时两端司机室的操纵部件位置正确。

（5）确认车次、时刻表　动车前要认真确认开行的车次（方向）与运行时刻，由车辆段发车时要特别注意运行方向。

3. 运行过程"一执行"（呼唤应答制度）

"一执行"是指列车运行中，司机要认真执行呼唤应答制度。北京地铁公司将呼唤应答制度归纳为十二个字，即：

（1）彻底瞭望　做到动车集中看，瞭望不间断。

（2）确认信号　做到听不清就问，看不清就停。

（3）高声呼唤　做到一人问二人看，眼看、手指同呼唤。

正线驾驶呼唤应答标准见表 4-15。

表 4-15　正线驾驶呼唤应答标准

呼唤时机	呼唤用语	手指	说明
道岔防护及区间信号	绿灯	√	按正常速度通过
	黄灯，注意限速	√	控制速度（低于 25 km/h）
	红灯停车	√	正确采取制动措施，确保列车在红灯前停车
列车接近道岔时	道岔位置正确	√	—
	停车		道岔位置显示不正确时，停车
列车接近站名标时	××站到，进站注意	√	—
列车停稳后，对标准确，信号屏有门释放图标	开左（右）门	—	呼唤后，离开座椅，打开驾驶室侧门，上站台
屏蔽门、车门开启后	屏蔽门、车门打开	√	车门和屏蔽门开启后
开车前 15 s 左右	关门	—	呼唤后，按压关门按钮
屏蔽门、车门关闭后	屏蔽门、车门关好，无夹人夹物，空隙安全	√	—
入驾驶室前	门关好灯亮	√	确认驾驶室门关好，指示灯亮后呼唤
动车前	推荐速度有	√	
监听到第一遍客室广播后	××站	√	—
限速牌前	限速××	√	URM 模式（无人限制人工驾驶模式）驾驶时执行
限速取消牌前	取消限速	√	URM 模式驾驶时执行
列车接近站台时	进站注意	—	列车头部到达尾端墙时

续表

呼唤时机	呼唤用语	手指	说明
列车接近站台中部时	对标停车	√	ATO 时注意显示屏上目标速度为"0",目标距离变红,控制速度,准备停车
列车接近进(出)场信号机时	黄灯(白灯)好	√	—
	红灯停车	√	列车必须在红灯前停车
两端终点站折返前	确认折返	—	图标出现黄色背景
进入折返线、停车线后	尽头线注意	—	加强速度及目标距离监控,手动驾驶时控制好速度
列车折返换端,两驾驶员交接时	设备正常,安全无事	—	由交班驾驶员确认设备正常后,向接班驾驶员交班

五、正线安全驾驶"七做到、十禁止"

安全是城市轨道交通运营的第一标准,国内外轨道交通运输都把行车安全放在突出位置,行车安全的质量指标是衡量城市轨道交通运营管理的重要因素,是列车运行的永恒主题。为了减少和消除由各种因素造成的不良后果,城市轨道交通列车司机作为第一线的操作者,在执勤时必须时刻牢记"安全第一、预防为主"的运营宗旨,确立安全行车和服务乘客的思想意识,并将之落实在工作的每一个细节、每一个动作中。

富有纪律性、严格执行规章制度的司机是安全行车的保证。国内外的多项事故分析与调查都表明,由于人为失误造成事故的比例大于技术缺陷所造成的事故比例。因此,行车人员树立安全意识,认真学习并遵守行车安全规定是十分重要和必要的。

"七做到、十禁止"是列车运行中司机应做到的各项标准,应将其熟记于心。

1. 七做到

(1)精神集中、彻底瞭望、严格执行呼唤应答制度。

列车司机在运行时应精神集中,严格、认真执行"彻底瞭望、确认信号、高声呼唤、手比眼看"的呼唤应答制度。彻底瞭望要做到车动集中看,瞭望不间断;确认信号要做到听不清就问,看不清就停;高声呼唤要做到看准再喊,准确无误;手比眼看要做到呼唤为主,手比为辅。对发现危害行车安全和人身安全的情况要反应准确、措施及时,正确记录列车故障和线路异常情况。

(2)严格遵守限速、线路标志规定,保证列车准点运行。

列车司机在驾驶过程中还必须遵守和执行行车相关的各种限速规定和线路标志规定,包括:列车运行图规定的运行时刻,线路、桥隧、信号容许速度,道岔、曲线和慢行地段的限制速度,以及列车运行模式设定的限制速度等。另外还必须做到细心掌握区间运行时分,及时调节运行速度,要利用一切有利因素,保证列车正点运行。

(3)严格遵守信号标志规定。

信号是指示列车运行和减速、停车的命令,应严格按信号显示要求行车。遇到信号显示不明、不正确或灯光熄灭以及天气恶劣信号辨认不清时,必须立即减速或停车,严禁臆测行车。进出车站时,应注意邻线列车运行及车站工作人员发出的信号。

列车在区间内运行遇到道岔防护信号时,必须按信号显示的要求进行,不得擅自越过显示停车信号的信号机,同时还必须确认该道岔防护信号机与该列车的运行进路是否符合,防止由于信号系统失误或其他因素造成的不良后果。

列车在行驶过程中越过显示红色灯光的信号机或道岔防护信号而发生挤岔事故后要就地停车,严禁擅自移动列车,并立即报告行车调度员。车场内作业时要立即报告运转值班员或信号楼值班员,等待有关人员到达后处理;在有关人员到达现场后,列车司机应根据允许动车的手势信号驾车越过或退回该架信号机,并减速运行至规定位置。

（4）严格执行行车调度命令。

在列车运行时,严格执行行车调度员的命令。当遇到由于 ATP 设备故障和多种因素形成的较复杂自动控制失常现象时,作为列车司机,首先要保持冷静,不急躁、不盲目,立刻与行车调度员取得有效的联系;其次要严格遵循行车调度员指示的行车模式运行。当行车调度员命令切除 ATP 模式以人工驾驶模式维持运行时,列车司机要加倍集中精力,谨慎驾驶,防止错开客室车门、防止冒进信号、防止用错误凭证驾车进入区间,列车司机必须严格遵守速度规定,防止和避免行车事故发生。

（5）按规定鸣示音响信号。

按规定鸣笛是为了及时警告行人、施工及有关行车人员离开行车地点,避免发生人身伤亡或行车事故。

（6）认真观察仪表和指示灯的显示,遇有显示不正常时,应查明原因,采取适当措施,绝不可贸然行车。

（7）遇有危及行车和人身安全的状况时,应果断停车,并报告行车调度员。

列车在正线区间运行,发生人员伤亡事故或者发现运行线路限界内以及瞭望视线所及范围内有伤亡人员时,列车司机必须立即停车并向行车调度员报告情况,报告时必须讲清事由、地点、时间、状况,内容要清楚、明了,在得到行车调度员的回答后才能停止通话、关闭通话器。还要准确记录时间、地点,要在停车后及时抢救伤员,配合有关部门进行救助。在处理过程中,列车司机必须根据有关规定移动列车,列车重新投入运营必须有行车调度员的命令。

列车在运行中发生其他恶性事故（事件）时,列车司机必须立即报告行车调度员,并且组织乘客自救与疏散,最大限度地防止事故（事件）的扩大和升级,等待有关部门的救援。列车救援推进运行时,救援列车司机负责操纵列车,被救援列车（故障列车）司机负责瞭望线路,前后部司机保持不间断联系,及时、准确通报信息,发现异常立即采取措施。

2. 十禁止

列车行驶中,禁止司机有下列行为:

（1）离开驾驶位置。

列车在运行过程中不允许担任操纵的列车司机离开驾驶位置。当班值乘的列车司机必须对该次列车的安全负责,有新司机或实习司机跟车学习、练习操纵时,列车安全也由值乘司机负责。

（2）做与行车无关的事情。

列车在运行时,值乘司机包括实习人员均不得做与行车无关的事情,如闲谈、看书报杂志、听无线电广播、抽烟等,应随时准备应对突发事件,要切实做到“车动集中看,瞭望不间断”,密切关注与确认区间和车站站台的情况、动态。

（3）擅自改变运行方式。

除了运行图规定以外，任何情况下改变运行方式都必须得到行车调度员的准许，禁止列车司机擅自改变运行方式，确保行车安全。

（4）探身车外（列车长监护车门及站内运行时除外）。

（5）在不停车的情况下上下车（飞乘飞降）。

（6）跨越车厢（有防护通道的车除外）。

（7）开门行驶（站内车长监护车门除外）。

（8）处理故障（单车不缓解、切除 CCK 除外）。

（9）往车外抛掷物品。

（10）开启头灯进站。

六、正线驾驶模速度限制规定

在驾驶列车运行时，司机应严守运行速度，严格按照车载信号显示的目标速度驾驶列车，遵守各区段的限制速度。如图 4-39a 所示，在列车以自动防护人工驾驶的模式运行时，ATC 系统会根据列车所处的区段和前后列车距离等综合因素计算出本车当前应行驶的速度（推荐速度或目标速度），在速度仪表上以黄色指针表示，超过此速度时 ATP 系统会报警；而红色指针指向最高限速，也称紧急制动速度，一旦列车实际速度超过此速度，ATP 系统将自动触发紧急制动。在列车以限制人工驾驶模式即 RM 模式运行时，仅以车载 ATP 系统对列车速度进行防护，最高限速为 25 km/h，如图 4-39b 所示。

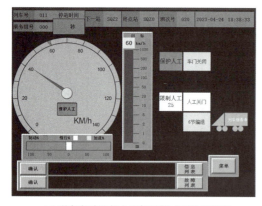
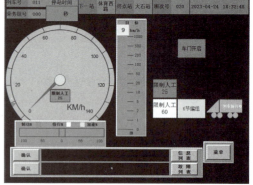

(a) 列车自动防护人工驾驶模式下的速度表   (b) 限制人工驾驶模式下的速度表

图 4-39 车载信号速度表

在某些非正常条件下，列车运行也须严格遵守行车技术标准中制定的限制速度。北京地铁的城市轨道交通列车运行限制速度见表 4-16。

表 4-16 城市轨道交通列车运行限制速度（北京地铁）

项目	速度/（km/h）
列车通过显示黄色灯光的信号机	在下一个信号机前能停车的速度
列车越过速度限制标	不得超过速度限制标所表示的速度

续表

项目	速度/(km/h)
列车通过有屏蔽门的车站	50
列车通过无屏蔽门的车站	40
列车反方向运行	35
列车推进运行	30
使用引导手信号接车	25
列车退行运行	15
接入站内尽头线,自进入该线起	15
接近尽头线终端 20 m 处起	5
非限制人工驾驶模式运行	不得超过线路的最大允许速度

"列车通过显示黄色灯光的信号机"中的黄色灯光是指地面复式信号机(如果是防护信号机,则黄色灯光代表道岔为反位,应限速 25 km/h)。地面信号机的黄色灯光表示"注意、减速",此时,下一个地面信号机可能显示红灯(意为停止),因此在遇到黄色灯光的信号机时,司机必须注意控制列车速度,做好在下一个信号机前停车的准备。

"列车越过速度限制标"是指司机驾驶列车在线路上运行时,除了要根据列车控制系统提供的目标速度开行外,还应密切关注位于线路右侧的限速标,遵守限速要求。限速标用数字标明限速线路地段的最大允许速度。如果限速标规定的速度限制解除,则用"限速解除标"标明。

"列车通过有屏蔽门的车站""列车通过无屏蔽门的车站"是指列车过站不停时的情况。考虑到屏蔽门起到的安全防护作用,有屏蔽门车站的通过速度高于无屏蔽门车站的通过速度。

"列车反方向运行"是指在双线单向运行的区间因某种需要,按有关规定临时组织列车在线路上与规定方向反向运行的情况。列车反方向运行的命令必须由行车调度员发布,司机确认行车凭证,并根据综控员的发车手信号发车。

"列车推进运行"是指在尾端驾驶室按线路规定方向操作列车运行。列车推进运行的命令必须由行车调度员发出。在列车运行过程中,前方操纵台因故不能操纵列车推进运行时,司机应立即将情况报告行车调度员,采取更换操纵台的办法推进运行。

"使用引导手信号接车"是指在非正常情况下,当信号设备因故不能使用时,通过行车指挥人员(如综控员)的引导手信号告知司机"准许列车进入车站或车场"。

"列车退行运行"一般指列车由于某些原因必须向后退,如由区间向车站退行。"接入站内尽头线,自进入该线起""接近尽头线终端 20 m 处起"都是说明在尽头线的运行情况。

"非限制人工驾驶模式运行"是指当车载 ATP 系统不能正常工作而必须使用非限制人工驾驶模式驾驶列车时,必须严格遵守进线路规定的限制速度,由于车载信号设备被切断,此时 ATS(列车自动监控)系统不能监测到该列车,从而无法判断该列车在线路上的实际位置,导致该车成为线路上的"盲区"。这种情况对于运营安全是极大的隐患,因此除非情况极其特殊,一般不采用非限制人工驾驶模式运行。

列车在弯道区段或道岔区段运行时,应严格按照限速规定运行。以构造速度为 80 km 的线路为例,在通过不同半径的曲线区段时,司机应遵守表 4-17 所列限制速度。

表 4-17　曲线区段限制速度

条件	速度/(km/h)
直线及曲线半径大于 600 m	80
曲线半径在 600~395 m	70
曲线半径在 395~295 m	60
曲线半径在 295~195 m	50
曲线半径在 195~150 m	35

道岔是轨道的重要组成部分,也是轨道线路的薄弱环节之一。由于车轮在通过辙叉时,从两根翼轨的最窄处到辙叉心的最尖端之有一段空隙,为道岔的有害空间。因此,车轮通过此处时,有可能因走错辙叉槽而引发脱轨,这个有害空间的存在限制了列车侧向通过道岔的速度。城市轨道交通线路铺设的道岔为 7 号道岔和 9 号道岔,其侧向通过速度见表 4-18。

表 4-18　道岔侧向通过速度

道岔型号	速度/(km/h)
9 号辙叉(曲线尖轨)	35
9 号辙叉(直线尖轨)	30
7 号辙叉	25

七、出站作业

(1)列车启动前,列车司机对车门、速度码、信号机、发车表示器按规定进行手指口呼(如图 4-40 所示),确认车门关闭、有速度码、信号机及发车表示器显示正确(非正常时为路票、电话记录号码或调度命令等)后发车。

(a) 速度码　　　　　　　　(b) 发车表示器

图 4-40　手指口呼

（2）列车出站前，遇有道岔时，列车司机对道岔防护信号机及道岔位置按规定进行手指口呼，确认信号与道岔位置正确后方可发车。

（3）列车司机在 ATP 或手动驾驶列车出站时，应控制好牵引，做到平稳启动列车。

（4）在安装 CCTV 监视器的车站，列车司机应通过监视器观察站台情况，发现异常情况，应立即采取紧急停车措施。

（5）运行中的列车由车站开出和接近前方站时要做好客室的广播工作并进行监听，防止漏报或错报站。

八、区间运行作业

1. 列车自动驾驶模式下的操作

地铁列车自动驾驶操作在一定程度上降低了人为失误导致的事故发生率。目前有条件使用列车自动驾驶的线路都规定只在客流较小（如晚间）时使用人工驾驶。

（1）列车自动驾驶的起动　列车自动驾驶系统的使用前提是，行车采用基于无线通信的超速防护自动闭塞法、地面和车载设备系统满足 ATO 驾驶条件。

① 将驾驶模式选择为"自动驾驶"（AM 等），司机待发车灯点亮后，将方向转换开关置于"前"位，司机控制器手柄置于"惰行"位，ATO 模式灯点亮，如图 4-41 所示。

② 司机两个手指同时按下"ATO 启动"按钮，进入 ATO 自动驾驶模式，如图 4-42 所示。

图 4-41　ATO 模式

图 4-42　ATO 启动

③ 列车以 ATO 自动驾驶时，司机应随时查看信号系统显示屏和列车状态显示屏上的列车运行状态和各状态信息。

（2）列车自动驾驶时的注意事项

① ATO 自动驾驶时，车辆运行不需要司机操作司机控制器手柄，当手柄离开"惰行"位时，列车将退出 ATO 自动驾驶模式。

② 地面信号机显示绿色或黄色灯光时，按下"ATO 启动"按钮，给出发车指令。

③ 列车在自动运行时，司机应随时保持警惕，将双手放于操纵台上（有些地铁公司要求司机将右手轻放在司机控制器主控手柄上），在运行中如果发现区间内有人员及影响行车的障碍物，或发现线路有异物侵限及其他异常情况时，司机应立即停车，并向行车调度员或综控员报告情况，按其指示办理。

④ 自动驾驶列车运行时，要正确开放广播、乘客信息显示系统；按规定适时开闭冷暖通风设

备。通过 CCTV 系统观察车厢内情况,发现问题要果断采取有效措施,必要时用人工广播向乘客做好宣传解释工作;会车时,要降低前照灯,严禁关闭前照灯。

⑤ 列车进站要注意瞭望站台情况,危及人身安全时,要果断采取紧急停车措施。

在列车自动驾驶模式下,列车的起动、加速、惰性、制动、精确停车、开关门及折返等所有运行指令都由车载信号设备控制发出,通过信号系统与列车网络通信,控制列车牵引和制动系统,不需要司机操作。系统在 ATP 的监督下根据给定速度曲线控制列车的运行,并在超过最大允许速度时实施紧急制动。进入 ATO 自动驾驶模式后,若系统设备正常,没有人工干预,此驾驶模式维持不变。

2. 列车人工驾驶模式下的操作

(1) 列车人工驾驶模式　列车人工驾驶模式一般有三种:自动防护人工驾驶模式、限制人工驾驶模式和非限制人工驾驶模式。

城市轨道交通运营企业规定,正线运行采用自动防护人工驾驶模式(CM、SM、ATPM 等),在此模式下,司机人工操作列车,列车的速度、监控、运行及制动等所有指令在车载信号设备的限制下,由司机人工操作,ATP 根据给定的速度曲线监督列车的运行,并在超过最大允许速度时实施紧急制动。使用自动防护人工驾驶模式的列车必须保证车载信号设备和地面信号设备均正常工作。

限制人工驾驶模式(RM)下,向列车传输的地面信息被切断,列车的速度、监控、运行及制动由司机操作,车载信号设备仅对列车特定速度(25 km/h)进行速度监督。ATP 在列车超速(大于 25 km/h)时实施紧急制动。在正线上使用 RM 模式须经行车调度员允许。

非限制人工驾驶模式(EUM、NRM、BY 等)即 ATP 切除模式,用于在车载信号设备关断情况下的列车运行。在该模式下,列车的速度、监控、运行及制动完全由司机操作,没有 ATP 速度监督,司机根据信号机的显示和行车调度员的命令驾驶列车。

城市轨道交通运营企业规定,在装有 ATP、ATO 车载设备的列车运行中,司机要根据运行区段实行的闭塞方式,正确选用列车闭塞模式开关的档位。遇车载信号设备发生故障时,司机应立即将情况报告给行车调度员,按其指示运行。

(2) 列车牵引操作　列车牵引通过操作司机控制器完成。某车型的司机控制器如图 4-43 所示。为了保证行车安全和乘坐舒适性,要求列车由静止起动运行时,司机必须逐级推动司机控制器,严禁由制动级位直接推向牵引级位。一般是用牵引一位将列车牵引起来后,逐级推至牵引最大位加大牵引力,待列车运行平稳、接近目标速度后再根据线路情况操作司机控制器。

在操作司机控制器动车前,司机应仔细确认列车各仪表(如网压表、双针压力表、蓄电池表等)显示正常,各控制开关(如方向转换开关、左右门选择开关等)在规定位置。

(3) 列车制动操作

① 车辆制动形式和控制:车辆的制动形式有常用制动、紧急制动、保持制动和停放制动,除停放制动以外,其余几种制动形式都可以通过操作司机控制器手柄实现。

常用制动是经常使用的、用以调节列车运行速度或使列车在预定地点停止的制动方式,是区别紧急情况的快速制动方式,最大制动减速度一般不小于 1.0 m/s²。部分列车将常用制动分为 7 个级位,分别是 B1~B7,B1 为制动一位,B2~B7 的制动力依次增大,B7 为最大制动级位。

紧急制动是在行驶过程中遇到紧急情况时,在最短距离(最短时间)内将车停下的制动方式。紧急制动的减速度一般大于 1.2 m/s²,其制动力最大,采用空气制动的方式。紧急制动也可以通过"紧急制动"按钮实施,如图 4-44 所示。

图 4-43　司机控制器　　　　　　　　图 4-44　紧急制动

保持制动用于列车停车时防溜并可使列车在 30‰ 斜坡上开车和停车时不溜车,只要列车处于静止状态,保持制动就会以约 55% 的最大常用制动力自动施加。当列车停站完毕,需要走车时,若牵引力达到 10%(起动牵引力克服保持制动的制动力)时,保持制动缓解,可以防止列车起动时产生倒溜;如果此时不缓解,牵引系统将被保护,不再施加牵引力,为实现走车,司机可按压"保持制动切除"按钮,强制缓解保持制动。

② 制动操作注意事项:司机视列车运行情况操作常用制动,达到平稳制动。实施常用制动时,应考虑列车速度、线路情况、列车载重等条件,准确掌握制动时机。运行中严禁突然使用较大的制动力,否则会影响乘坐舒适性,也有可能危及乘客人身安全。

列车进入车站实施减速直至停车的过程,要求必须逐级制动。即司机控制器首先从"牵引"位退回"惰行"位,再由 B1 逐级经过 B2、B3 达到高级位制动。保证进入停车范围停车时,做到一次停妥。考虑到各城市轨道交通运营线路的构造速度(多为 80 km/h),B4 或 B5 级位的制动力已能充分满足列车停车要求。特殊天气运行时应提前制动,适当延长制动距离,确保在站台规定位置停车。常见城市轨道交通列车紧急制动距离见表 4-19。

表 4-19　常见城市轨道交通列车紧急制动距离

制动初速/(km/h)	制动距离/m	
	AW0~AW2(空载—定员)	AW3(超员)
80	≤205	≤215
60	≤130	≤138
40	≤65	≤70
20	≤17	≤21

九、不同线路的列车操纵

1. 较平坦线路上的操纵

(1) 启车稳,加速快。列车在平坦线路上的启动,过程中冲动要小;当全列车完全启动后,加速要快;在列车通过出站道岔或限速地点后,应及时提高主手柄位置,使列车速度尽快达到列车运行图所要求的区间运行速度。

（2）尽量保证列车以均衡速度运行。当列车达到区间运行所需的速度时，根据线路纵断面情况，适当调整主手柄位置，使列车保持均衡速度运行。

（3）充分利用惯性。当列车进入停车站时，列车司机应根据线路和列车速度等情况，掌握回主手柄的时机，在不晚点的前提下，及时退回主手柄，充分利用惯性运行。

（4）安全而稳准地停车。列车在进入第一个停靠站前，要选择时机提早试验列车制动机，做到心中有数，使列车平稳、准确地进站停车。

2. 起伏坡道上的操纵

（1）尽量减少制动调速。在坡度不大的起伏坡道区段运行时，列车司机要善于利用坡道的变化，适时退回主手柄，调节列车速度。必须制动调速时，制动力要适当，尽量使坡底速度接近限制速度，以减少因制动而造成的列车动能损失和闸瓦磨损。

（2）尽量采取"多闯少爬"的方法。在起伏坡道区段上坡前，要根据坡道大小、列车长短、列车牵引性能及天气等情况，充分利用线路有利纵断面，在不超速的原则下，尽可能提高列车速度，利用动能闯坡，以减少主手柄高位置爬坡的时间，保证列车以较高的速度通过坡顶。

（3）减少列车过变坡点时的冲动。列车通过起伏坡道变坡点时，列车司机应谨慎操纵，适当地升、降主手柄或制动调速，以避免列车的冲动。

3. 困难坡道上的操纵

（1）采用"先闯后爬、闯爬结合"的操纵方法，坡前提早储足列车动能。列车通过长大坡道或高坡地段时，上坡前要利用地形尽量提高列车速度，力求在坡前接近限制速度，以便利用列车动能闯过一段坡道，减少爬坡距离；上坡前要提高主手柄位置，充分发挥列车全部牵引力，使列车以较高速度爬坡。

（2）掌握回主手柄的时机。由于列车越过困难坡道坡顶的速度不高，为提高列车运行速度和减少列车冲动，转入下一坡道时，应待列车全部或大部分车厢越过坡顶后，再适当退回主手柄。

4. 坡道停车后的启动

（1）列车在坡道停车后的顺利启动，要求列车司机有较好的操纵协调性，坡度越大的上坡道停车，启动的难度越大。因此，一般应避免在上坡道停车。

（2）坡道上停车时，应为启动创造条件。停车时，应合理调节列车制动力，使列车车钩在压缩状态下停车。

（3）启动时，加强操纵的协调。合理缓解列车制动，以保证前部车辆已缓解，后部车辆在缓解过程中，迅速而准确地提高主手柄位置，增加牵引力，使列车顺利启动。

（4）启动时，注意主控手柄的使用要求。在列车总阻力分散的情况下，为使列车顺利启动，应避免提主控手柄过慢或将主控手柄置于较低位置，更应禁止不顾一切地猛推主控手柄，造成列车冲动。

（5）如果启动失败，应及时、果断处理，根据情况重新启动，禁止在列车向后溜车的情况下推主控手柄，以免烧损牵引电动机。在不得已情况下，按规定与有关人员联系，请求协助处理。

任务实施

区间运行作业工单

班级		学习小组	
姓名		学号	
任务名称	区间运行作业		
完成时间	年　月　日　时　分　至　时　分		
任务用时	分钟		
任务描述	以小组为单位,组员分别扮演列车司机、行车调度员、车站值班员、考核员,严格按照正线驾驶的作业规范、流程和标准,共同完成某一特定区间的列车驾驶作业,考核员按标准进行考核评价		
任务要求	1. 驾驶姿势正确 2. 能按时刻表要求,平稳驾驶列车准点运行 3. 能正确运用驾驶模式驾驶列车,并准确对标停车 4. 呼唤应答准确:区间运行作业过程中,需呼唤应答,要求眼看、手指设备,并清晰、准确、连贯地口呼设备名称及设备状态(或操作);呼唤应答时口呼内容原则上不要求与标准一字不差,只要表达的内容完全一致即可 5. 驾驶操作习惯良好		

任务实施

序号	作业项目	作业内容	作业标准	是否执行	是否规范
1	驾驶规范	双手规范放置	双手放在操纵台面上(ATO)		
			右手紧握司机控制手柄,左手放在操纵台面上(人工驾驶)		
		双腿规范放置	双腿平放,不将双腿或双脚交叉,不抖动双腿		
		抬头挺胸	抬头挺胸		
		双眼规范运用	运行时双眼平视前方,不断瞭望		
			注意操纵台各仪表、指示灯显示		
2	不同模式驾驶	联控行车调度员	(1)转换驾驶模式时,需及时告知行车调度员。 (2)司机口呼:"×××号表×××次×××车申请使用××驾驶模式运行。" (3)行车调度员回复:"×××号表×××次×××车使用××驾驶模式,明白,注意运行速度。" (4)司机口呼:"×××号表×××次×××车明白。"		
		驾驶模式转换	正确转换到相应的驾驶模式		

序号	作业项目	作业内容	作业标准	是否执行	是否规范
3	平稳操纵	逐级牵引	手动驾驶时,司机控制器手柄逐级进行牵引操作,严禁由制动级位直接推向牵引级位,严禁越级使用		
		逐级制动	(1)手动驾驶时,司机控制器手柄逐级进行制动操作,确保制动平稳。列车停稳后,确保司机控制器手柄至于 B4 以上 (2)特殊天气影响运行时,列车应提前制动,适当延长制动距离,确保在规定位置停车 (3)列车运行中发生紧急情况危及行车安全时,司机应立即采取停车措施		
4	速度控制	正常区段按限速运行	(1)无超过目标速度运行情况 (2)若超过目标速度运行,能立刻正确实施平稳减速操作		
		特殊区段限速运行	通过曲线区段、道岔等限速区域时,按规定限速运行		
5	准点运行	准点运行	(1)正确识读列车时刻表 (2)能正确掌握发车时间,不抢点、不晚点运行		
6	对标停车	准确对标停车	将列车在站台规定位置(据停车标 ±0.25 m 之内)停稳,司机控制器手柄置于 B4 以上		
		对标确认	(1)确认 MMI 显示小绿车,确认"门允许"灯点亮 (2)手指口呼确认内容:"列车停稳,门允许灯点亮,对位正确。"		
7	广播作业	设置广播	在始发站,通过车辆显示屏选择列车运行线路,设置报站广播		
		广播内容确认	列车出站后,确认自动广播下一站播报正确后,手指口呼确认:"广播正确。"		
		广播内容更正	发现广播内容错误,及时按下"广播"键暂停自动广播,使用人工广播更正解释,人工广播须播放 2 次。标准用语如下:"乘客您好,列车前方到站×××站,请下车乘客提前做好准备。"		

续表

序号	作业项目	作业内容	作业标准	是否执行	是否规范
8	呼唤应答	出站动车前呼唤	动车前眼看、手指前方信号和道岔,口呼:"信号正确""道岔位置正确"。(无道岔时,仅需确认信号)		
		途中呼唤	—		
		进站前	进站前遇站名标,眼看、手指站名标,口呼:"×××站到,进站注意。" 列车停稳后,眼看、手指停车标,口呼:"对位正确。"		
9	执行调度命令	正确执行调度命令	能快速、准确记录口头调度命令,并进行复诵		

虚拟仿真

正线作业

任务评价

班级		学习小组	
姓名		学号	
任务名称		列车区间运行作业	

序号	评价内容	评价标准	分值	评价方式	得分
1	自主学习能力	在线课程学习时间和进度符合要求	10	师评	
		作业上交及时,准确度高	10	师评	
		积极参与在线讨论,有效回帖 5 个以上	5	机评	
2	应知应会知识	知识掌握全面、准确	10	机评	
3	驾驶规范	双手规范放置	1	机评	
		双腿规范放置	1	机评	
		抬头挺胸	1	机评	
		双眼规范运用	1	互评	
4	不同模式驾驶	联控行车调度员用语标准,过程完整	1	机评	
		驾驶模式转换正确	1	互评	
5	平稳操纵	冲动值在规定范围内	5	机评	
6	速度控制	无超速,每次超速扣 1 分,扣完为止	3	机评	
		没有无故触发紧急制动,触发一次扣 1 分,扣完为止	2	机评	
7	准点运行	区间运行不超出规定时间范围	3	机评	
8	对标停车	距停车标±0.25 m 之内	12	机评	
9	广播作业	上下行自动广播设置正确	1	机评	
		人工广播用语标准,内容准确	2	师评	
10	呼唤应答	手指口呼,1 处未呼扣 0.5 分,扣完为止;手指口呼动作规范,呼唤时机正确,手指对象正确,口呼内容正确	10	师评	
11	团队合作	能与团队成员合作,共同完成工作任务	2	自评	
			2	互评	
			3	师评	
12	执行力	能服从老师、组长的安排	2	自评	
			2	互评	
			3	师评	
13	纪律责任意识	遵章守纪,有较强的责任意识	2	自评	
			2	互评	
			3	师评	

任务反思

1. 人工驾驶时,如何准确对标停车?
2. 人工驾驶时,如何确保列车的平稳运行?
3. 人工驾驶时,如何保证列车准点运行?

 警钟长鸣

身在岗位不尽责,红灯不停"瞎"行车

　　1995 年 11 月 5 日,某地铁公司 313 次列车在长椿街与复兴门区间遇红灯信号停车。后续 561 次列车自长椿街出站,由于自动停车装置报警,司机便擅自关闭行车安全装置,且未确认区间信号显示状态,臆测行车。直至发现前方红色信号灯后采取紧急停车措施,但为时已晚,561 次与前方 313 次列车追尾相撞,造成多名乘客受伤,车辆毁坏,线路停运数小时。事后,司机被解除劳动合同。

任务 4.2　站台作业

 知识准备

一、列车自动驾驶模式下的站台作业

1. 列车进站

　　在列车自动驾驶条件下,进站速度的变化及列车停车全由 ATO 系统控制。接近站台时,ATO 系统基于列车实时速度和与设定停车点的距离计算制动曲线,采用合适的制动减速度使列车准确、平稳地停在规定的停车位置。列车停稳后,ATO 系统控制列车制动系统继续施加保持制动,避免列车运动。ATO 系统可以与站台屏蔽门的控制系统全面接口,保证列车精确可靠地到站停车。

微课
列车进出站
及站台作业

　　在列车自动运行进站的过程中,司机应加强对线路的瞭望(尤其是未安装屏蔽门的线路),发现异常果断采取措施;通过信号显示屏查看列车速度,确保 ATO 系统运行正常;通过列车状态显示屏密切观察车门状态,以防出现意外;当司机看到站名标时,如图 4-45 所示,应眼看、手指站名标,口呼:"××站到,进站注意!"然后监护列车对标停车。

　　注意:列车在自动驾驶模式下运行时,司机控制器手柄位于"惰行"位,而有些地铁公司要求,列车停稳后,司机应将司机控制器手柄拉至"B4"位。

2. 开关门作业

　　(1) 门模式　目前安装有 ATO 系统的列车对车门的控制有三种模式:自动、半自动和手动,

可以通过"开门模式选择"开关控制车门打开和关闭,如图 4-46 所示。

图 4-45　司机看到站名标

图 4-46　关门模式选择

自动模式下,客室车门可以通过 ATO 系统的控制自动打开、自动关闭,ATO 系统是车门控制命令的发出者。当列车到达定位停车点,ATO 系统发出停车信号给 ATP 系统,以保证列车制动;ATP 系统检测车速为零,发送列车停站信号给站台定位接收器,此时 ATP 系统发送了允许车门打开的信息,车辆收到 ATP 系统发送的允许车门打开信息,发送相应的车门打开信号给电子门控单元(EDCU,Electronic Door Control Unit),打开规定的车门,同时车辆发送信息给地面,打开相应屏蔽门。当列车开门时间到达设定值,需要关闭时,ATO 系统再向各客室车门的 EDCU 发送关门信号,关闭车门。

半自动模式下,ATO 系统控制客室车门自动打开,司机手动关闭车门;手动模式下,客室车门的打开和关闭全由司机人工控制。

(2)开门　由于 EDCU 的零速保护功能和 ATC 系统的"开门模式选择"开关的限制,列车只有在规定停车范围内停稳后才能打开车门。司机通过"门允许"灯点亮或信号显示屏上的列车到达状态,确认车门允许打开。

列车停稳后,司机应通过驾驶台信号显示屏的开门信息,确认开哪侧车门,然后跨出司机室一步(约 50 cm),转体面对站台,面对车体,以立正姿势站立,按压靠站台侧开门按钮大于 2 s,打开所有该侧车门,确保乘客及时上下车。

开门后,司机应通过驾驶操作台上的 DDU 面板确认车门是否全部打开,通过安装在端门墙上或司机门旁的屏蔽门就地控制盘(PSD Local Control Panel,PSL)显示确认屏蔽门打开情况。司机手指第一扇车门、屏蔽门,向下 45° 由里向外口呼:"车门、屏蔽门开启。"副司机复诵。

(3)站台立岗,监护乘客上下车　正司机立于距离司机室侧门一步的距离,可以同时观察到屏蔽门站台侧以及屏蔽门和车门之间的空隙。前胸与司机室侧门中心线持平。

副司机打开安全门之后,迅速与正司机并排站好,肉眼观察或通过站台端部的 CCTV 监控系统查看站台侧乘客上下车情况,如图 4-47 所示。

注意:双人值乘时两人均需下车在各自规定位置处进行监护,遇停站时间较长时,需保持标准站姿,不得随意走动或做与行车无关的事情。

(4)关门　到规定发车时刻,司机站在车外,确认乘客上下车完毕后,口呼:"关左/右门。"然后双脚跨立在司机室和站台间,如图 4-48 所示,监控空隙情况,同时按下驾驶室侧墙上的关车门按钮 2 s 以上,关闭客室车门。若客流量较大,必要时,司机可通过广播系统通知乘客车门即将关闭,防止乘客冲门被夹等危险情况。

图 4-47　司机站台立岗

图 4-48　司机跨立在司机室和站台间关门

司机在按下关门按钮后,应及时返回规定位置认真观察车门关闭过程中有无异常情况,并通过 PSL 确认屏蔽门关闭情况。屏蔽门全列关闭到位时,"门锁紧"灯点亮。司机手指站台侧的关门指示灯,司机显示屏上车门图标,口呼:"屏蔽门关好""车门关好,"如图 4-49 所示。

图 4-49　司机手指口呼确认门关好

司机确认客室车门和屏蔽门全部关闭后,还必须仔细观察车门、屏蔽门之间没有夹人夹物;并通过站台 CCTV 确认站台安全、确认车门和屏蔽门之间的间隙无夹人及异物,口呼:"空隙安全""站台安全",之后司机走进驾驶室,关上驾驶室侧门并加锁,锁好后试拉无异常。

(5) 发车　当关门作业完成且信号系统收到门全关闭的信息时,就会向列车发送允许发车信号。该信号可以通过车载信号显示屏上的目标速度和目标距离来确认,一旦目标速度和目标距离不为零,便意味着列车可以开往下一站。有些列车通过信号显示屏上的离站指示来确认能够发车。

当一切发车条件具备后,司机依次确认司机控制器手柄在"惰行"位,出站信号开放、道岔位置以及 DMI 上有推荐速度。如图 4-50 所示,司机眼看、手指信号机,口呼:"灭灯"或"绿灯好";

眼看、手指道岔,口呼:"道岔好";眼看、手指 DMI,口呼:"允许发车"。按下"ATO 启动"按钮大于 2 s,启动列车,离站运行。

图 4-50　司机动车前确认

二、列车人工驾驶模式下的站台作业

1. 列车进站

在人工驾驶模式下,司机操作列车进站停稳的过程应考虑到列车制动的平稳性和乘客的舒适性,进站速度一般不得高于 40 km/h,看进站信号机红灯,对准停车标停车。但是,如果司机对标停车没对准该怎么办呢?

如果是欠标,司机确认前无异常后,迅速以 RM 模式动车对位;如果是越标超过 3 个车门以下,则按行车调度员指令转 RM 后退对标,并启动应急广播安抚乘客;如果是越标超过 3 个车门以上,按行车调度员指令继续运行到前方站,并广播通知乘客。

2. 开关门作业

在人工驾驶模式下,客室车门的开关模式为手动,司机人工控制客室车门的打开与关闭。开关门作业的工作流程与列车自动驾驶模式下的站台作业中开关门作业内容一致,此处不再赘述。

3. 发车

与自动驾驶模式一样,当司机完成一系列的开关门作业后,列车会收到信号系统发来的允许发车信号。如果线路运行要求同时看车载信号和地面信号,那么司机还须确认出站信号机开放,灯光颜色应为绿色或黄色。

一切发车条件具备后,司机握住司机控制器手柄,推至 P1 位,停留几秒,待列车完全起动后,再逐级推向 P4 位,牵引列车出站。

三、终点站作业

当列车完成一次单向运行、到达终点站后,根据运行图的安排,进行折返作业或回库运行。终点站的站台作业如下:

(1) 在进站停稳前,广播终点站到站通知(可以多播放几遍);如果有必要,也可使用人工广播进行播报,提醒乘客到达此次列车终点,乘客需要全部下车。

（2）不论是自动驾驶模式还是人工驾驶模式,列车均须在停车点范围内停车(否则车门无法正常打开)。

（3）与中间站不同,列车在终点站停稳后,司机须将司机控制器置于"0"位、"方向选择"开关置于"0"位。

（4）司机按照标准作业流程进行开门作业,确认车门和屏蔽门全部开启,走出驾驶室进行乘客下车监护工作。

（5）终点站的清客工作由站务员协助完成。站务员进入车厢内部进行清客,必须确保所有乘客下车,不得载客进入折返线或回车辆段、停车场;然后向司机做一个"清客好了"的手信号,司机看到最近的站务员的手信号后,关闭客室车门和屏蔽门。

关门过程中,司机和站务员应密切注意观察站台上的状况,若有乘客未下车或在关门过程中上车,及时联系站务人员处理。

终点站的作业过程司机也必须进行呼唤应答制度,步骤与站台作业一致。

（6）开关门作业完毕后,司机回到驾驶室,等待允许发车信号、出站信号机开放且道岔开通,驾驶列车进行折返作业或回车辆段/车场。

四、广播作业

1. 广播作业内容

在列车运营过程中,广播内容可以分为:常规广播、特殊广播、紧急广播、人工广播、列车服务广播和推广信息广播等。

常规广播主要指前方到站、到站、列车离站时播放的信息,这些信息一般是事先录制好的;特殊广播指在运营中出现特殊状况时的广播信息,如运营延误、到站清客等;紧急广播指在运营中出现紧急情况时播放的信息,如区间清客、紧急撤离等,在紧急情况下司机必须能通过广播缓解乘客的紧张情绪;人工广播适用于列车在运营中接到需发布的实时信息,如列车通过站台不停车、临时增加运营时间等;列车服务广播和推广信息广播是为乘客的乘车需求提供更好的帮助和遏制乘客乘车时的非正常行为,服务广播有开门方向提示等,推广信息广播有让座提示等。

2. 广播作业注意事项

司机在驾驶室中操作列车,必须时刻关注各节车厢中的乘客状态,通过广播系统与乘客进行良好的沟通。城市轨道交通作为公共交通运输的组成部分,归根结底是以服务为出发点,司机作为地铁运营公司的一员,必须将乘客服务置于工作的出发点,在执勤过程中对乘客真正负起应有的责任,积极主动地与车上乘客进行沟通,正确表达行车必要信息,使乘客获得良好感受,提高服务质量。

乘客在乘车过程中,当乘车条件发生变化时,其心理要求也会随之变化,因此司机应能掌握乘客乘车的共性心理,同时又能探索和理解乘客的个性心理,避免服务工作的片面性和盲目性。司机的广播作业能力不仅表现在人工广播的流畅性上,更表现在发生突发事件时,冷静、准确、恰到好处地设计广播词的能力上,使乘客积极配合司机的工作,实现安全运营的目标。

（1）列车在始发站发车前,列车司机应根据运行交路设置好列车报站器,如是手动播报,应在列车启动后,及时按下播报按钮。

（2）用报站器报站时,列车司机应加强监听,并注意显示屏上的站名显示,当发现报站错误时,应及时采用人工广播更正。

（3）当列车报站器发生故障无法使用时，列车司机应及时通过人工广播进行报站，人工报站应使用普通话，做到声音清晰、语气平和、用语规范。

（4）当遇到列车故障、清客、跳停等特殊情况或其他信息发布时，列车司机应选取应急广播词及时向乘客进行说明，没有设置应急广播词的列车应采用人工广播。

（5）高峰回库的列车，列车司机应进行人工广播，广播内容包括列车目的地、前方到达站及其他注意内容，如图4-51所示。

3. 人工广播标准用语

在进行人工广播时，应尽量使用文明用语，如您、请、谢谢、对不起等。特殊和紧急情况下的广播内容应首先引起乘客注意，再简单说明情况或原因，最后委婉地提出要求。特殊和紧急情况下的人工广播播报内容见表4-20，在实际工作中，司机应能根据具体情况自己快速有效地组织语言，正确进行广播。

图4-51　人工广播

表4-20　人工广播播报内容

状况	播报内容
车站及区间迫停超过规定时间（一般1 min以上）	各位乘客：您好，现在是临时停车，请大家耐心等待，给您带来的不便请您谅解，谢谢合作
站台临时停车超过2 min	各位乘客：您好，由于（地铁设备）故障，请大家耐心等待，给您带来的不便请您谅解，谢谢合作
因列车延误导致在车站超过运行图规定时刻3 min	本次列车晚点，请您协助我们的工作抓紧时间上下车，给您带来的不便请您谅解，谢谢合作
车站及区间迫停超过规定时间（一般5 min以上）	各位乘客：您好，由于技术原因，列车在本站有较长时间停留，请有急事的乘客改乘地面交通，敬请谅解
列车越站通过	各位乘客：您好，接调度命令，本次列车在××通过不停车，有该站下车的乘客请您提前下车，在站台等候下次列车。给您带来的不便请您谅解，谢谢合作
列车清客	各位乘客：本次列车停止运营服务，请您立即下车，等候下次列车，感谢您的合作 各位乘客：本次列车将会在前方站退出运营服务，请您携带好随身物品，到站下车，在站台等候下次列车。给您带来的不便请您谅解，谢谢合作
高峰回库	乘客请注意，本次列车终点站为××站，去往××站方向的乘客请改乘下一班列车，谢谢您的配合
列车车门切除	乘客请注意，由于个别车门故障无法正常打开，请乘客们注意车门上的提示，提前做好准备，改从其他车门下车，谢谢您的配合
列车接行车调度员命令放站	乘客请注意，由于运营调整需要，列车将不在××站办理上下客作业，需前往××站的乘客请提前下车改乘后续列车，谢谢您的配合

续表

状况	播报内容
终点清客	乘客请注意,本次列车终点站××站到了,请乘客们带好随身物品抓紧时间下车,谢谢您的配合
客流高峰期间	乘客请注意,由于正值高峰期间,请上下车的乘客尽量往车厢里面走,不要紧靠车门,请下车的乘客提前做好准备,谢谢您的配合
接到客室报警信息	乘客您好,我们已接到您的通知,列车即将到达前方站,我们将会尽快处理,谢谢合作 乘客请注意,现在列车×号车厢上有乘客需要协助,前方站的工作人员已收到通知并准备好提供协助。列车到站之前,请附近的乘客帮忙照顾,感谢您的配合
车辆发生故障造成临时停车	各位乘客:您好,本次列车发生故障,我们正在积极处理,请您耐心等待,给您带来的不便请您谅解,谢谢合作
信号设备故障、列车产生紧急制动	各位乘客:由于信号设备故障,列车产生紧急制动,给您带来的不便请您谅解,谢谢合作
车门(或屏蔽门)故障	乘客请注意,现在列车×号车厢的×号车门(或屏蔽门)不能开启,下车的乘客请从其他车门下车,给您带来的不便请您谅解,谢谢合作
列车在区间发生火灾、爆炸等突发事件	各位乘客:您好,车厢内发生突发事件,请大家不要惊慌,我们正在积极处理,请大家协助维护车内秩序,给您带来的不便请您谅解,谢谢合作
列车在车站发生火灾、爆炸等突发事件	各位乘客:您好,因列车发生严重意外事故无法继续运行,为了您的安全,请按秩序由开启的车门下车,请不要拥挤,注意安全,以免造成损伤。请您听从工作人员的指挥,迅速撤离车站,给您带来的不便请您谅解,谢谢合作
区间疏散(从列车到车站)	乘客您好:因发生车辆故障,本次列车已无法继续运行,为了您的安全,请您按顺序前行到车头方向,按照工作人员的引导前往下一站。请不要拥挤,注意安全,以免发生损伤。给您带来的不便请您谅解,谢谢合作
区间疏散(从列车到列车)	乘客您好:本次列车无法继续运行,请您按顺序前行到车头(或车尾)方向,按照工作人员的引导转乘另一列车。请不要拥挤,注意安全,以免发生损伤。给您带来的不便请您谅解,谢谢合作
区间疏散(紧急情况)	紧急广播! 因发生紧急情况,请乘客从就近的驾驶室离开列车,前往下一站或出口。情况已经受到控制,请保持镇定,不要拥挤、奔跑,以免发生损伤
缓解乘客紧张情绪的信息提示	各位乘客:目前情况已完全受到控制,请保持镇定。有进一步的消息,我们会尽快通知大家。谢谢您的配合
列车救援	各位乘客:前方列车故障堵塞运行,需本次列车救援,以便尽快开通运行,请您立即下车,等候下次列车,感谢您的合作 各位乘客:本次列车要担当救援任务,为避免在救援过程中发生意外伤害,为了您的安全,请抓紧时间下车,感谢您的合作

任务实施

站台作业工单

班级		学习小组	
姓名		学号	
任务名称	站台作业		
完成时间	年　月　日　时　分　至　时　分		
任务用时	分钟		
任务描述	以小组为单位,组员分别扮演列车司机、车站值班员、考核员,司机严格按照站台作业流程和标准进行进站、站台立岗、上下客监护,以及开关门作业,考核员按标准进行考核评价		
任务要求	1. 能准确执行进站作业 2. 能正确进行车门开关操作,并确认车门、屏蔽门状态 3. 能按标准进行手指口呼作业 4. 能按标准进行站台立岗和上下客监护作业		

任务实施

序号	作业程序	作业内容	作业标准	是否执行	是否规范
1	进站作业	进站确认	（1）确认列车运行速度（有限速按相关要求行车）； （2）确认车门、屏蔽门联动信号（MMI右下角显示屏蔽门图标）； （3）确认门模式在手动位； （4）手指口呼:"门模式手动位,进站速度××。"		
		列车制动	（1）正常情况下,手动驾驶在限速40 km/h内进站(有限速时,按相关要求行车) （2）根据列车速度,适时追加或缓解		
		对标停车	（1）将列车在站台规定位置(据停车标±0.25 m之内)停稳,司机控制器手柄置于B4以上 （2）确认MMI显示小绿车,确认门允许灯点亮 （3）手指口呼:"列车停稳,门允许灯点亮,车门屏蔽门联动建立。"		

续表

序号	作业程序	作业内容	作业标准	是否执行	是否规范
2	上下客监护	开门	眼看、手指信号显示屏,并口呼:"开左(右)门"。		
		确认开门	眼看、手指就地控制盘的"ASD门开"灯亮、车门面板"开左(右)门"灯亮,口呼:"站台门、车门开启(或双门开启)"。		
		立岗作业	站立在立岗作业区域,面朝车门及站台门方向,在作业区域监护上下客		
		关门	全程采用手动关门,停站倒计时小于15 s,按压"关左(右)门"按钮,关闭车门		
		确认关门	确认站台门和车门关好,眼看、手指就地控制盘的"门全关且锁紧"灯亮、车门面板"关左(右)门"灯亮;口呼:"站台门、车门关好(或双门关好)。"		
		确认空隙安全	确认站台门和车门之间空隙安全,眼看车门及站台门方向,手指车门和站台门之间空隙;口呼:"空隙安全"或"双门间无夹人夹物。"		

虚拟仿真

站台作业

任务评价

班级		学习小组	
姓名		学号	
任务名称		站台作业	

序号	评价内容	评价标准	分值	评价方式	得分
1	自主学习能力	在线课程学习时间和进度符合要求	10	师评	
		作业上交及时,准确度高	10	师评	
		积极参与在线讨论,有效回帖5个以上	5	机评	
2	应知应会知识	知识掌握全面、准确	10	机评	
3	列车进站作业	进站确认:手指口呼,确认列车运行速度、车门屏蔽门联动信号、车门模式在手动位。未进行确认,或确认不到位,每站扣0.5分,扣完为止	5	机评	
		列车制动:制动时未产生超速,未产生无故停车。否则,每一次扣1分,扣完为止	5	机评	
		对标停车:距停车标±0.25 m之内,每超出一次扣1分,扣完为止	10	互评	
4	上下客监护	车停稳后,手指口呼,确认开左(右)门。未确认每次扣0.5分,扣完为止	4	机评	
		开门后,手指口呼:"站台门、车门开启(或双门开启)"。未呼唤确认,每次扣0.5分,扣完为止	4	互评	
		站立在立岗作业区域,面朝车门及站台门方向,在作业区域监护上下客	4	机评	
		全程采用手动关门,停站倒计时小于15 s,按压"关左(右)门"按钮,关闭车门	4	机评	
		手指口呼,确认站台门和车门关好	4	机评	
		手指口呼,确认车门与屏蔽门之间无夹人夹物	4	机评	
5	团队合作	能与团队成员合作,共同完成工作任务	2	自评	
			2	互评	
			3	师评	

续表

序号	评价内容	评价标准	分值	评价方式	得分
6	执行力	能服从老师、组长的安排	2	自评	
			2	互评	
			3	师评	
7	安全责任意识	遵章守纪,有较强的责任意识	2	自评	
			2	互评	
			3	师评	

 任务反思

1. 司机为什么不能在驾驶室打开客室车门?
2. 司机进站对标停车时,如果超过停车范围该如何处理?

 警钟长鸣

夹缝余生,生死一线

　　某日 13:20,0116 次值乘司机以 ATO 模式运行至 A 站下行站台对标停车,按规定开屏蔽门、车门。待乘客上下完毕后,13:21 左右司机确认进路防护信号绿灯亮后,关屏蔽门、车门。司机确认所有车门关闭,车门指示灯和侧墙状态橙色灯全部熄灭,但未认真确认车门与屏蔽门之间的空隙就口呼"车门关好",接着站到白线外确认屏蔽门关好,PSL(就地控制盘)联锁灯亮后,口呼"屏蔽门关好"。屏蔽门操作员同样未认真确认车门与屏蔽门之间的空隙就口呼"屏蔽门关好、车门关好"。接着司机进入司机室透过 CCTV(视频监控系统)确认站台安全,进路防护信号绿灯亮后,列车以 ATO 模式在 13:22 左右开出。事后了解到0116 次列车从下行 A 站开出时,有一名女乘客紧贴在 13 号固定屏蔽门内侧(即列车车门与屏蔽门之间的空隙中),生死一线。

　　此次事故主要是由于司机、屏蔽门操作员在作业时,未认真确认车门与屏蔽门空隙,呼唤应答和确认流于形式造成的。目前已经增加了空隙的确认程序,并在车门与屏蔽门之间增设安装了空隙灯。

 【安全顺口溜】

呼唤应答要认真,流于形式不谨慎。
安全隐患不排除,最终害己又害人。

【安全警示】

开门四步走,谨防错开门!

　　列车错开车门指载客运营列车已对位准确停车,但错误开启非站台侧的列车车门。城市轨道交通系统中错开车门发生的概率很小,但是也不排除会出现由于设备故障或司机误操作导致开错车门的情况。这种情况一旦发生,后果将不堪设想! 为保障乘客的生命安全,维护运营秩序的稳定,列车司机在操作人工开门时,必须提前做好预想,严格执行"确认、呼唤、跨半步、开门"四步作业程序,谨防错开门,把安全隐患消灭在萌芽阶段!

任务 4.3　折返作业

知识准备

一、折返路线及方式

　　列车通过进路改变、道岔转换,使经过车站的调车进路由一条线路运营至另一条线路的方式称为列车折返。

　　折返线主要用于组织列车的折返,实现行车的合理调度。按折返站位置不同,列车折返可分为终点站折返和中间站折返;按折返方式不同又可分为站前折返、站后折返、混合折返和循环折返四种方式。下面以终点站折返为例,介绍折返线布置及其相应的折返方式。

1. 站前折返

　　站前折返是在车站前端设置辅助线,在站台末端前完成折返调头的折返方式。站前折返线布置形式较多,最简单的是在车站站台前端设置交叉渡线或单渡线,车站根据需求采用侧式或岛式站台。这种折返线结构简单,道岔设备少,一般适用于折返量较小的车站。

　　如图 4-52 所示的侧式站台前交叉渡线,通常仅使用一侧站台,当两侧站台均使用时,需及时引导乘客,避免上错站台影响出行。

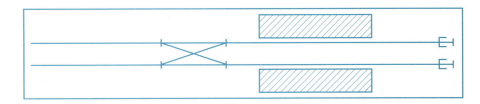

图 4-52　侧式站台前交叉渡线

　　当采用岛式车站方案时则无此问题,如上海 7 号线花木路站、10 号线航中路站和 11 号线安亭站,如图 4-53 所示。

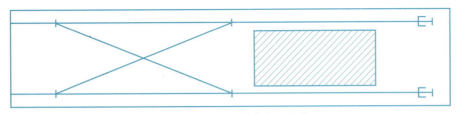

图 4-53　岛式站台前交叉渡线

如图 4-54 所示为岛式站台前单渡线,如图 4-55 所示为侧式站台站前双单渡线的布置形式,一般称为"八字线",其折返功能与站前交叉渡线是相同的,特点是能够避免使用结构相对复杂的交分道岔。目前一般较少采用此形式。

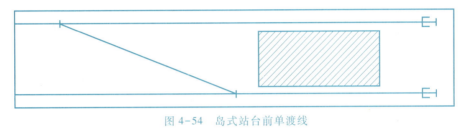

图 4-54　岛式站台前单渡线

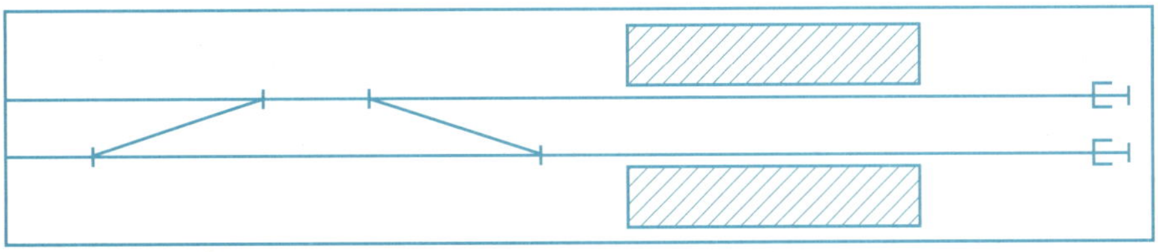

图 4-55　侧式站台站前双单渡线

当受周边条件限制只能采用站前折返形式而折返需求又较高时,可增加站台和配线来实现,如图 4-56 的深圳罗湖站、图 4-57 的北京 13 号线西直门站和图 4-58 的上海临港新城站所示。这样就增加了平行进路,提高了折返能力。

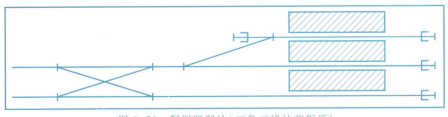

图 4-56　深圳罗湖站(三岛三线站前折返)

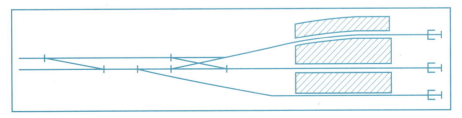

图 4-57　北京 13 号线西直门站(三岛三线站前折返)

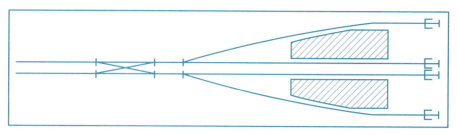

图 4-58 上海临港新城站(双岛四线站前折返)

2. 站后折返

站后折返是在车站后端设置辅助线,列车在站台清客后完成调头折返。站后折返线最简单的是在车站站台后端设置交叉渡线或单渡线,车站根据需求采用侧式或岛式站台,如图 4-59、图 4-60、图 4-61 所示。

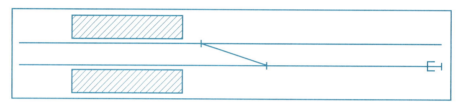

图 4-59 侧式站台站后单渡线

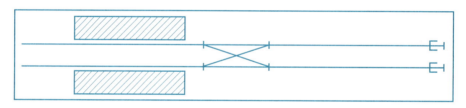

图 4-60 侧式站台站后交叉渡线

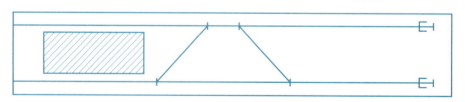

图 4-61 岛式站台站后双单渡线

采用站后折返方式的列车控制简单,作业安全性好,车站上下客与列车折返作业分离进行,不仅避免了上下客流的对冲,而且在进行折返作业时,还能进行车厢内部清洁工作。图 4-59 和图 4-60 中的形式具有车站规模小、工程造价低等优点;图 4-61 的岛式站台站后双单渡线的形式,虽避免了交分道岔,但线路长度有所增加,目前较少采用。

根据运营需求,岛式站台还可以利用上下行线间的空间,布置单线或双线折返,如图 4-62、图 4-63 所示。此形式车站规模较大,但增加了存车线,当停车场距离车站较远时,适合采用此种配线,减少列车空驶距离。

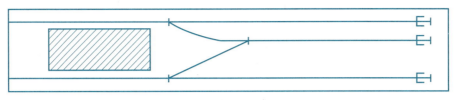

图 4-62　岛式站台站后单线折返

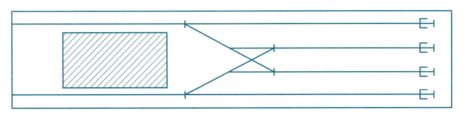

图 4-63　岛式站台站后双线折返

上述两种形式的车站规模相差不大,图 4-63 的形式相对道岔设备较多,但增加了存车线,并且当出现故障列车时,可借用折返线暂时停放故障列车,迅速恢复行车秩序,一般较常采用。

3. 混合折返

上述站前折返或站后折返布置形式的折返能力均比较有限,当需要实现短间隔的高峰时段发车需求时,需要通过混合折返的方式来实现。混合折返同时具有站前、站后两种折返方式,其基本原理是在普通折返线的基础上,通过合理增设站台或配线,形成接车、转线、发车的平行进路,使两列(或以上)列车在站内能平行完成折返作业,提高折返能力。

混合折返布置比较常规的形式为一岛一侧式和双岛式,如图 4-64、图 4-65 所示。混合折返站的车站规模往往比较大,需综合考虑投资规模、实施条件和运营效果等因素。

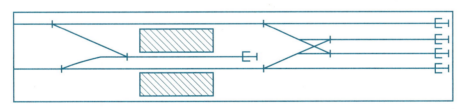

图 4-64　一岛一侧式混合折返

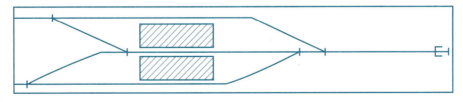

图 4-65　双岛式混合折返

4. 循环折返

循环折返是在站后设置灯泡环形线,如图 4-66 所示,利用该线达到转向折返的目的。循环折返消除了折返运行对线路通过能力的不利影响,且自动完成了列车的转向作业,使车轮内外侧磨耗均匀。但循环折返需要适合的地形条件,线路长度也明显增加。目前在城市轨道交通中基本不采用此形式。

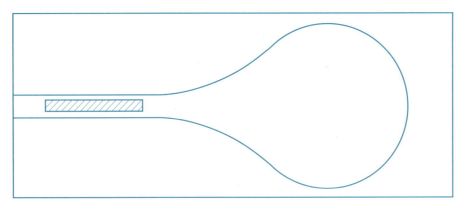

图 4-66　循环折返

二、折返原理

现代列车和信号系统能支持三种折返操作,分别为:使用折返轨进行列车无人折返,停稳时的列车自动换端、手动换端。

1. 使用折返轨进行列车无人折返的原理

在有自动折返功能的车站,ATP/ATO 车载计算机单元指示列车自动折返操作准备完毕,利用自动折返按钮起动折返操作,系统就会执行折返运行。当车门关闭、司机关断主控钥匙并且系统得到一个移动授权时,ATO 就会驾驶列车进入折返轨。当列车停稳,ATP/ATO 车载计算机单元就会执行交换驾驶室功能。当新的进路设定后,系统从 ATP 轨旁计算机单元得到移动授权,ATO 就会驾驶列车驶入车站相反侧的站台。列车再次停稳,司机确认车门/屏蔽门开启后,激活司机台。

如图 4-67 所示,信号系统接收到无人自动折返指令信号后,通过轨旁无线(DCS)传输相关信息,确保 SICAS 型联锁系统和自动进路排列系统(ARS)自动进路排列系统完成进路设置,车载 ATP 能够收到相关移动授权,由车载系统自行完成折返。Tc1 端将对系统的整个折返过程进行监控,Tc1 端控制列车从终点站下行站台开始进行无人自动折返,运行至折返轨 I 道或 II 道停车;自动折返运行进路设置后,Tc1 端控制列车由折返轨 I 道或 II 道出发,列车执行无人折返,并将列车停在出发站台,在列车停稳且 ATP 释放车门后,ATO 车载设备自动打开车门和站台屏蔽门。

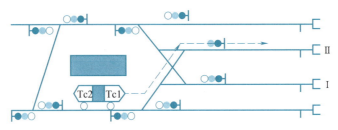

图 4-67　有折返轨的无人自动折返

2. 停稳时的列车自动换端原理

停稳时的列车自动换端原理就是 ATO 模式下使用人工驾驶进行自动折返,列车以 ATO 模式进折返线停稳后,司机按压"折返"按钮后换端,司机确认进路开放后打开钥匙按压"ATO"按钮,列车自动运行至发车站站台,自动开门上下客。

3. 手动换端原理

手动换端原理即 ATP 防护下的人工驾驶,是指列车的折返操作由司机来执行,ATP 进行监督,在这种情况下无 ATO 自动驾驶模式。当所有车门和屏蔽门(或安全门)关闭后,司机按压"AR"按钮,人工驾驶列车到折返轨,改变驾驶室并驾驶列车到出发站台,然后人工打开车门和站台屏蔽门(或安全门)。

三、ATO 下的自动驾驶折返

列车无人自动折返是采用一定的车辆设备、信号设备、固定设备实现的自动折返方式。由于各条线路的信号系统、车型及劳动条件不尽相同,列车自动折返的控制和作业流程也有所区别,但自动折返的原理和原则都是一样的。以下是某地铁自动折返作业流程。

(1) 当列车在折返站规定的停车时间结束且乘客下车完毕,车门和站台屏蔽门关闭后,由司机按压"ATO 启动"按钮,列车自动驾驶进入折返线折返轨。

(2) 列车完全进入折返线折返轨停稳后,头车驾驶室折返灯点亮。

(3) 司机按压"自动折返"按钮确认进行折返。

(4) 头车折返灯闪烁。

(5) 司机关闭头车驾驶室激活钥匙,头车驾驶室折返灯熄灭,尾车驾驶室折返灯闪烁。

(6) 司机锁好驾驶室门到达始端驾驶室,激活始端驾驶室。按压始端驾驶室"自动折返"按钮,始端折返灯熄灭。

(7) 司机确认地面调车信号开放后,司机按下"确认"按钮获取开口速度(允许列车低速接近行车许可终点的限制值或允许列车以安全方式接近危险点的速度值),然后司机按压"ATO 启动"按钮,ATO 系统自动驾驶列车驶出折返线,进入站台线。

四、终点站人工驾驶折返

人工驾驶折返作业相对自动折返流程更加简单,也更为可靠,但需要两名司机在首尾驾驶室配合完成。终点站人工驾驶折返又分为 ATP 监督下的人工驾驶折返和人工驾驶模式(RM)人工折返。

1. ATP 监督下的人工驾驶折返

(1) 一名列车司机进入列车后端驾驶室准备进行折返工作。

(2) 所有乘客下车后,首端司机等待进入折返库线信号开放。

(3) 以列车自动防护人工驾驶模式进入列车折返线,按规定速度入库并按标停车。

(4) 按照规定进行更换操纵台作业,注意:在"折返"按钮闪动时,应先确认该按钮亮灯后再取下激活钥匙,否则列车当前运用模式将降级。

(5) 后端激活列车,发车条件具备后出库。

(6) 列车在站台停稳、接收到信号后,列车将进入当前的驾驶模式。"折返"按钮闪动时不得按动"确认"按钮,否则列车将默认为折返作业。

2. 人工驾驶(RM)模式人工折返

司机确认入库信号良好后,以 RM 模式进入列车折返线,按规定速度入库并按标停车,进行更换操纵台作业,发车条件具备后以 RM 模式按规定速度出库。

3. 手动站前折返操作

(1)列车凭信号机运行到站台规定位置停车。

(2)操纵列车打开站台侧车门,确认列车车门及屏蔽门全部打开。

(3)司机步行到另一端驾驶室,闭合"SIV(静止逆变器)启动"按钮、"BHB"(母线高速断路器)开关、"空压机"开关、"客室照明"开关,并使用对讲装置通知副司机恢复尾车操纵台。

(4)副司机接到司机的通知后断开"BHB""空压机""客室照明"开关,将"SIV 启动"按钮关断,控制器手柄置于"紧急"位,"方向转换"开关回"0"位,取下激活钥匙,并通知司机恢复操纵台完毕。副司机锁好驾驶室门窗,由客室通道步行到另一端驾驶室。

(5)司机接到副司机的通知后,将"激活钥匙"开关置于"开"位,"方向转换"开关打至"前"位,并进行简略的制动机试验。发车时机具备后,再操纵列车"关门"按钮,关闭列车门,司机操作 PSL 关闭屏蔽门后,通过列车门、屏蔽门的指示灯,确认关闭正常,列车与屏蔽门间无夹人夹物。

(6)出站信号开放后,使用 RM 模式出站,在越过出站信号机前通过车载信号系统显示屏的信息,确认列车已升级到"列车自动防护人工驾驶"模式后方可继续运行,如未升级到该模式,应按 RM 模式运行到规定信号机;若仍未升级到"列车自动防护人工驾驶"模式,按 ATP 故障处理。

任务实施

自动折返及交接班作业工单

班级		学习小组	
姓名		学号	
任务名称	自动折返及交接班作业		
完成时间	年　月　日　时　分　至　时　分		
任务用时	分钟		
任务描述	以小组为单位,组员分别扮演交班司机、接班司机、行车调度员,交接班司机严格按照自动折返的操作标准和交接班作业流程,共同完成列车自动折返作业和交接班		
任务要求	1. 交班司机能正确完成终点站进站、开关门和清客作业 2. 交接班司机能按流程和规范共同完成交接班作业 3. 交接班司机能按流程和规范共同完成列车自动折返作业		

任务实施

序号	作业程度	作业内容	作业标准	是否执行	是否规范
1	交班司机进站开关门及交接作业	进站停稳,车门打开后,确认站台门、车门开启	参照上下客监护作业执行,此处不评判		
		通过预置的清客广播清客	通过车辆显示屏,选择预置的"终点站清客"广播进行清客		
		待接班司机到达后,与接班司机进行交接作业	交接内容为车次、行车调度员命令、故障(用语:"××次,车况良好,运行正常。")		
		接班司机复诵	接班司机复诵:"××次,车况良好,运行正常。"		
		确认清客完毕,准备关门	确认车站给出清客完毕口呼:"'好了'信号有。"		
		关闭车门	行为动作参照上下客监护作业执行		
2	交班司机折返作业	驾驶模式置"OFF"位	手指驾驶模式选择开关,口呼:"转OFF",将驾驶模式置"OFF"位		
		将主控手柄和方向开关置"0"位置	将主控手柄和方向开关置"0"位置		
		激活无人驾驶折返模式	按压"无人驾驶折返模式"按钮		

续表

序号	作业程度	作业内容	作业标准	是否执行	是否规范
2	交班司机折返作业	确认无人驾驶折返模式激活	眼看、手指按钮,口呼:"无人驾驶折返模式黄灯亮,无人驾驶折返模式激活。"		
		关闭主控钥匙并取下	关闭主控钥匙并取下		
		主控钥匙交接	将主控钥匙交给接班司机		
3	接班司机自动折返作业	确认交班司机已下车,确认信号、道岔	手指信号机或道岔,口呼:"信号正确、道岔位置正确,推荐速度有。"		
		按压"ATO 启动"按钮,启动列车折返	同时按下两个"ATO 启动"按钮,列车开始自动折返		
		携钥匙走到另外一端司机室	携钥匙走到另外一端司机室		
		等待列车自动折返完成	等待列车自动折返完成		
		折返完成后,激活换端后的司机室	将主控钥匙插入开关中,将钥匙转至"开"位置		
		方向置前	将方向手柄置"前"位		
		驾驶模式置"PM"位	驾驶模式置"PM"位		
		进行站台开关门作业	参照上下客监护作业执行		
		以 ATO 模式启动列车运营	启动列车,以 ATO 模式继续运营		

技能竞赛

列车无人驾驶自动折返操纵

任务评价

班级		学习小组	
姓名		学号	
任务名称		自动折返及交接班作业	

序号	评价内容	评价标准	分值	评价方式	得分
1	自主学习能力	在线课程学习时间和进度符合要求	10	师评	
		作业上交及时，准确度高	10	师评	
		积极参与在线讨论，有效回帖 5 个以上	5	机评	
2	应知应会知识	知识掌握全面、准确	10	机评	
3	列车进站作业	进站确认：手指口呼，确认列车运行速度、车门屏蔽门联动信号、门模式在手动位。未进行确认，或确认不到位，每站扣 0.5 分，扣完为止	5	机评	
		列车制动：制动时未产生超速，未产生无故停车。否则，每一次扣 1 分，扣完为止	5	机评	
		对标停车：距停车标 ±0.25 m 之内，每超出一次扣 1 分，扣完为止	10	互评	
4	上下客监护	车停稳后，手指口呼，确认开左（右）门。未进行确认，每次扣 0.5 分，扣完为止	4	机评	
		开门后，手指口呼："站台门、车门开启（或双门开启）"。未呼唤确认，每次扣 0.5 分，扣完为止	4	互评	
		站立在立岗作业区域，面朝车门及站台门方向，在作业区域监护上下客	4	机评	
		全程采用手动关门，停站倒计时小于 15 s，按压"关左（右）门"按钮，关闭车门	4	机评	
		手指口呼，确认站台门和车门关好	4	机评	
		手指口呼，确认车门与屏蔽门之间无夹人夹物	4	机评	
5	团队合作	能与团队成员合作，共同完成工作任务	2	自评	
			2	互评	
			3	师评	

续表

序号	评价内容	评价标准	分值	评价方式	得分
6	执行力	能服从老师、组长的安排	2	自评	
			2	互评	
			3	师评	
7	安全责任意识	遵章守纪,有较强的责任意识	2	自评	
			2	互评	
			3	师评	

 任务反思

1. 不同的折返线方式各有什么优缺点?
2. 列车折返过程中如果既定折返线的道岔出现故障,司机应如何处理?

【地铁新技术】

缩短30 s! 自主化折返技术再破地铁运能瓶颈!

你挤过高峰时段的地铁吗? 对于地铁通勤族而言,最沮丧的莫过于,即便鞋子都快要挤掉了,也没挤上地铁列车;上班快要迟到了,下一趟列车却还得等好久。人们不禁会问,地铁行车间隔时间能不能更短些?

地铁行车间隔时间主要由地铁线路上列车的追踪间隔和折返间隔时间决定。目前全国地铁信号系统广泛采用基于通信的列车自动控制系统(CBTC)。该系统在兼顾安全性和舒适性的前提下,设计的最短追踪间隔为90 s,最短折返间隔为2 min。折返间隔成为地铁运营行业公认的技术瓶颈!

中国通号科研团队坚持不懈、精益求精,在保证安全的前提下,打破传统道岔区域的整体联锁逻辑,创新基于道岔资源的精细化安全控制逻辑,自主研发出高性能专用安全计算平台,将传统CBTC系统的联锁和区域控制器进行融合,实现地面一体化控制,将地铁设计折返间隔从2 min缩短至90 s以内,有效提升了高峰时段断面客流承载能力,加大了地铁行车密度,再破地铁运能瓶颈!

任务5
车场内运行操作

 【任务描述】

　　城市轨道交通车场内不仅线路、信号、道岔复杂,而且是多工种聚集的地方,稍有不慎就会发生各种各样的事故,造成财产损失、人员伤亡。因此,作为城市轨道交通列车司机来说,掌握车场内的运作规程,严格执行调车作业、试车作业与洗车作业有关标准制度,是预防事故发生的重要一环。

　　本任务要求学生按照正确的作业流程及标准,在城市轨道车辆模拟驾驶系统中完成车场内的调车、试车和洗车等任务。

 【知识目标】

1. 能陈述车场内作业的安全原则和注意事项。
2. 能说明车场内作业的作业流程和规范。
3. 能背诵车场内作业的联控标准用语。
4. 能说明车场内作业的限速要求。

 【能力目标】

1. 能按照标准化流程和操作规范完成调车作业。
2. 能按照标准化流程和操作规范完成试车作业。
3. 能按照标准化流程和操作规范完成洗车作业。

 【素养目标】

1. 树立高度的安全、风险、责任意识。
2. 养成严谨认真、一丝不苟的操作习惯。

任务 5.1　调车作业

 知识准备

一、调车作业概述

1. 调车的定义

在城市轨道交通系统的日常运输生产活动中,除列车在车站到达、出发、通过及在区间内运行以外,车辆所进行的一切有目的的移动,统称为调车,包括列车的解编、转线,车辆的取送、调移等。

2. 调车作业分类

调车作业是城市轨道交通系统运输生产过程的重要组成部分,也是车站(特别是折返站)和车场行车工作的一项重要而又复杂的内容。

(1)按使用设备不同,调车作业分为平面调车和驼峰调车两种。

① 平面调车。在平面牵出线上进行的调车作业称为平面调车。

② 驼峰调车。是将调车场始端道岔区前线路抬到一定高度,利用其高度和车辆自重并辅以推力,使车辆自行溜到调车线上的调车方式,一般用于解体列车。

城市轨道交通系统的调车作业属于平面调车,通常在折返站和车场范围内进行。在折返站主要利用站内正线、折返线等线路进行调车作业;在车场主要利用牵出线和车库线等线路进行调车作业。调车作业的动力通常是轨道牵引车或动车。

(2)按作业目的不同,调车作业分为以下三种:

① 解编调车。根据列车编组要求、列车运行图和有关规章制度及特殊要求,将车辆连挂或摘解的调车作业。

② 转线调车。将列车或车组由一股道转往另一股道的调车作业。

③ 取送调车。为进行检修、洗刷车辆(车组)等工作,向指定地点移送或取回车辆(车组)的调车作业。

由于各场所作业性质不同,完成各种调车作业的比重也不一样。如车站(折返站)主要办理转线调车,而车场则会办理大量不同的调车作业,包括解编调车、转线调车和取送调车。

3. 调车作业方法

调车作业方法有推送法和溜放法两种。推送法是指将车辆由一股道移到另一股道,在调车过程中不摘车的调车方法。溜放法是指推送车辆到达一定速度后摘钩制动,使摘解的车组借惯性溜放到指定地点的调车方法。与溜放法比较,推送法需的时间较长,但也比较安全,因此城市轨道交通调车常采用推送法。

4. 调车作业要求

(1)及时完成调车任务,保证按列车运行图的规定时刻发车,不影响接车。

(2)充分运用一切技术设备,采用先进的工作方法,提高调车作业效率,用最少的时间完成调车任务。

（3）认真执行调车作业标准，保证调车作业安全。

为了实现上述要求，调车工作必须遵守《车站技术管理规程》《车站行车工作细则》中有关调车工作的规定，建立和健全各项必要的工作制度。

二、调车工作组织

1. 调车作业的领导与指挥

调车作业是一项多工种联合行动的复杂工作，为了安全、准确、迅速、协调地进行工作，及时完成调车作业任务，必须实行统一领导和单一指挥的原则。

统一领导就是在同一时间内，由车站行车调度员或车场（基地）调度员统一领导本站（段）的调车《调车作业计划通知单》。所有与调车《调车作业计划通知单》有关的人员，必须认真执行命令、指示和作业计划，按调车领导人编制的调车作业计划进行调车作业。

单一指挥就是在同一时间内，调车作业计划的执行、作业方法的拟订和布置，以及调车机车的行动，只能由调车组的调车长负责指挥。在无调车组的情况下进行手信号调车时，可由站长或行车调度员指定在业务知识和指挥技能方面能够胜任的人员负责调车作业指挥。

2. 调车作业计划

调车作业计划是调车的行动依据，由调车领导人编制，以书面形式下达。

调车作业计划包括作业车组号、作业线路、作业钩数及作业方法等内容。原则上，调车作业计划应由调车领导人亲自向调车指挥人传达，以确保能够安全提高调车作业效率。

（1）调车作业计划的布置　调车领导人布置调车作业计划，应使用《调车作业计划通知单》。当一批作业（指一张《调车作业计划通知单》）指挥三钩及以下时，可不用提供书面的《调车作业计划通知单》，允许以口头方式布置（包括使用调车无线电话传达），信号楼值班员可口头给一钩干一钩，如遇到一次口头给出三钩时，禁止调车；当一批作业指挥三钩以上（不包括三钩）时，必须给出书面的《调车作业计划通知单》，并执行干一钩划一钩。由于口头布置没有书面依据，为确保作业人员之间协调一致，并确保作业安全，有关人员必须复诵。

（2）调车作业计划的交接　为保证在调车作业中正确执行调车作业计划，使调车指挥人能彻底了解计划的要求，调车领导人与调车指挥人必须亲自交接计划。因设备及劳动组织等原因，调车领导人与调车指挥人不能亲自交接计划时，由主管部门制订交接办法。各站（段）调车计划的具体布置办法，在《车站行车工作细则》中进行明确规定。

（3）调车作业计划的传达　为正确及时地完成调车作业计划规定的任务要求，调车指挥人每次接受调车作业计划后，应根据内容和要求制订具体的调车作业方法，连同注意事项亲自向司机交递和传达，对其他人员，亦应亲自传达。调车指挥人亲自传达有困难时，可指派能胜任的其他调车人员传达或在《车站行车工作细则》内规定传达方法。

（4）调车作业计划的变更　变更计划主要是指变更股道、辆数、作业方法及取送作业的区域或线路。随意变更计划，既不安全又影响效率。由于调车作业涉及的因素较多，产生计划变更是难免的，但变更调车作业计划，常常会因为信息未传达清楚而产生差错，甚至造成事故。因此，在调车作业中要变更计划时，应停止调车作业，由调车指挥人将变更后的计划向调车司机及有关人员传达清楚后，方可继续进行调车作业。如果计划仅做局部变更，也可在保证安全的前提下，允许调车指挥人用口头方式进行计划变更的传达，有关人员必须复诵。

部分城市轨道交通公司关于调车作业计划的变更有如下规定：变更计划三钩及以下时，可以由车场调度员(信号楼值班员)以口头方式布置;变更计划三钩以上(不包括三钩)时,必须重新编制《调车作业计划通知单》。

三、调车作业"八不动、五禁止、三确认"

1. 调车作业"八不动"

(1)调车作业目的不清不动车。

(2)没有信号、信号不清或没有行车凭证不动车。

(3)进路、道岔开通不正确不动车。

调车作业

(4)不撤除防溜不动车。

(5)凭自身动力动车时,没有制动不动车。

(6)机车、车辆没有经过检查不动车。

(7)线路、设备侵限侵物不动车。

(8)调车作业没有联控不动车。

2. 调车作业"五禁止"

(1)设备或障碍物侵入线路限界时,禁止调车作业。

(2)禁止提活钩及溜放调车作业。

(3)列车转向架液压减振器被拆除且空气弹簧无气时,禁止调车作业(使用工艺转向架除外)。

(4)禁止两列车或工程机车在同一条股道上同时移动。

(5)在封锁或接触网停电施工区域禁止安排与施工作业无关的调车作业。

3. 调车作业"三确认"

在办理调车作业进路前,信号楼值班员应做到"三确认",即确认当时不存在与调车作业有交叉干扰的接发列车和施工作业,确认调车线路空闲,确认调车组准备作业完成。

在调车作业过程中,信号楼调车作业监护人要注意列车运行图规定的接发列车时间,防止因调车作业而影响出入段列车的运行;注意调车组是否按调车作业计划进行作业,防止车辆错挂错摘。

在进行调车作业前,要先检查和撤除铁鞋。调车作业结束后,必须使列车或车辆停在线路警冲标内,对暂不移动的列车或车辆采取防溜措施。

四、调车手信号

手信号是行车有关人员拿信号旗、信号灯或者直接用手臂显示的信号,用来表达相关的含义,指示列车或车辆的允许和禁止条件。正确使用调车手信号,对保证调车作业安全、提高调车作业效率至关重要。

手信号分为徒手信号、信号旗(昼间)及信号灯(夜间)。在昼间遇降大雾、暴风雨雪及其他情况而导致视野不清时,由行车调度员指示,使用夜间信号。任何不明确或不正确的手信号都应视为危险信号,司机必须立即停车;紧急情况下没有任何信号旗或信号灯时,应急速摇动双手或任何物件以令司机立即停车。

为确保手信号显示正确并防止误认,行车有关人员显示手信号时,必须严肃认真,要位置适当、正确及时、横平竖直、灯正圈圆、角度准确、断落清晰。

1. 信号旗（灯）

国内一些城市轨道交通系统的调车手信号及显示方式见表 5-1。

表 5-1　调车手信号及显示方式

序号	调车手信号	昼间显示方式	夜间（隧道）显示方式
1	停车信号	展开红色信号旗；无红色信号旗时，两臂高举头上，向两侧急剧摇动	红色灯光；无红色灯光时，用白色灯光上下急速摇动
2	减速信号	展开绿色信号旗，下压数次	绿色灯光下压数次
3	指挥列车或车辆，向显示人方向来的信号	展开绿色信号旗，在下方左右摇动	绿色灯光在下方左右摇动
4	指挥列车或车辆，向显示人反方向去的信号	展开绿色信号旗，上下摇动	绿色灯光上下摇动
5	指挥列车或车辆，向显示人方向稍行移动的信号	左手拢起红色信号旗，直立平举；右手展开绿色信号旗，在下方左右小摆动	绿色灯光下压数次后，再左右小动
6	指挥列车或车辆，向显示人反方向稍行移动的信号	左手拢起红色信号旗，直立平举；右手展开绿色信号旗，在下方上下小动	绿色灯光平举，上下小动
7	三二一车距离信号：表示推进车辆的前端距被连挂车辆的距离	右手展开绿色信号旗平举，下压三次、二次、一次，分别表示距停留车三车（约 60 m）、二车（约 40 m）、一车（约 20 m）	绿色灯光下压三次、二次、一次
8	连挂作业	两臂高举头上，拢起的手信号旗杆成水平，末端相接	红、绿色灯光（无绿色灯光时，用白色灯光代替），交互显示数次
9	试拉信号	按本表第 5 项或第 6 项的信号显示，当车辆启动后立即显示停车信号	
10	道岔开通信号：表示近路道岔准备妥当	拢起黄色信号旗，高举头上左右摇动	白色灯光高举头上

2. 徒手信号

管理人员及行车有关人员检查工作或遇列车救援、发生紧急情况，没有携带信号旗或信号灯时，可用徒手信号显示。采用的徒手信号及显示方式见表 5-2。

表 5-2　徒手信号及显示方式

序号	徒手信号	显示方式
1	紧急停车信号（含停车信号）	两手臂高举头上，向两侧急速摇动

续表

序号	徒手信号	显示方式
2	三二一车距离信号	单臂平伸后,小臂竖直向外压直,反复三次、二次、一次
3	连挂信号	紧握两拳头高举头上,拳心向里,两拳相碰数次
4	向显示人方向稍行移动的信号	左手高举伸直,右手平伸,小臂左右摇动
5	向显示人反方向稍行移动的信号	左手高举伸直,右手向下斜伸,小臂上下摇动
6	试拉信号	如本表第4项或第5项,当车辆启动后立即显示停车信号(第1项)
7	"好了"信号	单臂向列车运行方向向上做圆形转动

五、调车作业流程

在车场内执行调车作业时,各岗位要协调配合,共同完成调车作业。调车作业总体流程如图5-1所示。

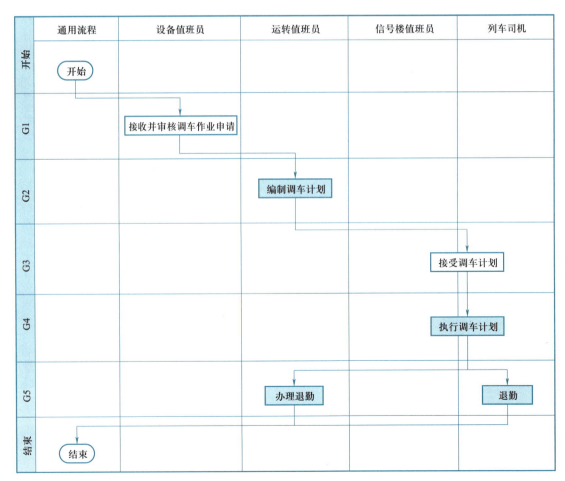

图 5-1　调车作业总体流程

对于城市轨道交通列车司机岗位,其调车作业流程如图 5-2 所示。

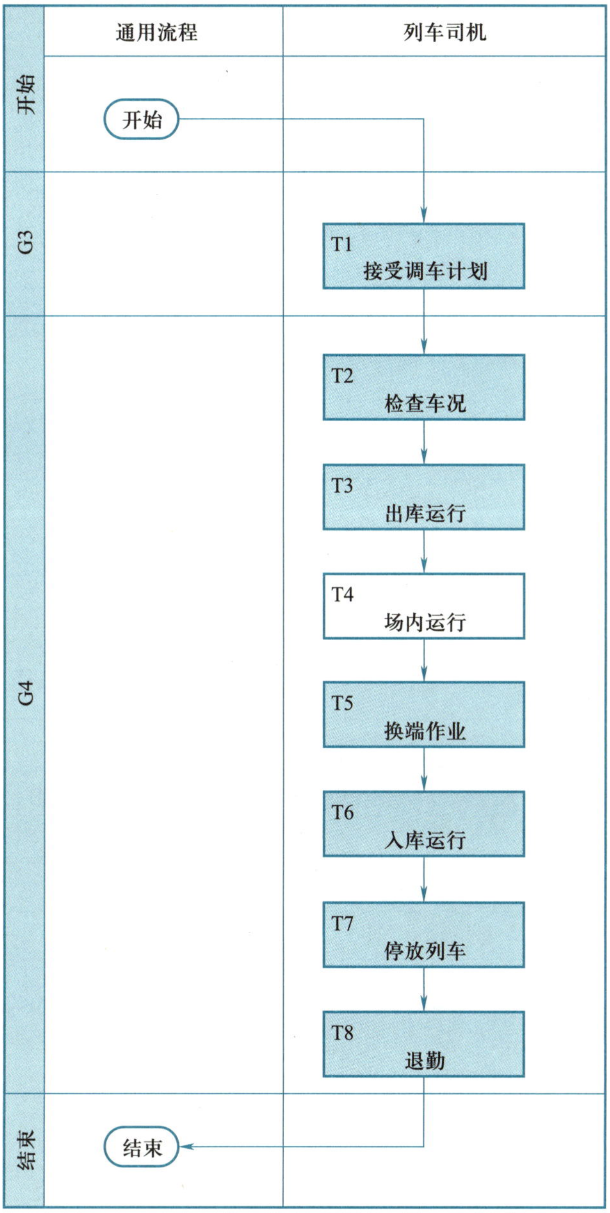

	通用流程	列车司机
开始	开始	
G3		T1　接受调车计划
G4		T2　检查车况
		T3　出库运行
		T4　场内运行
		T5　换端作业
		T6　入库运行
		T7　停放列车
		T8　退勤
结束	结束	

图 5-2　列车司机调车作业流程

1. 接受调车计划(T1)

(1)列车司机接运转值班员命令后,向 DCC 运转值班员出勤,接受《调车作业计划通知单》(见表 5-3)并确认列车的车号、停放股道、运行路径及调送地点后签名。

(2)列车司机向运转值班员领取列车主控钥匙、对讲机、应急包等,确认对讲机工况良好,频道设置在站场组,了解作业相关区域内施工情况,了解天气状况等必要的安全要素。

表 5-3　调车作业计划通知单

申请单位填写	申请单位		申请人		联系方式	
	调车需求及限制	填写内容：				
DCC设备值班员填写	通知时间	年　　　月　　　日　　　时　　　分				
	审核意见：					
					签名：	
DCC运转值班员填写	调车作业计划					
	股道		摘挂	辆数/股道	备注（车组号）	
	通知人			受理人		
	通知时间		年　　月　　日　　时　　分			
	执行时间		日　　时　　分　　至　　时　　分			
	注意事项及备注					
	完成时间			司机签名		

第一联：DCC 留存（白）第二联：调车作业人（一）（绿）第三联：调车作业人（二）（黄）

2. 检查车况（T2）

（1）到达规定的股道后，列车司机在登车前，应确认《调车作业计划通知单》上的股道、车组号与现场相符，并确认以下安全条件：

① 股道送电指示灯红灯点亮。

② 列车停放股道上未挂接地线。

③ 库门开启，插销牢固。

④ 车底及两侧无人无异物侵入限界，无车间电源接挂。

⑤ 列车轮对处无铁鞋。

⑥ 列车两端无安全警示牌。

（2）严格按照列车检查走行线路图和整备作业程序，采用目视、手指口呼、耳听等方式，做好列车整备、静态试验、动态试验，确保列车调动前，技术状态良好。如发现下列列车故障之一者，严禁利用自身动力进行调车作业并马上报告运用调度。

① 有维修人员正在作业影响行车时。

② 设备或障碍物侵入线路设备限界时。

③ 列车转向架液压减振器被拆除、空气弹簧无气时。

④ 走行部下的设备箱无法锁闭时。

⑤ 制动系统故障时。

⑥ 受流器等高压设备故障，致使列车无 DC 1 500 V 电源时。

⑦ 有停放制动阀门被切除时。

⑧ 有其他影响调车作业安全的情况时。

（3）发现列车故障或不符合运行安全要求时，列车司机应立即向信号楼值班员报告，并根据《电客车故障应急处理指南》处理，直至具备动车条件。

3. 出库运行（T3）

（1）列车司机将驾驶模式转换至 RM 模式，确认 TOD 面板显示 RM 模式、目标速度为 20 km/h。

（2）列车司机点试牵引，确认列车制动正常，满足列车场内运行要求。

（3）列车司机确认调车信号开放，并与信号楼值班员执行车调联控。车场内调车作业联控标准用语见表 5-4。列车司机复诵×道至×道调车信号已开放，信号正确可以动车，并进行相应的手指口呼，鸣笛后启动列车，并在库门平交道前一度停车，确认平交道无人无异物侵入限界后，方可动车。

表 5-4　车场内调车作业联控标准用语

序号	联控时机	岗位	标准用语
1	调车作业前整备列车	列车司机	信号楼，×道×端××号车调××（车）整备作业
		信号楼值班员	×道×端××号车调××（车）整备作业，信号楼明白
2	调车整备完毕，申请调车作业	调车员	×道×端××号车调××（车）整备完毕，申请调车作业
		信号楼值班员	×道×端××号车调××（车）整备完毕，信号楼明白
3	申请调车进路	调车员	调××（车）申请××道调车进路
		信号楼值班员 1	调××（车）申请××道调车进路，明白
4	办理调车进路	信号楼值班员 1	（指示信号楼值班员 2 操作）开放××道（或调×）往××道调车信号，执行
		信号楼值班员 2	××道（或调×），（按压进路始端按钮）××道（按压进路终端按钮，确认光带、信号显示正确后）××道（或调×）往××道信号好
		信号楼值班员 2	××道（或调×），（按压进路始端按钮）××道（按压进路终端按钮，确认光带、信号显示正确后）××道（或调×）往××道信号好
		信号楼值班员 1	××道（或调×）往××道信号好

续表

序号	联控时机	岗位	标准用语
5	调车进路排列完毕后	信号楼值班员	调××(车)××道往××道调车进路好
		调车员	调××(车)××道往××道调车进路好,明白
6	在牵出线、尽头线换端完毕	列车司机	信号楼,调××(车)在××道××信号机前停稳
		信号楼值班员	调××(车)在××道××信号机前停稳,信号楼明白;调××(车)在××道到位可以换端
		列车司机	调××(车)在××道到位可以换端,司机明白;调××(车)在××道已换端完毕,停在××信号机前方
		信号楼值班员	调××(车)在××道已换端完毕,停在××信号机前方,信号楼明白
7	调车作业完毕	调车员	信号楼,调××(车)在××道停稳,防溜措施已做好
		信号楼值班员	调××(车)在××道停稳,防溜措施已做好,信号楼明白
8	调车作业需越过红灯时	信号楼值班员	调××(车)限速越过××信号机红灯后按正常信号显示运行
		列车司机	调××(车)限速越过××信号机红灯后按正常信号显示运行,司机明白
9	需设置铁鞋时	调车员	信号楼,××道A(B)端××车在××车第××轮对下和××车第××轮对下已设置铁鞋,编号为××号和××号
		信号楼值班员	××道A(B)端××车在××车第××轮对下和××车第××轮对下已设置铁鞋,编号为××号和××号
10	撤除铁鞋时	调车员	信号楼,××道A(B)端××车在××车第××轮对下和××车第××轮对下铁鞋已撤除,编号为××号和××号
		信号楼值班员	××道A(B)端××车在××车第××轮对下和××车第××轮对下铁鞋已撤除,编号为××号和××号
11	解(挂)车未越过信号机需要原路折返时	列车司机	信号楼,××道××车请求原路折返回××道
		信号楼值班员	××道××车请求原路折返回××道,信号楼明白。××车司机,信号楼同意××车原路折返至××道
12	某道待令	信号楼值班员	××车在××道待令
		列车司机	××车在××道待令,司机明白
13	列车、工程车辆在封锁线路作业完毕请求动车时	列车司机	信号楼,××道A(B)端封锁作业完毕,××车在××道A(B)端停稳,请求动车
		信号楼值班员	××道A(B)端封锁作业完毕,××车在××道A(B)端停稳,请求动车,信号楼明白
14	接近两条相互影响进路的交叉或重叠区段,且不少于2个道岔轨道电路时	信号楼值班员2	相邻两个轨道电路已出清
		信号楼值班员1	相邻两个轨道电路已出清

（4）列车司机以限速 5 km/h 运行,确认出库信号,至车库平交道外方一度停车,确认平交道上无人无异物侵入限界后,驾驶列车出库。

4. 场内运行（T4）

（1）列车司机待列车尾部全部出清,出库进入平交道后,以限速 20 km/h 在停车场内运行。

（2）列车在场内行驶时,列车司机应按规定限速（见表 5-5）运行并确认进路中每个调车信号机的显示及道岔开通位置,执行手指口呼。

表 5-5　调车允许速度

序号	项目	速度/（km/h）	说明
1	车辆段内空线牵引运行	20	—
2	车辆段内空线推进运行	15	—
3	调动装载超限货物的车辆	10	—
4	在尽头线调车时	严格按"三、二、一车"速度驾驶	三车 8 km/h（距离约 60 m）;二车:5 km/h（距离约 40 m）;一车:3 km/h（距离约 20 m）
5	库内运行时	10	停车线:10 km/h;列检线:5 km/h;双周/三月检线、静调线:3 km/h
6	对货位时	5	—
7	接近被连挂的车辆时	3	—

（3）列车通过平交道口时,应在平交道口外方一度停车,确认平交道口无人无异物侵入限界,确认信号开放后继续运行。

（4）列车牵出线和尽头线运行时,列车司机在列车接近终点停车牌时应减速,在停车位置规定距离前一度停车,然后以规定的限速接近停车位置后,带制动对位停车,将列车停稳在停车牌 ±50 cm 范围内。

（5）在调车运行过程中,如遇信号显示或进路错误时,列车司机应立即采取紧急制动措施,将列车停下,并立即通知运转值班员,等待信号重新开放或由信号楼值班员通知后,根据要求动车,但要减速运行,加强对线路及信号的瞭望,在信号系统严重故障、行进线路信号全部不能开放时,应根据信号楼值班员的调车手信号或口头命令动车。

5. 换端作业（T5）

（1）列车停稳后,列车司机将主控手柄和方向手柄归零,关断主控钥匙,去往后端司机室。

（2）列车司机至后端司机室并激活司机室后,与信号楼值班员执行联控作业。

（3）列车司机联控后,确认调车信号机显示及道岔开通位置正确,执行手指口呼。

（4）列车司机将模式转换至 RMF 模式,确认 TOD 面板显示 RMF 模式、目标速度为 20 km/h。

（5）列车在场内行驶时限速 20 km/h,列车司机应确认信号机显示及道岔开通位置,执行手指口呼。

6. 入库运行（T6）

（1）列车入库前,应在停车库的平交道口外方一度停车,列车司机下车确认以下入库条件:

① 库门开启,插销牢固。

② 股道送电指示灯红灯点亮。

③ 前方路径及登高平台无人无异物侵入限界。

(2) 列车司机确认列车入库条件时,应执行手指口呼。

(3) 列车进库时,限速为 5 km/h,在离停车位置 10 m 处一度停车,以限速 3 km/h 运行至登车平台处停车。

7. 停放列车(T7)

列车停稳后,列车司机施加停放制动、分断高速开关、落下受流装置、双手柄归零、关断主控制钥匙、关断客室照明及空调。在分断高速开关时,列车司机应注意空气压缩机是否在工作,如空气压缩机在打风,应等其停止工作后再分断高速开关,避免突然断电对设备造成的损伤。

8. 退勤(T8)

列车司机至 DCC 运转值班员处办理退勤手续,交还列车主控钥匙、对讲机、应急包以及《调车作业计划通知单》。

六、调车作业注意事项

(1) 进入牵出线调车作业时,列车司机在接近两端停车标时严格遵守"三、二、一车"的限制速度进入。列车司机换端完毕,必须向信号楼值班员请求下一钩作业。

(2) 调车作业凭《调车作业计划通知单》进行。

(3) 列车在车场内停车,应停于接车线信号机前方,车辆头部不得越过防护信号机。

(4) 调车作业中,换端后列车司机必须向信号楼值班员申请进路,动车前确认信号开放及道岔位置。

(5) 调车作业中,列车司机得到信号楼值班员有关"××车××道待令"的通知时,严禁擅自动车。动车前必须得到信号楼值班员的"××车××道待令司机,可以确认信号动车"通知,司机复诵,确认信号、道岔正确后再动车。

(6) 在车场内执行调车作业时,列车司机需在防护信号机前规定距离处一度停车,并按规定手指口呼后方可移动车辆接近该信号机;列车司机驾驶车辆在列检库准备停车前需在规定距离处停车,分别以规定限速接近停车位置。

(7) 在车场内执行调车作业时,严禁列车司机采用后退模式调车,如遇特殊情况必须退行时,列车司机应与信号楼值班员联系,经同意后方可换端退行,且不得超过规定的退行距离。

(8) 连挂车辆时,调车指挥人应显示距离信号和连挂信号,没有显示距离信号和连挂信号的不准挂车。

(9) 机车、车组接近被连挂车辆一定距离时应一度停车,确认车钩位置正确与禁挂标志拆除后,方可连挂。

(10) 调车作业连挂后,应进行试拉,以确认连挂状态良好,必要时连接风管。

(11) 调车作业完毕后,列车司机应向车场调度员报告列车停车位置、防溜措施情况,并根据车场调度员指令决定是否降弓收车。

任务实施

场内调车作业工单

班级		学习小组	
姓名		学号	
任务名称		场内调车作业	

<table>
<tr><td>任务描述</td><td colspan="3">以小组为单位,组员分别扮演列车司机、信号楼值班员、考核员,司机严格按照车场内调车作业流程、标准化作业规范和车调联控用语规范进行由停车列检库 11 道 A 端至试车线规定位置的调车作业,考核员按标准进行考核评价

（图）</td></tr>
<tr><td>任务要求</td><td colspan="3">1. 按规范至 DCC 报到出勤,领取相关作业物品
2. 按规定确认列车停放股道、现场作业条件、场内行车注意事项
3. 按场内调车规范进行车调联控、手指口呼、驾驶作业
4. 按规定进行牵出线驾驶
5. 手指时动作干脆利落,口呼时声音响亮、吐字清晰,口呼内容原则上不要求与标准用语一字不差,只要表达的内容完全一致即可</td></tr>
</table>

任务实施

序号	作业步骤	作业内容	作业标准	是否执行	是否规范
1	列车司机至车辆段 DCC	列车司机按规范着装,根据规定的时间至车辆段 DCC 报到	（1）着装规范 （2）仪容仪表符合规定		
		列车司机按规范在《车场列车司机出退勤登记簿》上进行出乘登记	《车场列车司机出退勤登记簿》填写规范、完整		
		列车司机认真确认《调车作业计划通知单》,并复诵、签字确认	《调车作业计划通知单》填写规范、完整		
		领取列车主控钥匙、对讲机、应急包等物品	（1）确认主控钥匙完好,口呼:"主控钥匙完好"。 （2）打开对讲机,检查电池容量及功能,口呼:"对讲机外观良好,功能正常。" （3）打开应急包,检查应急用品(防毒面具、应急手电筒、毛巾、绝缘手套),口呼:"应急包外观良好,应急用品齐全。"		

续表

序号	作业步骤	作业内容	作业标准	是否执行	是否规范
2	现场安全确认	列车司机至停车库确认股道号、库内接触网断送电情况、库门锁闭情况、列车车体号	手指口呼："××道,库门开启锁闭良好,触网送电。"		
3	检车作业	列车司机按一次作业标准完成列车检车、静态调试、动态调试等准备工作	具体内容按检车作业标准执行		
4	根据信号机显示,以限速5 km/h出库运行	列车司机与信号楼值班员联控作业	(1) 列车司机口呼："信号楼,××道×端××号列车作业准备完毕,ATP切除等位置正确、铅封良好。" (2) 信号楼值班员复诵："××道×端××号列车作业准备完毕,ATP切除等位置正确、铅封良好,信号楼明白。"		
		信号楼值班员办理出库进路完成,呼叫列车司机	(1) 信号楼呼叫司机："××道×端××号列车司机,出库信号已开放,凭信号显示运行至转换轨。" (2) 列车司机复诵："××道×端××号列车司机,出库信号已开放,凭信号显示运行至转换轨,司机明白。"		
		确认出库安全要素	眼看、手指出库信号机显示是否正确,口呼："信号正确。"		
		动车,并在库内平交道一度停车	(1) 司机鸣笛,以限速5 km/h将列车运行至库内平交道前一度停车,主控手柄应置于"制动"位 (2) 眼看、手指:确认左侧库内平交道安全 (3) 眼看、手指:确认右侧库内平交道安全 (4) 口呼："库内平交道安全。"		
		动车,并在库外平交道一度停车	(1) 司机以限速5 km/h将列车运行至库外平交道前一度停车,主控手柄应置于"制动"位 (2) 眼看、手指:确认左侧库外平交道安全 (3) 眼看、手指:确认右侧库外平交道安全 (4) 口呼："库外平交道安全。"		

续表

序号	作业步骤	作业内容	作业标准	是否执行	是否规范
4	根据信号机显示，以限速 5 km/h 出库运行	再次确认出库安全要素	（1）眼看、手指：再次确认出库信号机信号 （2）口呼："信号正确。"		
		列车出库运行	司机鸣笛，启动列车，以限速 5 km/h 驾驶列车出库运行 注意：① 出库过程中如遇信号机，应眼看、手指确认信号，并口呼："信号正确。"② 出库过程中如遇道岔，应眼看、手指道岔位置，并口呼："道岔位置正确。"每一副道岔都要眼看、手指口呼		
		列车场内运行至试车线规定位置停车	待列车尾部出清，行至库外平交道（前向视景显示屏显示"列车出清库外平交道"字样）后： （1）司机将列车提速到 20 km/h，运行至试车线一车位置一度停车 （2）司机以限速 10 km/h，运行至试车线停车牌前（±3 m 范围内）一度停车 （3）司机以限速 3 km/h，进行对位停车，停车后主控手柄应置于"制动"位 注意：① 场内运行过程中如遇信号机，应眼看、手指确认信号，并口呼："信号正确。"② 场内运行过程中如遇道岔，应眼看、手指道岔位置，并口呼："道岔位置正确。"每一副道岔都要眼看、手指口呼		
		列车司机与信号楼值班员联控	（1）列车司机呼叫信号楼值班员："×××号列车，已停准试车线规定位置，请求转换控制权。" （2）信号楼值班员回复："×××号列车，转换控制权后与信号楼联系。" （3）列车司机复诵："×××号列车，转换控制权后与信号楼联系，司机明白。"		

任务评价

班级		学习小组	
姓名		学号	
任务名称		场内调车作业	

序号	评价内容	评价标准	分值	评价方式	得分
1	自主学习能力	在线课程学习时间和进度符合要求	2	师评	
		作业上交及时,准确度高	5	师评	
		积极参与在线讨论,有效回帖5个以上	2	自评	
2	应知应会知识	知识掌握全面、准确	15	机评	
3	接受调车计划	操作步骤完整、正确,无漏项	5	机评	
		表单填写规范,内容清晰、准确	5	互评	
4	列车出库及车场内运行	操作步骤完整,无漏项	5	机评	
		操作方法标准、规范	5	机评	
		联控用语正确、规范、清晰	3	互评	
		呼唤应答动作规范,内容清晰、准确	3	互评	
5	换端作业	操作步骤完整,无漏项	5	机评	
		操作方法标准、规范	5	机评	
		联控用语正确、规范、清晰	3	互评	
		呼唤应答动作规范,内容清晰、准确	3	互评	
6	列车入库及停放	操作步骤完整,无漏项	5	机评	
		操作方法标准、规范	5	机评	
		联控用语正确、规范、清晰	3	互评	
		呼唤应答动作规范,内容清晰、准确	3	互评	
7	完成时间	10 min内完成应知应会考试	3	机评	
		20 min内完成场内调车操作	3	机评	
8	团队合作	能与团队成员合作,共同完成工作任务	1	自评	
			1	互评	
			1	师评	
9	执行力	能服从老师、组长的安排	1	自评	
			1	互评	
			1	师评	
10	纪律责任意识	遵章守纪,有较强的责任意识	2	自评	
			2	互评	
			2	师评	

任务反思

1. 在调车作业过程中,列车司机是否要对调车进路中的每个信号和道岔进行确认? 为什么?

2. 列车进入牵出线调车作业时,列车司机为何要严格遵守"三、二、一车"的限制速度规定? 如违反规定存在什么风险?

3. 在调车作业过程中,由于通信故障,列车司机无法与信号楼值班员、场内运转值班员联系时,在信号开放、进路正确、道岔位置正确的情况下,列车司机能否进行后续操作? 为什么?

任务 5.2　试车作业

知识准备

一、列车静态调试

进行静态调试作业时,城市轨道交通列车司机一般为配合作业,调试司机必须严格服从调试负责人的指示去操作车上设备,在受电弓升起后,严禁触摸车上的带电设备,谨防发生意外。

二、列车动态调试

1. 动态调试规定

(1)任何调试作业,调试工作负责部门都必须派出技术人员跟车,负责监控车辆状态、调试的安全工作。

(2)进行调试作业时,一般应由安全行车公里数不小于 50 000 的司机操纵列车,调车、调试人员必须进行相关的培训并考试合格,方可安排上岗。调试作业必须安排安全行车公里数不小于 100 000 的人员添乘。

(3)动车前,司机必须确认前方进路无人无物,得到调试负责人的同意,确认有关人员处于安全位置、警示牌撤除、车间电源插头拔下后,满足动车条件时方可鸣笛动车。

(4)电客车调试作业行车工作由司机负责,在调试电客车运行过程中,禁止调试人员(含外委人员)擅自动用与行车安全有关的设备设施。需要进行一些影响行车的试验操作(如进行紧急制动试验)时,需要向司机交代清楚并经同意后方可进行。司机在同意前需落实好行车安全的事宜。运行中严禁探身车外,严禁飞乘飞降。

(5)作业中发生异常情况应立即停车,汇报调试负责人,听从其指挥,严禁擅自动车,查明原因后再动车。严禁调试作业人员未经司机同意擅自下车或进入隧道作业,司机发现违反规定者报行车调度员或车辆段运用调度员,动车前必须确认所有人员已上车。

(6)调试过程中,司机应严格执行规章制度,控制好速度,加强瞭望和呼唤应答,认真操作,密切注意、观察设备仪表的状态,遇信号异常或危及行车安全时,应立即采取紧急停车措施,并及时汇报调试负责人及行车调度员或车辆段运用调度员,听从其指挥,确保调试电客车安全。作业途中停车时,没有调试负责人的指示,严禁擅自动车。

（7）在调试作业过程中出现车辆、信号故障时应及时向调试负责人汇报,由其进行处理,并根据需要给予协助。禁止未经调试负责人同意就擅自动用车载设备或进行任何试验操作。

（8）当两端分别安排一名司机进行调试时,应锁好非操纵端驾驶室侧门,取出钥匙放在司机台上,两端应加强联系、监控,做到情况不清楚不动车。

（9）电客车在调试期间,司机需服从调试负责人的指挥,但遇调试负责人提出的调试要求超出调试计划时,司机应及时向行车调度员（在车辆段则报车辆段调度员）汇报并得到其同意后方可执行。调试人员（含外委人员）不听劝阻者,司机有权停止作业。下列情况司机应给予坚决制止,严禁动车,并将情况报告行车调度员（在车辆段则报车辆段调度员）处理:

① 调试指令违反相关安全规定或规章（如速度超过最高规定）时。

② 危及行车安全（如有物品侵入限界、道岔位置不对、超过线路限速规定等情况）时。

③ 不具备动车条件（如电客车上的设备未恢复正常位置、未进行制动试验等情况）时。

④ 无调试负责人在场（只有外委人员的情况）时。

⑤ 调试作业计划不清或计划与实际有出入时。

⑥ 要求调试高速但不够制动距离时。

⑦ 运行区域超过调试计划区域时。

2. 正线动态调试要求

（1）调试电客车出入车辆段按列车办理,司机提前 1 h 出勤,认真确认《调试作业计划通知单》的内容及速度、驾驶模式要求,严格执行《车辆段运用技术规程》等的规定整备电客车,确保电客车状态符合上正线运行要求。

（2）列车在正线调试时,要密切注意列车运行前方的线路状态,严格遵守调试的速度和线路限制速度。如以 URM 模式调试列车要求通过车站时,在始发站司机必须要与行车调度员共同确认到终点站的进路是否正确。

（3）正线调试司机按照调试计划的安排及行车调度员的命令,听从调试负责人指挥,明确调试程序及其安全事项,在指定的区域进行调试。

电客车出段前,司机必须检查调试人员到位情况,确认调试区间具体线路,明确调试项目、程序及其安全事项。司机接到行车调度员的书面封锁命令时,要认真确认命令的内容及注意事项（如线路限速）,核对调试线路是否与封锁线路一致。

（4）列车在始发站动车前,司机要与行车调度员共同确认调试进路的开放情况,落实运行进路的终点站。司机要密切注意列车运行前方的线路状态,严格按行车调度员命令行车,听从调试负责人指挥。

（5）列车调试原则上按信号显示行车,如行车调度员要求列车在封锁线路（信号开放不了时）进行调试,司机必须认真确认进路上的每副道岔位置（此时进路上的信号机显示为无效凭证）,但在通过信号机、道岔时要适当降低速度（以在制动距离内采取紧停措施可以停稳列车的速度为准）。

（6）每次动车前,司机要得到调试负责人的同意,认真确认信号、进路、道岔,运行时要集中精力,严格按照相关规定的速度或按行车调度员限速命令运行。列车通过曲线半径小于 350 m

的线路或限速区段时,司机应提前降低速度,严禁超速驾驶。列车经道岔进入侧股时,司机要将列车速度控制在 30 km/h 以下。

（7）遇在较难确认信号的车站或区间,司机应适当降低速度直至能清楚确认信号显示后,按规定的速度运行。

（8）列车在站台、区间临时停车时要将主控手柄拉到"快制"位,如发生前后溜逸现象时应按压"停放制动施加"按钮。列车在站台、区间计划停车超过 20 min 时,司机需对列车施加停放制动并将方向手柄置"零"位。

（9）列车在两端终点站或在运行中途站需要折返换端时,司机应认真确认信号机的显示、道岔位置(无信号机、道岔的车站凭行车调度员命令)正确,并与行车调度员落实运行进路后,方可打开主控钥匙,凭调试负责人的指令动车。

（10）调试列车在区间以 ATO 模式停车时,司机要监督车上调试人员,严禁打开驾驶室侧门。如有需要打开驾驶室侧门下车时,司机应将主控手柄拉到"快制"位,报告行车调度员同意后,调试人员方可下车。

3. 试车线动态调试要求

试车作业是在车辆段内试车线上对列车进行调试检查的作业,是检验修完的列车能否投入正线使用的必要程序。如图 5-3 所示,车场内试车线没有地面信号进行防护,因此对于试车作业的要求更加严格。

图 5-3　车场内试车线

（1）试车线调试任务由车辆段备用司机负责,司机接到调试任务时,应向车场调度员落实清楚调试计划的有关内容,包括调试内容、运行模式、速度要求、列车状态及性能等,并在调试负责人的组织下填写《调试(试验)作业任务书》,并签名确认,在车辆段副队长处领取《试车线调试安全卡控表》。

（2）司机严格按照规定整备电客车,确保电客车状态符合上试车线运行的要求。

（3）开始调试前,司机须与信号楼值班员联系,确认试车线已封锁,方可凭调试负责人指令动车。开始调试的第一个往返或调试作业中途停止超过 2 h 后需要重新调试时,应按 10 km/h 限速进行线路检查及制动力试验。

（4）进行 80 km/h 制动试验时,任何情况下,列车必须在运行方向上出现 80 km/h 制动标处至少施加 100% 的常用制动,直至列车停车为止;进行 60 km/h 以上的制动试验时,任何情况下,列车必须在运行方向上出现 300 m 标处至少施加 100% 的常用制动,直至列车停车为止;进行

40 km/h 以上的制动试验时,任何情况下,列车必须在运行方向上出现 200 m 标处至少施加 100% 的常用制动,直至列车停车为止;列车进入 100 m 标内时限速为 10 km/h,在两端停车标前停车时必须执行"三、二、一车"限速规定。

（5）司机要遵守试车线的行车信号标志要求,严格控制运行速度。调试机车、车辆接近尽头线及其信号机时必须降低速度。试车线列车运行速度见表 5-6。

表 5-6　试车线列车运行速度

序号	试车线运行场景	速度/(km/h)	备注
1	试车线运行	80	进行 60 km/h 以上的制动试验时,需要安排副队长以上人员添乘
2	试车线运行接近 300 m 标时	60	
3	试车线运行接近 200 m 标时	40	
4	试车线运行接近 100 m 标时	20	

（6）进行电客车 URM 驾驶或进行司机驾驶培训时,电客车只能在试车线南北端的 100 m 标区段内运行。特殊情况需要越过此标时,须由调试负责人提出,报经车场调度员同意后,由调试负责人签名确认,以限速 10 km/h 进入前方轨道(遇雨雾等天气时禁止进入),严禁越过停车标。

（7）任何情况下严禁进行无人引导的推进运行,有人引导推进运行(天气不良、夜间严禁推进运行)时按调车办理,限速 10 km/h 并严禁越过 100 m 标。

（8）当电客车在试车线运行中出现空转/滑行时,司机应及时停车,并报告车场调度员,立即停止该项调试、试车作业,查实情况并落实措施后方可继续进行。

（9）遇恶劣天气(如大雨、暴雨、大雾等),难以瞭望确认线路、道岔、信号等情况时,车场调度员应停止调试作业,并通知相关部门负责人。

（10）调试完毕,司机在信号机前停稳后与信号楼值班员联系,信号楼值班员通知车厂调度员,按其指示排列进路,信号开放后通知司机走行路径、车辆段/车场施工情况、股道(区域)停电等情况,司机复诵无误后凭信号动车回库。

三、试车作业流程

在车场内执行试车作业时,各岗位要协调配合,共同完成试车作业。试车作业总体流程如图 5-4 所示。

对于城市轨道交通列车司机岗位,其试车作业流程如图 5-5 所示。

1. 接受试车计划(T1)

（1）列车司机接 DCC 运转值班员通知后出勤,接受《调试(试验)作业任务书》(如表 5-7 所示),并在确认调试列车的车号、停放股道、运行路径及调送地点后签字。列车司机凭《调试(试验)作业任务书》执行试车任务,同时认真听取调试负责人的任务和安全交底,并掌握调试列车的车号、停放股道、技术状态及调试要求。试车作业一般由两名列车司机担当调试工作,调试负责人必须在运行端司机室向列车司机发布调试指令。

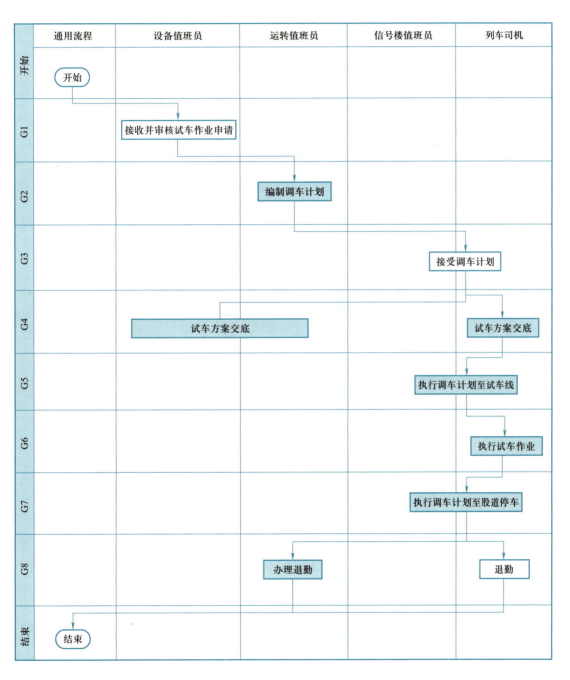

图 5-4　试车作业总体流程

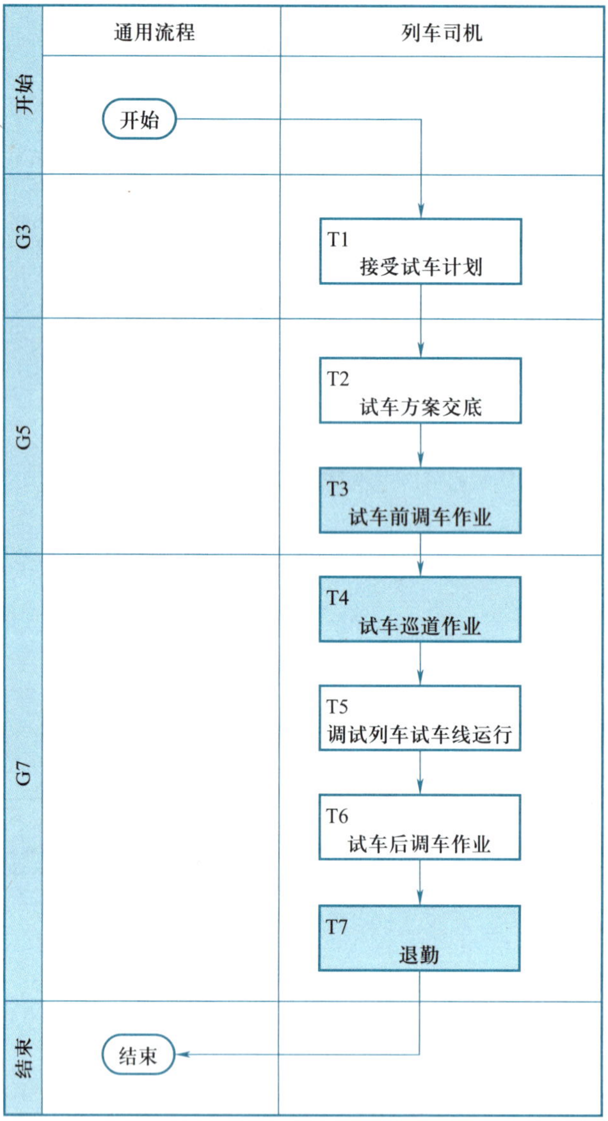

	通用流程	列车司机
开始	开始	
G3		T1 接受试车计划
G5		T2 试车方案交底
		T3 试车前调车作业
G7		T4 试车巡道作业
		T5 调试列车试车线运行
		T6 试车后调车作业
		T7 退勤
结束	结束	

图 5-5　列车司机试车作业流程

（2）列车司机向运转值班员领取列车主控钥匙、对讲机、应急包等，确认对讲机工况良好，频道设置在站场组。

2. 试车方案交底（T2）

列车司机应听取试车负责人的试车作业内容及运行安全交底。车场调度员、列车司机、调试负责人应共同确认调试安全注意事项。

3. 试车前调车作业（T3）

列车司机按场内列车调车作业项执行，将列车调车至车场试车线规定停车位置标处停车。

4. 试车巡道作业（T4）

列车到达试车线规定位置后，列车司机必须向信号楼值班员申请巡道作业，按规定速度对试车线进行一次往返巡道作业，确认线路与车辆制动情况正常。

表 5-7　调试（试验）作业任务书

一、调试（试验）安排

1. 调试（试验）方案：_____ 车　　试车线动调/正线动调（不用字划去）

2. 调试（试验）时间：_____月 _____日_____时 至_____月 _____日_____时

3. 调试（试验）负责人：_____

4. 调试（试验）成员：_____

二、调试（试验）前设备状态（不用字划去）

制动系统：是/否正常　　　　　　　　　　信号系统：是/否正常

其他须说明的情况：

三、调试（试验）成员职责

1. 指挥列车司机按调试负责人指令动车。

2. 落实调试方案及调试内容。

四、调试内容［可根据实际调试（试验）情况增加内容或增加附件］

五、安全措施［可根据实际调试（试验）情况增加内容］

1. 列车驾驶模式：ATO/SM/NRM/RM（不用字划去），行车速度要求：

2. 按试车线规定动车（正线调试不用可划去）。

3. 调试负责人现场防护。

车间负责人/专业工程师：_____　　　　时间：　　月　　日　　时

检修调度员：_____　　　　　　　　　时间：　　月　　日　　时

车场调度员（试车线调试时）：_____　　时间：　　月　　日　　时

⋯⋯⋯⋯⋯⋯⋯⋯⋯⋯⋯⋯⋯⋯⋯⋯⋯⋯⋯⋯⋯⋯⋯⋯⋯⋯⋯⋯⋯⋯⋯

本人已学习调试方案，已掌握调试过程中需要注意的各项安全事项，在不违反公司、分公司、部门相关安全规章制度及相关行车安全规章制度的前提下，配合调试（试验）负责人（施工负责人）完成调试作业。

调试（试验）司机：_____　　　　　　　时间：　　月　　日　　时

⋯⋯⋯⋯⋯⋯⋯⋯⋯⋯⋯⋯⋯⋯⋯⋯⋯⋯⋯⋯⋯⋯⋯⋯⋯⋯⋯⋯⋯⋯⋯

如在调试（试验）过程中设备发生异常现象（含列车故障）或其他特殊情况：

1.

2.

经调试（试验）负责人确认采取措施后可继续作业。

注意事项

调试（试验）负责人（施工负责人）：_____　　时间：　　月　　日　　时

调试（试验）司机：_____　　　　　　　时间：　　月　　日　　时

⋯⋯⋯⋯⋯⋯⋯⋯⋯⋯⋯⋯⋯⋯⋯⋯⋯⋯⋯⋯⋯⋯⋯⋯⋯⋯⋯调试结束

调试（试验）负责人（施工负责人）：_____　　时间：　　月　　日　　时

调试（试验）司机：_____　　　　　　　时间：　　月　　日　　时

第一联：调试（试验）车间留存，在调试试验结束后归档　第二联：场调存档（试车线调试时）　第三联：列车司机调试结束后交派班室存档

（1）列车停稳后，列车司机与信号楼值班员执行联控作业。

（2）信号楼值班员开放试车线调车信号后与列车司机执行联控作业。

（3）列车司机确认试车线调车信号开放后，打开主控钥匙，通知试车负责人已具备试车条件，将试验列车指挥权移交至试车负责人。

（4）试车线试车作业前，列车司机应先对试车线进行一次往返巡道作业，限速为 20 km/h。

（5）巡道作业时，列车司机应确认线路、车辆制动情况正常。

5. 调试列车试车线运行（T5）

（1）试车过程中，列车司机按试车负责人指令，由低速到高速依次调试列车。

（2）试车过程中，针对无 ATP 防护的调试列车，列车司机应结合列车制动距离及试车线距离预告标控制车速，并采取相应制动措施；针对有 ATP 防护的调试列车，列车司机应依据限速行驶。

（3）试车过程中，列车司机要严格遵守试车线的限制速度，按照试车线行车信号、标志要求，严格控制速度运行。

（4）当试车车速大于一定值时，列车司机应将列车调至线路端头规定位置，确保满足试车的制动安全距离与线路最高限速。

（5）列车司机接到试车负责人试车作业结束指令后，将调试列车停至试车线回库规定的停车位置标处。注意与信号楼值班员执行联控作业。

6. 试车后调车作业（T6）

（1）试车完毕后，列车司机应将列车行驶至规定位置，并向信号楼值班员申请回库，按规定进行呼唤应答后，再动车。

（2）列车司机按场内列车调车作业要求执行。

7. 退勤（T7）

列车司机至 DCC 信号楼值班员处办理退勤手续，交还列车主控钥匙、对讲机、应急包、《调试（试验）作业任务书》、对应的《调车作业计划通知单》。

四、试车作业注意事项

（1）一般情况下，严禁利用场线及停车库线进行试车作业。

（2）在车场内试车线试车时，应严格执行在车场内施工作业组织流程的有关规定。

（3）当列车调至试车线后，列车司机必须按车场试车线有关作业规定，在指定地点停车，当允许试车信号开放且与信号楼值班员呼唤应答后，方能进行试车。

（4）夜间试车、接近线路尽头或轮轨黏着条件差时，应加强瞭望，适当降低速度并提前采取制动措施，确保试车安全。

（5）所有参与试车线调试任务的人员上下试车线时，必须待人员出清试车线范围后方可再次动车。

（6）试车线调试作业应执行联控标准用语（见表 5-8）和试车线各标示牌运行限制速度。

表 5-8　试车线调试作业联控标准用语

序号	现场情况	呼唤用语	是否手比
1	整备作业	信号楼，××道×端××车整备作业	否
2	调车信号：白灯	白灯好	是

续表

序号	现场情况	呼唤用语	是否手比
3	调车信号:红灯	红灯停车	是
4	道岔位置正确	道岔好	是
5	道口前、防护信号机前 10 m	一度停车	是
6	试车线 CBTC 信号	绿灯好,引导信号好,红灯停车,CBTC 灭灯	是
7	300 m 标	距离 300 m	是
8	200 m 标	距离 200 m	是
9	100 m 标	距离 100 m	是
10	停车标	对标停车	是
11	尽头线	尽头线注意	是
12	需要接近红灯防护信号×× m 以内时	限速××接近	是

（7）调试作业应在规定时间内完成,如施工负责人需延长调试时间,调试司机应与信号楼值班员核对延长信息无误后方可同意。

（8）遇雨天、雾天等恶劣天气致车轮易空转滑行情况时,列车司机制动时应做到提前缓慢制动,防止空转滑行,并按规定停车。遇雷暴雨、强风、大雪及浓雾天气时,一般不进行试车线试车。

任务实施

1. 试车线调试作业工单

班级		学习小组	
姓名		学号	
任务名称	试车线调试作业		
任务描述	某车辆基地试车线列车调试作业。列车故障修复后需至试车线进行 40 km/h、60 km/h 的全牵引和常用制动与紧急制动试验。试车线长度为 2 km,列车为 6 节编组。 以小组为单位,组员分别扮演列车司机、信号楼值班员、调试负责人、考核员,司机严格按照试车作业流程、标准化作业规范和车调联控用语规范进行 40 km/h、60 km/h 的牵引和制动试验,考核员按标准进行考核评价 		
任务要求	1. 按规范确认试车安全要素 2. 按调试施工负责人指令分别进行 40 km/h、60 km/h 全牵引试验 3. 按调试施工负责人指令分别进行 40 km/h 常用制动试验、60 km/h 紧急制动试验 4. 按规范与调试施工负责人、信号楼值班员进行沟通和联控 5. 手指时动作干脆利落,口呼时声音响亮、吐字清晰,口呼内容原则上不要求与标准用语一字不差,只要表达的内容完全一致即可		

任务实施

序号	作业步骤	作业内容	作业标准	是否执行	是否规范
1	调试前准备	阅读并理解《调试(试验)作业任务书》	列车司机认真阅读《调试(试验)作业任务书》后,复述本次调试的主要任务		
		调车完毕联控	(1) 列车司机呼叫信号楼值班员:"×××号列车,已停准试车线规定位置,请求开放试车信号。" (2) 信号楼值班员复诵:"×××号列车,已停准试车线规定位置,请求开放试车信号,信号楼明白。"		
		试验开始前联控	(1) 信号楼值班员呼叫列车司机:"××号列车,试车信号已开放。" (2) 列车司机复诵:"××号列车,试车信号已开放,司机明白。"		

续表

序号	作业步骤	作业内容	作业标准	是否执行	是否规范
1	调试前准备	试车线巡道	（1）列车司机按规定速度（20 km/h）对试车线进行一次往返巡道作业 （2）巡道作业完成后列车司机与信号楼值班员联控："××号列车，巡道完毕，线路良好。" 信号楼值班员复诵："××号列车，巡道完毕，线路良好，信号楼明白。"		
2	40 km/h 常用制动试验	调试施工负责人发布调试指令	（1）调试施工负责人发布调试指令："进行 40 km/h 常用制动试验。" （2）列车司机复诵："进行 40 km/h 常用制动试验，司机明白。"		
		40 km/h 常用制动试验	（1）列车司机按调试作业标准操作列车运行至 40 km/h 后，维持 40 km/h 的速度 3 s，然后施行常用制动，直至列车停稳 （2）试验后列车司机口呼："40 km/h 常用制动试验正常（或不正常），车况良好（或车况异常）。"		
3	60 km/h 紧急制动试验	判断作业条件	（1）40 km/h 常用制动试验后，列车司机判断试车线剩余长度是否满足一次常用制动试验的运行距离 （2）列车司机手指口呼："试车线剩余长度能（不能）满足试车。"		
		调试施工负责人发布调试指令	（1）调试施工负责人发布调试指令："进行 60 km/h 紧急制动试验。" （2）列车司机复诵："进行 60 km/h 紧急制动试验，司机明白。"		
		60 km/h 紧急制动试验	（1）列车司机按调试作业标准操作列车运行至 60 km/h 后，维持 60 km/h 的速度 3 s，然后施行紧急制动，直至列车停稳。 （2）试验后列车司机口呼："60 km/h 紧急制动试验正常（或不正常），车况良好（或车况异常）。"		

序号	作业步骤	作业内容	作业标准	是否执行	是否规范
4	40 km/h 全牵引试验	对标停车	列车司机将列车运行至试车线尽头停车位置,对标停车		
		调试施工负责人发布调试指令	(1)调试施工负责人发布调试指令:"进行 40 km/h 全牵引试验。" (2)列车司机复诵:"进行 40 km/h 全牵引试验,司机明白。"		
		40 km/h 全牵引试验	(1)列车司机按调试作业标准,将主手柄推至"全牵引"模式,运行至 40 km/h 后,维持 40 km/h 的速度 3 s,然后施行常用制动,直至列车停稳 (2)试验后眼看、手指口呼:"40 km/h 全牵引试验正常(或不正常),车况良好(或车况异常)。"		
5	60 km/h 全牵引试验	判断作业条件	(1)40 km/h 全牵引试验后,列车司机判断试车线剩余长度是否满足一次全牵引和制动运行的距离 (2)列车司机手指口呼:"试车线剩余长度能(或不能)满足试车。"		
		调试施工负责人发布调试指令	(1)调试施工负责人发布调试指令:"进行 60 km/h 全牵引试验。" (2)列车司机复诵:"进行 60 km/h 全牵引试验,司机明白。"		
		60 km/h 全牵引试验	(1)列车司机按调试作业标准,将主手柄推至"全牵引"模式,运行至 60 km/h 后,维持 60 km/h 的速度 3 s,然后施行常用制动,直至列车停稳 (2)试验后眼看、手指口呼:"60 km/h 全牵引试验正常(或不正常),车况良好(或车况异常)。"		
		调试施工负责人判断调试情况	(1)调试施工负责人发布指令:"40 km/h、60 km/h 的牵引和制动试验完毕,车况良好,可以申请回库。" (2)列车司机复诵:"40 km/h、60 km/h 的牵引和制动试验完毕,车况良好,可以申请回库,司机明白。"		

2. 试车线调车回库作业工单

班级		学习小组	
姓名		学号	
任务名称		试车线调车回库作业	

<table>
<tr><td>任务描述</td><td colspan="3">某车辆基地试车线列车调车回停车列检库 12 道××端。
　　以小组为单位,组员分别扮演列车司机、信号楼值班员、考核员,司机严格按照场内调车作业流程、标准化作业规范和车调联控用语规范进行由试车线至停车列检库××道××端的调车作业,考核员按标准进行考核评价

</td></tr>
<tr><td>任务要求</td><td colspan="3">1. 按场内调车规范进行车调联控、手指口呼、驾驶作业
2. 按规定进行牵出线驾驶、场内驾驶作业
3. 按规定确认列车入库安全条件
4. 按规范至 DCC 值班员处办理退勤,归还相关作业物品
5. 手指时动作干脆利落,口呼时声音响亮、吐字清晰,口呼内容原则上不要求与标准用语一字不差,只要表达的内容完全一致即可</td></tr>
</table>

任务实施

序号	作业步骤	作业内容	作业标准	是否执行	是否规范
1	试车完毕列车司机申请回库	列车司机将列车运行至回库规定位置	按场内调车规范进行车调联控、手指口呼 （1）场内运行过程中如遇信号机,应眼看、手指确认信号显示,并口呼:"信号正确。" （2）场内运行过程中如遇道岔,应眼看、手指道岔位置,并口呼:"道岔位置正确。"每一副道岔都要眼看、手指口呼		
		列车司机与信号楼值班员联控	列车司机呼叫信号楼值班员:"×××号列车已停至回库规定位置,请求开放回库信号。" 　　信号楼值班员回复:"×××号列车已停至回库规定位置,请求开放回库信号,信号楼明白。"		
2	调车作业至牵出线	列车司机与信号楼值班员联控	信号楼值班员呼叫列车司机:"×××号列车,试车线至牵出线信号已开放,至牵出线转换控制权后与信号楼联系。" 　　列车司机复诵:"×××号列车,试车线至牵出线信号已开放,至牵出线转换控制权后与信号楼联系,司机明白。"		

续表

序号	作业步骤	作业内容	作业标准	是否执行	是否规范
2	调车作业至牵出线	列车司机场内驾驶作业,将列车运行至牵出线	(1)列车司机按调车作业、标准化作业规定将列车运行至牵出线。将列车以限速 10 km/h 驶入牵出线,距离牵出线停车牌一车位置时一度停车,停车后以限速 5 km/h 运行至牵出线停车牌 3 m 处一度停车,停车后再以限速 3 km/h 停车对位 ①场内运行过程中如遇信号机,应眼看、手指确认信号显示,并口呼:"信号正确。" ②场内运行过程中如遇道岔,应眼看、手指道岔位置,并口呼:"道岔位置正确。"每一副道岔都要眼看、手指口呼 (2)列车司机转换列车司机室控制权,并到另一端(运行端)的司机室		
3	以限速 20 km/h 运行至入库平交道前一度停车	转换控制权后,列车司机与信号楼值班员联控	列车司机呼叫信号楼值班员:"司机呼叫信号楼,牵出线×××号列车已在规定位置停车,并已转换控制权,申请回库。" 信号楼值班员回复列车司机:"牵出线×××号列车,确认信号和道岔位置,运行至停车库××道×端。" 列车司机复诵:"牵出线×××号列车,确认信号和道岔位置,运行至停车库××道×端,司机明白。"		
		列车司机场内调车	(1)运行过程中如遇信号机,应眼看、手指确认信号显示,并口呼:"信号正确。" (2)运行过程中如遇道岔,应眼看、手指道岔位置,并口呼:"道岔位置正确。"每一副道岔都要眼看、手指口呼 (3)列车司机按照限速 20 km/h 运行至入库平交道前一度停车		
4	确认入库安全要素	确认入库安全要素	列车司机下车确认股道号、库内接触网断送电情况、库门锁闭情况,并手指口呼:"××道,库门开启锁闭良好,触网送电。"		
5	以限速 5 km/h 入库运行	入库运行	列车司机确认完安全要素上车后: (1)眼看、手指:确认左侧库外平交道安全 (2)眼看、手指:确认右侧库外平交道安全 (3)口呼:库外平交道安全 (4)司机以限速 5 km/h 将列车运行至库内平交道前一度停车,主控手柄应置于"制动"位 (5)眼看、手指:确认左侧库内平交道安全 (6)眼看、手指:确认右侧库内平交道安全 (7)口呼:"库内平交道安全。" (8)启动列车,以限速 5 km/h 驾驶列车在×端停车位置停车		

任务评价

班级		学习小组	
姓名		学号	
任务名称		试车作业	

序号	评价内容	评价标准	分值	评价方式	得分
1	自主学习能力	在线课程学习时间和进度符合要求	2	师评	
		作业上交及时,准确度高	5	师评	
		积极参与在线讨论,有效回帖5个以上	2	自评	
2	应知应会知识	知识掌握全面、准确	15	机评	
3	接受试车计划	操作步骤完整、正确,无漏项	5	机评	
		表单填写规范,内容清晰、准确	5	互评	
4	试车巡道作业	操作步骤完整,无漏项	5	机评	
		操作方法标准、规范	5	机评	
		联控用语正确、规范、清晰	3	互评	
		呼唤应答动作规范,内容清晰、准确	3	互评	
5	试车前调试作业	操作步骤完整,无漏项	5	机评	
		操作方法标准、规范	5	机评	
		联控用语正确、规范、清晰	3	互评	
		呼唤应答动作规范,内容清晰、准确	3	互评	
6	试车后调车回库作业	操作步骤完整,无漏项	5	机评	
		操作方法标准、规范	5	机评	
		联控用语正确、规范、清晰	3	互评	
		呼唤应答动作规范,内容清晰、准确	3	互评	
7	完成时间	10 min 内完成应知应会考试	3	机评	
		20 min 内完成试车操作	3	机评	
8	团队合作	能与团队成员合作,共同完成工作任务	1	自评	
			1	互评	
			1	师评	
9	执行力	能服从老师、组长的安排	1	自评	
			1	互评	
			1	师评	
10	纪律责任意识	遵章守纪,有较强的责任意识	2	自评	
			2	互评	
			2	师评	

任务反思

　　1. 列车上试车线进行试车前，为什么要进行往返巡道作业？要注意观察什么？

　　2. 进行试车作业时，试车负责人为什么要在运行端司机室指挥列车司机作业？

　　3. 什么情况下列车司机可以将试车指挥权移交给试车负责人？

 警钟长鸣

地铁试车线列车频繁脱轨，原因究竟何在

　　调试列车不同于正常载客列车，信号保护系统的部分功能可能被关掉，以达到测试某项功能的条件。这时候，列车的驾驶状态完全靠列车司机一个人掌控。一旦列车司机走神，或者经验不足，就很可能出现牵引力加大，在该减速的地方没有减速，或来不及减速的情况，导致惨剧发生。近年来，多地车辆段试车线均出现过事故，甚至造成人员伤亡。

　　正因为调试列车是一个重大风险点，所以一般地铁公司都会指派经验丰富的司机担当调试司机，并且采取双岗制。目的就是确保主驾驶司机出现异常情况时，通过双保险降低风险。

　　因此，作为一名列车司机，在进行电动列车驾驶作业尤其是试车作业时，一定要严谨细致，一丝不苟，规范操作，随机应变！

任务5.3　洗车作业

知识准备

一、洗车作业安全基本原则

　　（1）洗车作业前必须确认两端司机室侧窗、侧门锁好。

　　（2）列车在进入洗车线前，列车司机必须联系洗车机操作员，明确洗车模式（全洗模式、侧洗模式）。

　　（3）严格按洗车线行车标志、洗车信号机的显示和调车信号的显示行车。

　　（4）严禁赶点，严禁超速驾驶，洗车过程中必须采用慢行模式运行，清洗列车端部时严禁操作雨刮器。

　　（5）列车司机应保持精力集中、不间断瞭望。严格确认线路、设备状态，发现异常立即停车，报告信号楼值班员，再次动车前必须得到信号楼值班员的同意并确认安全后方可动车。

　　（6）洗车过程中严禁擅自后退，严禁打开司机室侧门，严禁将身体任何部位探出车外。

　　（7）洗车作业过程中，注意监视洗车机设备，发现异常情况时立即采取紧急停车措施，并报告信号楼值班员。

（8）执行全洗作业过程中,端洗区域信号机显示红灯时,司机按照"前/后端洗停车"标对标停车。若列车越过端洗区域范围,应报信号楼值班员并按其指令执行,严禁擅自后退。

（9）洗车作业结束进入牵出线对标停车时,必须严格控制速度。

二、洗车作业程序

在车场内执行洗车作业时,各岗位要协调配合,共同完成洗车作业。洗车作业总体流程如图 5-6 所示。

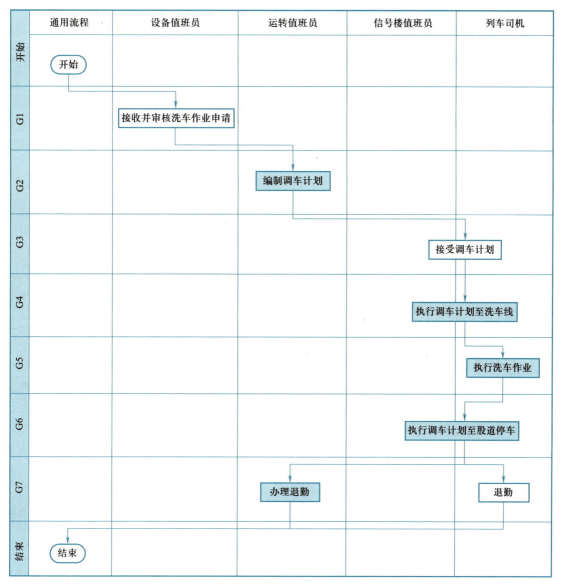

图 5-6　洗车作业总体流程

对于城市轨道交通列车司机岗位,其洗车作业流程如图 5-7 所示。

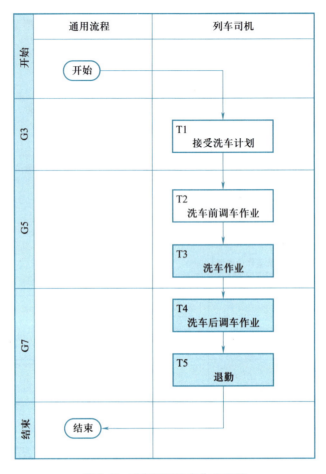

图 5-7　列车司机洗车作业流程

1. 接受洗车计划（T1）

（1）列车司机接运转值班员洗车作业命令后，向 DCC 运转值班员出勤，接受《调车作业计划通知单》，并在确认清洗列车的车号、停放股道、列车车体号、运行路径及调送地点后签名。

（2）列车司机向运转值班员领取列车主控钥匙、对讲机，确认对讲机工况良好，频道设置在站场组。

2. 洗车前调车作业（T2）

列车司机确认列车车况良好、调车信号开放后，按车场内调车作业相关规定将列车运行至洗车库门口待命。

3. 洗车作业（T3）

（1）列车进入洗车库前，洗车库值班员通知列车司机，洗车库已准备好，可以清洗作业。这时列车司机应在洗车库平交道外方一度停车（如图 5-8 所示），确认洗车库入库信号灯显示绿灯，并执行手指口呼后，以 RM 模式限速 3 km/h 进入洗车库，在洗车线信号灯前停车牌±50 cm 范围内停车。

图 5-8　洗车库前"一度停车"标

（2）列车运行到前端洗区域时，到达"前端洗停车"标（如图 5-9 所示）对称停车，对标后进行前端洗作业，此时列车自动洗车设备（如图 5-10 所示）会自动对列车前端进行清洗，端洗过程中禁止启动刮雨器。

图 5-9　"前端洗停车"标

图 5-10　自动洗车设备

（3）等待前端洗完毕后，洗车库值班员通知列车司机前端洗完毕，司机确认前端洗信号灯显示绿灯，再次以 RM 模式限速 3 km/h 继续进行车辆侧面清洗。

（4）列车到达"后端洗停车"标（如图 5-11 所示）对标停车，对标后进行后端洗作业，此时列车自动洗车设备会自动对列车后端进行清洗。

（5）等待后端洗完毕后，洗车库值班员通知列车司机后端洗完毕，司机确认后端洗信号灯显示绿灯，以 RM 模式限速 3 km/h 速度动车。

（6）列车运行越过"清洗结束"标（如图 5-12 所示），表示列车已经完全驶出清洗车库，本次洗车作业结束，恢复慢行模式运行。

图 5-11　"后端洗停车"标

图 5-12　"清洗结束"标

洗车作业联控标准用语见表 5-9。

表 5-9　洗车作业联控标准用语

序号	联控时机	岗位	标准用语
1	通知洗车库值班员开放洗车信号	信号楼值班员	开放_____道洗车信号
		洗车库值班员	开放_____道洗车信号,明白
2	洗车库值班员开放洗车信号后	洗车库值班员	信号楼,洗车库符合洗车条件
		信号楼值班员	洗车库符合洗车条件,信号楼明白
3	洗车线信号机开放且进路排列后	信号楼值班员	_____车_____道往_____道进路好,确认信号动车
		列车司机	_____车_____道往_____道进路好,确认信号动车
4	洗车完毕	列车司机	信号楼,_____车洗车完毕,申请回库进路
		信号楼值班员	_____车洗车完毕,信号楼明白
5	正确开放信号后	信号楼值班员	_____车_____道往_____道调车进路好,确认信号动车
		列车司机	_____车_____道往_____道调车进路好,确认信号动车

4. 洗车后调车作业（T4）

列车司机确认列车洗车作业完毕后,联系信号楼值班员准备调车回库作业,根据信号楼值班员命令,手指口呼确认信号、道岔开放状态正确后,启动列车,按《调车作业计划通知单》执行调车回库作业。

5. 退勤（T5）

列车司机退勤时,至 DCC 运转值班员处办理退勤手续,交还列车主控钥匙、对讲机、《调车作业计划通知单》。

三、洗车注意事项

（1）在洗车作业过程中,列车司机不得打开车门,擅自进入洗车区域;在清洗列车头部时,不得启动刮雨器。

（2）洗车作业过程中,严禁开启司机室侧门,严禁将身体任何部位探出车外。

（3）在洗车过程中,注意瞭望前方进路并监视洗车设备,如发现列车前方进路或洗车设备状态异常时,应立即采取紧急停车措施,并与信号楼值班员联系。

（4）执行端洗作业时,若列车越过端洗区域范围,应报信号楼值班员并按其指示执行,严禁擅自后退。

微课

洗车作业

任务实施

洗车作业工单

班级		学习小组	
姓名		学号	
任务名称		洗车作业	
任务描述	某车辆基地列检库××道×端有车号××、车体号××的列车需要进行洗车作业 以小组为单位，组员分别扮演列车司机、信号楼值班员、运转值班员/DCC运转值班员、洗车库值班员、考核员，司机严格按照场内调车作业流程、洗车作业流程、标准化作业规范和车调联控用语规范进行由列检库××道×端将××号车运行至洗车库的洗车作业，考核员按标准进行考核评价		
任务要求	1. 按场内调车规范进行车调联控、手指口呼、驾驶作业 2. 按规定进行牵出线驾驶、场内驾驶作业 3. 按规定确认列车运行至洗车库前规定位置停车，并与洗车库值班员联控 4. 按规范至DCC值班员处办理退勤，归还相关作业物品 5. 手指时动作干脆利落，口呼时声音响亮、吐字清晰，口呼内容原则上不要求与标准用语一字不差，只要表达的内容完全一致即可		

任务实施

序号	作业步骤	作业内容	作业标准	是否执行	是否规范
1	接受洗车计划	《调车作业计划通知单》确认	列车司机接运转值班员洗车作业命令后，向DCC运转值班员出勤，接受《调车作业计划通知单》并确认签名，确认并复诵的内容有： （1）确认清洗列车的车号、停放股道、列车车体号；复诵："清洗列车车号××，停放××道×端，列车车体号××。" （2）确认运行路径及调送地点；复诵："由停车库××道×端，运行至牵出线，转换司机室操纵权后由牵出线运行至洗车库'一度停车'标前一度停车。"		
		领取作业工具	列车司机向运转值班员领取列车主控钥匙、对讲机，确认对讲机工况良好，频道设置在站场组 领取列车主控钥匙，并手指口呼："主控钥匙有，外观良好。" 领取对讲机，打开，确认对讲机电池电量，对讲频道调整至"站场组"，并手指口呼："对讲机外观良好，电量正常，频道为'站场组'。"		

续表

序号	作业步骤	作业内容	作业标准	是否执行	是否规范
2	洗车前调车作业	调车至洗车库前规定位置	列车司机确认股道车号正确、车库大门开启固定情况、接触网送电、无禁动牌、地沟和列车两侧无人员作业等安全情况，并手指口呼："股道正确，车库大门开启固定良好，接触网供电正常，无禁动牌，地沟和列车两侧无人员作业。" 列车司机确认列车车况良好，即进行一次出乘检车作业、静态/动态调试（参照相关作业标准，这里不再赘述） 调车信号开放后，出库至平交道前一度停车，确认无人后手指口呼："平交道两端无人，无异物侵入界限。"再按车场内调车作业相关规定停车待命，并确认洗车库大门开启固定良好，接触网供电正常，洗车机清洗刷位置正确，未侵入动车界限，所有列车门窗关闭。然后手指口呼："洗车库库门开启固定良好，接触网供电正常，洗车机清洗刷位置正确，所有列车门窗关闭。"（作业标准按任务5.1调车作业执行）		
3	洗车作业	与洗车库工作人员进行洗车前联控	（1）列车进入洗车库前，洗车库值班员通知列车司机，洗车库已准备好，可以清洗作业。 ①信号楼通知洗车库值班人员开放洗车信号，信号楼值班员口呼："开放××道洗车信号。"洗车库工作人员口呼："开放××道洗车信号，洗车库明白。" ②洗车库值班员确认洗车设备状态良好，开放洗车信号后，洗车库工作人员口呼："信号楼，洗车库××道符合洗车条件。"信号楼值班员口呼："洗车库××道符合洗车条件，信号楼明白。" ③洗车线信号机开放且进路排列后，信号楼值班员口呼："××号车××道洗车进路好，确认信号动车。"列车司机口呼："××号车××道洗车进路好，确认信号动车，司机明白。" （2）列车司机确认洗车库入库信号灯显示绿灯，并执行手指口呼："信号正确，RM 3 km/h 动车。"以 RM 模式限速3 km/h 进入洗车库		

续表

序号	作业步骤	作业内容	作业标准	是否执行	是否规范
3	洗车作业	清洗前端头部	列车运行到前端洗区域时,到达"前端洗停车"标对标停车,司机手指口呼:"对位正确。" 对标后进行前端洗作业。此时列车自动洗车设备会自动对列车前端进行清洗,端洗过程中禁止启动雨刮器,不可打开列车门窗		
		清洗列车侧面	(1) 等待前端洗完毕后,洗车库值班员通知列车司机前端清洗完毕。洗车库值班员口呼:"××号车前端清洗完毕,确认信号动车。"列车司机口呼:"××号车前端清洗完毕,确认信号动车,司机明白。" (2) 司机确认前端洗信号灯显示绿灯,并手指口呼:"信号正确,RM 3 km/h 动车。" (3) 再次以 RM 模式限速 3 km/h 继续洗车		
		清洗后端头部	列车到达"后端洗停车"对标停车,司机手指口呼:"对位正确。" 对标后进行后端洗作业,此时列车自动洗车设备会自动对列车后端进行清洗 等待后端洗完毕后,洗车库值班员通知列车司机后端洗完毕。洗车库值班员口呼:"××号车后端清洗完毕,确认信号动车。"列车司机口呼:"××号车后端清洗完毕,确认信号动车,司机明白。" 司机确认后端洗信号灯显示绿灯,以 RM 模式限速 3 km/h 速度动车,列车司机手指口呼:"信号正确,RM 3 km/h 动车"		
		列车出清洗车库	列车越过"清洗结束"标,司机手指口呼:"列车越过'清洗结束'标。" 此时列车已经完全驶出清洗车库,本次洗车作业结束,恢复慢行模式运行 列车通过洗车库时,列车司机应确认洗车库内无人无设备侵入限界后,将列车停于洗车线末端停车牌±50 cm 范围内,并手指口呼:"对位正确。"		
		转换司机室操纵权	列车停稳后,列车司机关断主控钥匙,并确认两边司机室侧门关闭,至后端司机室		
		进入洗车库前安全要素确认	列车司机至后端司机室后,确认洗车线信号灯显示绿灯,并执行手指口呼:"信号正确。" 列车司机打开主控钥匙,将模式转换至 RM 模式,确认 TOD 面板显示 RM 模式、目标速度为 20 km/h,并手指口呼:"RM 模式,目标速度为 20 km/h。"		

续表

序号	作业步骤	作业内容	作业标准	是否执行	是否规范
3	洗车作业	通过洗车库	列车司机以限速 3 km/h 进入洗车库内,在洗车线信号灯前的停车牌±50 cm 范围内停车,并手指口呼:"对位正确。"		
		将列车运行至洗车库前规定位置	前端司机室外部清洗完毕,列车司机确认洗车线信号灯显示绿灯,以限速 3 km/h 至洗车线信号灯前的停车牌±50 cm 范围内停车,并手指口呼:"对位正确。"		
4	洗车后调车作业	将列车调车回停车库	(1)列车司机确认列车洗车作业完毕后联系信号楼值班员准备调车回库作业。列车司机口呼:"信号楼,××号车洗车完毕,申请回库进路。"信号楼值班员:"××号车洗车完毕,申请回库进路,信号楼明白。" (2)信号楼正确开放信号后,信号楼值班员口呼:"××号车××道往迁出线调车进路好,确认信号动车。"列车司机口呼:"××号车××道往迁出线调车进路好,确认信号动车,司机明白。" 根据信号楼值班员命令,列车司机手指口呼确认信号、道岔开放状态正确后,启动列车,按《调车作业计划通知单》执行调车回库作业(作业标准按任务 5.1 调车作业执行) (3)列车司机按车场内调车作业相关规定将列车运行至停车库门口平交道前一定停车,确认车库大门开启固定良好,接触网供电正常,地沟无人员作业,平交道两端无人,无异物侵限,并手指口呼:"库门开启固定良好,接触网供电正常,平交道两端无人,无异物侵入界限。"启动列车,以 5 km/h 的速度运行至规定股道停车后,按信号楼值班员的命令进行收车作业。		
5	司机退勤	司机退勤	列车司机退勤时,至 DCC 运转值班员处办理退勤手续,交还列车主控钥匙、对讲机、《调车作业计划通知单》。		

任务评价

班级		学习小组	
姓名		学号	
任务名称		洗车作业	

序号	评价内容	评价标准	分值	评价方式	得分
1	自主学习能力	在线课程学习时间和进度符合要求	2	师评	
		作业上交及时，准确度高	5	师评	
		积极参与在线讨论，有效回帖5个以上	2	自评	
2	应知应会知识	知识掌握全面、准确	15	机评	
3	接受洗车计划	操作步骤完整、正确，无漏项	5	机评	
		表单填写规范，内容清晰、准确	5	互评	
4	洗车前调车作业	操作步骤完整，无漏项	5	机评	
		操作方法标准、规范	5	机评	
		联控用语正确、规范、清晰	3	互评	
		呼唤应答动作规范，内容清晰、准确	3	互评	
5	洗车作业	操作步骤完整，无漏项	5	机评	
		操作方法标准、规范	5	机评	
		联控用语正确、规范、清晰	3	互评	
		呼唤应答动作规范，内容清晰、准确	3	互评	
6	洗车后调车作业	操作步骤完整，无漏项	5	机评	
		操作方法标准、规范	5	机评	
		联控用语正确、规范、清晰	3	互评	
		呼唤应答动作规范，内容清晰、准确	3	互评	
7	完成时间	10 min内完成应知应会考试	3	机评	
		20 min内完成洗车作业操作	3	机评	
8	团队合作	能与团队成员合作，共同完成工作任务	1	自评	
			1	互评	
			1	师评	
9	执行力	能服从老师、组长的安排	1	自评	
			1	互评	
			1	师评	
10	纪律责任意识	遵章守纪，有较强的责任意识	2	自评	
			2	互评	
			2	师评	

任务反思

1. 在清洗列车前端和后端时,有哪些安全注意事项?

2. 在洗车作业完成后,调车回停车库时是否要执行场内调车作业联控标准? 为什么? 在此过程中列车司机需要确认哪些安全要素?

 警钟长鸣

地铁司机洗车违章操作,不幸坠车身亡

某日 10 时 28 分,某地铁列车司机黄某和副司机张某洗完所驾驶的车辆后,途经车辆段东行交道口东侧 67 m 处时,站在车尾部司机室内的张某打开车门,探身车外,撞到轨道旁结构柱上安装的通风系统动力控制箱按钮箱。张某失稳坠落至地面,坠落高度 1.5 m,经 120 急救人员现场抢救无效死亡。此次事故的发生造成了极其严重的后果。经地铁公司事故调查组调查,造成此次事故的直接原因是:副司机张某违章作业,探身车外,违反了《××市城市轨道交通安全运营管理办法》第 23 条的规定:"列车驾驶员应当遵守安全运营规章制度和安全操作规程,驾驶中不得从事与驾驶列车无关的活动。"同时也违反了地铁公司《电动车辆乘务员安全规定》第 29 条第 1 项的规定:"列车行驶中禁止乘务员探身车外。"

任务6
突发事件应急处理

 【任务描述】

列车在运行过程中,可能会遇到一些突发事件,如火灾、车门/屏蔽门夹人夹物、乘客报警、区间有人、接触网上有异物等。在遇到突发事件时,司机应根据应急预案要求,服从命令听指挥,在确保应急处理安全的前提下,最大限度地减少人员伤亡和财产损失,减少对生产的影响,以最快的速度恢复行车。

本任务要求学生按照正确的作业流程及标准,在城市轨道车辆模拟驾驶系统中完成火灾、水灾等突发灾害,乘客报警、车门夹人夹物等突发公共安全事件,接触网有异物、屏蔽门不联动等突发事件的应急处理任务。

 【知识目标】

1. 掌握突发事件应急处理的原则及要点。
2. 掌握各种突发事件应急处理程序的启动时机、处理流程及处理要点。

 【能力目标】

1. 能在突发火灾、水灾时进行正确规范的应急处理。
2. 能在突发车门/屏蔽门夹人夹物、乘客报警、异物侵限、区间有人时进行正确规范的应急处理。
3. 能在突发接触网有异物、车门/屏蔽门不联动等设备异常时进行正确规范的应急处理。

 【素养目标】

1. 树立高度的安全、风险、责任意识。
2. 具备一丝不苟、规范操作的职业习惯。
3. 具备严谨细致、精益求精的工匠精神。

任务 6.1 突发灾难灾害应急处理

知识准备

一、突发事件应急处理原则及要点

1. 突发事件的概念及情况

城市轨道交通突发事件是指在城市轨道交通运营范围内突然发生,造成或者可能造成乘客财产、生命健康安全,以及地铁员工人身、财产、形象受损,需要在不确定的情况下,短时间内做出应对的事件。主要情况有:列车脱轨、人员冲突、列车解体、路外人员伤亡、火灾、爆炸、毒气袭击、地震、恶劣天气、突发大客流等,或因重要设备严重故障、损坏等原因造成中断运营的突发事件,如大面积停电、接触网供电故障等;突发重大城市轨道交通事故,整条线路全线停运或两条以上线路同时停运,造成大面积的交通瘫痪和大范围的交通堵塞等。

2. 突发事件应急处理原则

应急处理是针对事故灾害的危险问题进行的处理。危险包括人的危险、物的危险和责任危险三大类。人的危险可分为生命危险和健康危险;物的危险指威胁财产或火灾、雷电、台风、洪水等造成的事故;责任危险是法律层面的损害赔偿责任,一般又称为第三者责任险。危险包含意外事故、意外事故发生的可能性及存在意外事故发生可能性的危险状态。

根据突发事件造成的不同影响,应急响应行动按照事件的可控性、严重程度和影响范围,参照事件的分级由高到低划分为Ⅰ级、Ⅱ级、Ⅲ级、Ⅳ级、Ⅴ级,共五个级别。

应急处理突发事件时,必须服从命令听指挥,安全第一,救援优先,遵循"统一领导、统一指挥、以人为本、生命至上、逐级负责、应急有备、整体作战、高效处理"的原则。在确保应急处理过程安全的前提下,最大限度地减少人员伤亡和财产损失,减少对生产的影响;以最快的速度开通线路、恢复行车。

应急处理时的信息汇报应遵循迅速、准确、真实的原则,报告事项包括以下内容:

(1) 发生时间(月、日、时、分)。

(2) 发生地点(区间、百米标和上、下行正线)。

(3) 列车车次、车组号、关系人员姓名及职务。

(4) 事故概况及原因。

(5) 人员伤亡情况及车辆、线路等地铁设备损坏情况。

(6) 是否需要救援。

(7) 是否影响邻线运行。

(8) 其他必须说明的内容及要求。

微课
突发事件应急处理

3. 突发事件应急处理要点"八字诀"

(1) 进站　主要指不管遇到何种突发事件,司机都要维持列车进站处理,只有列车进站后,乘客才能在司机和车站人员的帮助下得到安全妥当的处理。进站救人是应对所有列车突发事件应急处理的首要原则。

（2）开门　主要指凡列车停在站台（含列车完全停准、部分进站、对标不准等）遇到突发事件时，应第一时间按照规定打开车门或单个解锁车门。

（3）广播　主要指遇突发事件时，司机广播（含人工和语音）对安抚乘客、指示乘客自救等有重要作用。打开车门进行清客或疏散时，必须进行广播安抚乘客。

（4）清客（或疏散）　遇火灾、爆炸、危险化学品泄漏、毒气袭击、劫持人质等突发公共应急事件，危及乘客安全时，司机应该第一时间决定进行清客或疏散。

"进站、开门、广播、清客"的顺序不能颠倒，环环相扣。如遇区间火灾、爆炸等造成列车不能进站，需由人工打开车门，并做好乘客广播，执行隧道清客或疏散程序。

二、突发火灾应急处理

1. 火灾应急处理原则

（1）贯彻"救人第一，救人与救火同步进行"的原则，积极施救。

（2）列车在区间发生火灾时应遵循优先维持进站的处理原则，并及时报告行车调度员。报告内容主要包括列车车次、火灾位置、火势、乘客人数等火灾现场情况。同时，报告语言必须精炼、明确。

（3）把握起火初期 5 min 内的关键时间，做好两项工作：一是尽快利用灭火器扑救；二是立刻报警。

（4）做好个人防护。及时穿戴防毒面具、荧光服等防护用品。

（5）维持列车进站后，应第一时间疏散客车内乘客，并到现场确认情况。

（6）若列车被迫区间停车，司机判断危及乘客生命安全时，应优先疏散乘客。

2. 列车区间突发火灾应急处理

列车区间突发火灾应急处理程序如图 6-1 所示。

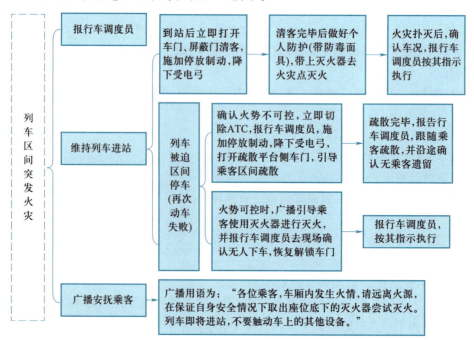

图 6-1　列车区间突发火灾应急处理程序

（1）认真判明火情，并迅速报告行车调度员。

（2）维持运行至前方车站，并广播安抚乘客，用人工广播引导乘客使用车上灭火器进行灭火。

（3）若列车在区间停车，司机应立即转换驾驶模式动车，维持列车进站。若不能动车，按列车迫停区间处理。

（4）列车发生火灾在区间被迫停车后，司机须迅速判明火情，立即报告行车调度员。

（5）降下受电弓，施加停放制动。

（6）广播安抚乘客，引导其使用灭火器自救，同时经行车调度员同意后，广播通知乘客从疏散平台疏散（火灾发生在头部时，采取尾端疏散；发生在尾部时，采取首端疏散；发生在中部时，采取首尾两端同时疏散。迅速实施疏散后，要及时确认、判明疏散情况，若还有乘客未能疏散时，在确保安全的前提下帮助其疏散）。

（7）做好个人防护后，带上灭火器前往客室灭火。

（8）司机与车站人员共同确认列车上乘客疏散完毕后，跟随乘客疏散，并沿途确认无乘客遗留。

3. 列车到达车站突发火灾的应急处理

（1）立即打开车门（屏蔽门），降下受电弓并施加停放制动。

（2）广播通知乘客疏散。

（3）报告行车调度员现场情况。

（4）车门、屏蔽门正常打开后，司机做好个人防护，带上灭火器，前往客室着火处确认火灾情况，协助车站灭火。若按压开门按钮无法打开车门、屏蔽门时，通知车站协助并广播引导乘客紧急解锁打开车门、屏蔽门，并且进入车内协助引导乘客打开车门。

（5）加强与行车调度员或应急处理负责人的联系，并按其指示执行。

4. 车站突发火灾应急处理

（1）站台、站厅发生火灾 司机接到列车运行前方站台发生火灾的通知后，如在车站则立即按行车调度员指示扣车，并做好乘客广播安抚工作；如在区间则立即将"开关门模式"开关置于手动位置，按行车调度员指示不停站通过（如行车调度员设置了跳停，则司机监控好列车跳停，否则司机转 ATP/RM 模式不停站通过，并做好乘客广播安抚工作）。

司机接到列车运行前方站厅发生火灾的通知后，如在车站则立即按行车调度员指示扣车，接运被困乘客或迅速动车离站（注意确认进路、信号、道岔正确），并做好乘客广播安抚工作；如在区间则立即将"开关门模式"开关置于手动位置，按行车调度员指示不停站通过（如行车调度员设置了跳停，则司机监控好列车跳停，否则司机转 ATP/RM 模式不停站通过，并做好乘客广播安抚工作）或停车接运被困乘客（如行车调度员未明确则需要询问清楚）。

（2）进站时发现车站火灾 司机应立即将"开关门模式"开关置于手动位置，并报行车调度员，确认不需要接运乘客时，确认进路、道岔正确后不停车以 ATP/RM 模式通过火灾车站；如果行车调度员指示需要接送乘客，则立即广播告知乘客不能下车，对标停车后立即开门上客，确认上客完毕后立即关门动车。

（3）终点站发生火灾

车站突发火灾应急处理程序如图 6-2 所示。

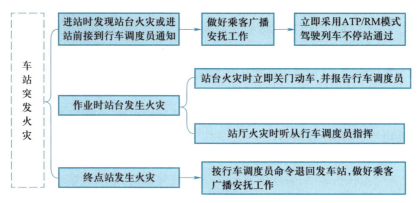

图 6-2　车站突发火灾应急处理程序

三、突发水灾应急处理

1. 处理时机

轨行区线路水位漫过道床,导致线路积水的原因有突发自然灾害、排水设施故障等。

2. 处理方法

列车运行中司机看到隧道积水后,确认积水是否会危及行车安全,如不危及行车安全,司机报行车调度员同意后限速通过或减速停车。

（1）积水漫至道床但未超过轨腰时,列车不限速通过。

（2）轨行区积水超过轨腰时,列车以限速 45 km/h 通过。

（3）轨行区积水超过轨面 50 mm 时,列车以限速 15 km/h 通过。

（4）轨行区积水超过轨面 100 mm 时,停车确认后,根据当时情况,原则上可以限速 5 km/h 通过。

（5）轨行区积水超过轨面 150 mm 时,原则上禁止通过。

任务实施

1. 区间列车火灾（能维持进站）应急处理作业工单

班级		学习小组	
姓名		学号	
任务名称	区间列车火灾（能维持进站）应急处理作业		
完成时间	年　　月　　日　　时　　分至　　时　　分		
任务用时	分钟		
任务描述	以小组为单位，组员分别扮演列车司机、行车调度员、考核员，司机严格按照作业流程和标准进行区间列车火灾（能维持进站）应急处理作业，考核员按标准进行考核评价		
任务要求	1. 应急处理操作流程正确：作业内容及步骤完整、正确，无漏项 2. 应急处理方法正确、规范，处理过程中需规范执行呼唤应答 3. 与相关岗位联控时使用标准用语 4. 做好灭火的个人防护工作		

任务实施

序号	作业步骤	作业内容	作业标准	是否执行	是否规范
1	确认火灾发生情况	确认火灾报警位置	点击"车辆显示屏"，查看"火/烟状态"界面，手指口呼："××车厢火灾报警。"		
		确认火灾险情	眼看、手指列车模拟终端，确认火灾情况		
2	汇报行车调度员列车位置及火灾情况	接通联控电话	司机手持联控电话，点击"联控显示屏"中的"行调"按键，接通电话		
		向行车调度员报告火灾发生情况	司机在"联控显示屏"中点击选择语句："行调，××次列车在××站—××站上/下行区间××车厢发生火灾，经判断，可运行至前方站。"口呼语句后，点击"完毕"按钮		
		行车调度员回复	行车调度员在"联控显示屏"中点击选择语句："××次，做好乘客安抚工作，维持进站处理。"口呼语句后，点击"完毕"按钮		
		司机复诵	司机在"联控显示屏"中点击选择语句："××次，做好乘客安抚工作，维持进站处理，司机明白。"口呼语句后，点击"完毕"按钮		
		结束联控	挂断电话		

续表

序号	作业步骤	作业内容	作业标准	是否执行	是否规范
3	广播安抚乘客	报告行车调度员后 10 s 内,播放紧急广播	通过"车辆显示屏"选择播放预置的"车厢火警"紧急广播		
4	开客室车门	列车运行到站停稳后 5 s 内呼唤应答	眼看、手指"信号显示屏",口呼:"开左(右)门。"		
		开门	按压"开左(右)门"按钮,对应指示灯亮		
		确认开门状态	眼看、手指门指示灯,口呼:"左(右)门开启。"		
5	通知车站协助处理	接通电话	司机手持联控电话,点击"联控显示屏"中的"车站"按键,接通电话		
		通知车站	司机在"联控显示屏"中点击选择语句:"站台,上/下行方向列车,第×节车厢发生火灾,请协助灭火,疏散乘客。"口呼语句后,点击"完毕"按钮		
		站台回复	站台在"联控显示屏"中点击选择语句:"上/下行方向列车,第×节车厢发生火灾,协助灭火,疏散乘客,站台收到。"口呼语句后,点击"完毕"按钮		
		结束通话	挂断电话		
6	广播疏散乘客	紧急广播	通过"车辆显示屏"选择播放预置的"列车站内疏散"紧急广播		
7	停车	施加停放制动	按下"停放制动施加"按钮,施加停放制动,"停放制动施加"灯亮		
		分断主断路器	按下"主断分"按钮,分断主断路器,"主断分"灯亮		
		降下受电弓	按下"受电弓降"按钮,降下受电弓,"受电弓降"灯亮		
		断开蓄电池	将"列车激活"自复位开关打至"分"位,断开蓄电池		

续表

序号	作业步骤	作业内容	作业标准	是否执行	是否规范
8	穿戴好防毒面具进行灭火	灭火作业	取出司机室灭火器,对着火警预设点屏幕(列车模拟终端显示屏)进行试喷		
9	准备发车	合上蓄电池	将"列车激活"自复位开关打至"合"位,合上蓄电池		
		升起受电弓	按下"受电弓升"按钮,升起受电弓,"受电弓升"灯亮		
		合上主断路器	按下"主断合"按钮,闭合主断路器,"主断合"灯亮		
		缓解停放制动	按下"停放制动缓解"按钮,缓解停放制动,"停放制动缓解"灯亮		
		关闭列车车门	按下"关左(右)门"按钮,关闭列车车门		
10	确认发车条件	手指口呼	列车"所有车门关闭"灯亮,"车辆显示屏""信号显示屏"显示正确,然后手指口呼:"车门关好、车态良好、具备发车条件"		
11	报告行车调度员,申请退出服务	接通电话	司机手持联控电话,点击"联控显示屏"中的"行调"按键,接通电话		
		报告行车调度员	司机在"联控显示屏"中点击选择语句:"行调,××次列车在××站车厢火灾已扑灭,申请退出服务。"口呼语句后,点击"完毕"按钮		
		行车调度员回复	行车调度员在"联控显示屏"中点击选择语句:"××次,申请退出服务,行调同意。"口呼语句后,点击"完毕"按钮		
		结束通话	挂断电话		

微课
区间列车火
灾应急处理

虚拟仿真
区间列车火
灾应急处理

2. 区间隧道积水应急处理作业工单

班级		学习小组	
姓名		学号	
任务名称	区间隧道积水应急处理作业		
完成时间	年　月　日　时　分至　时　分		
任务用时	分钟		
任务描述	以小组为单位,组员分别扮演列车司机、行车调度员、考核员,司机严格按照作业流程和标准进行区间隧道积水应急处理作业,考核员按标准进行考核评价		
任务要求	1. 应急处理操作流程正确:作业内容及步骤完整、正确,无漏项 2. 应急处理方法正确、规范,处理过程中需规范执行呼唤应答 3. 与相关岗位联控时使用标准用语		

任务实施

序号	作业步骤	作业内容	作业标准	是否执行	是否规范
1	立即停车	发现隧道前方积水,立即制动停车	及时采取停车措施而不至于越过积水位置		
2	司机广播安抚乘客	停车后 10 s 内广播	通过"车辆显示屏"选择播放预置的"临时停车"紧急广播		
3	确认积水情况	手指口呼	手指前方积水,口呼:"线路积水,未没过轨面。"		
4	报告行车调度员列车位置及应急情况	接通电话	司机手持联控电话,点击"联控显示屏"中的"行调"按键,接通电话		
		报告行车调度员	司机在"联控显示屏"中点击选择语句:"行调,××次列车在××站—××站上/下行区间发现隧道积水未没过轨面,现已停车。"口呼语句后,点击"完毕"按钮		
		行车调度员回复	行车调度员在"联控显示屏"中点击选择语句:"××次,以(或转)人工驾驶模式,限速 15km/h 通过积水区段后,恢复正常运行。"		
		司机复诵	司机在"联控显示屏"中点击选择语句:"××次,以(或转)人工驾驶模式,限速 15 km/h 通过积水区段后,恢复正常运行,司机明白。"口呼语句后,点击"完毕"按钮		
		结束通话	挂断电话		

续表

序号	作业步骤	作业内容	作业标准	是否执行	是否规范
5	以限速 15 km/h 通过积水区段	采用人工驾驶,限速运行	在积水区段运行速度不大于 15 km/h		
6	恢复正常运行	恢复正常驾驶模式运行	通过积水区域后,恢复正常驾驶模式运行		
7	汇报行车调度员	接通电话	司机手持联控电话,点击"联控显示屏"中的"行调"按键,接通电话		
		报告行车调度员	司机在"联控显示屏"中点击选择语句:"行调,××次已限速通过积水区段,现已恢复正常运行。"口呼语句后,点击"完毕"按钮		
		行车调度员回复	行车调度员在"联控显示屏"中点击选择语句:"××次,已限速通过积水区段,现已恢复正常运行,行调收到。"口呼语句后,点击"完毕"按钮		
		结束通话	挂断电话		

微课
区间乘客报警应急处理

虚拟仿真
乘客紧急报警

任务评价

班级		学习小组		
姓名		学号		
任务名称		突发灾难灾害应急处理		

序号	评价内容	评价标准	分值	评价方式	得分
1	自主学习能力	在线课程学习时间和进度符合要求	10	师评	
		作业上交及时,准确度高	10	师评	
		积极参与在线讨论,有效回帖 5 个以上	5	机评	
2	应知应会知识	知识掌握全面、准确	10	机评	
3	区间列车火灾(能维持进站)应急处理	应急处理流程正确	16	机评	
		呼唤应答动作规范,内容清晰、准确	5	师评	
4	区间隧道积水应急处理	应急处理流程正确	16	机评	
		呼唤应答动作规范,内容清晰、准确	5	师评	
5	完成时间	10 min 内完成应知应会考试	3	机评	
		20 min 内完成突发火灾及区间隧道积水应急处理作业操作	3	机评	
6	团队合作	能与团队成员合作,共同完成工作任务	1	自评	
			1	互评	
			1	师评	
7	执行力	能服从老师、组长的安排	2	自评	
			2	互评	
			3	师评	
8	纪律责任意识	遵章守纪,有较强的责任意识	2	自评	
			2	互评	
			3	师评	

 任务反思

1. 遇突发灾难灾害,司机在向行车调度员汇报时,有哪些注意事项?

2. 如果司机在站台作业时发现车站起火,应如何处理?

警钟长鸣

韩国大邱地铁火灾惨案

2003 年 2 月 18 日 9 时 54 分,一名男性乘客在韩国大邱 1079 次地铁列车运行至中央路站时,点燃了随身携带的两个装满汽油的塑料瓶。火势未在第一时间得到控制,引燃列车内座椅包裹的丝绒材料,火势迅速蔓延。

9 时 56 分,该列车火势持续蔓延,司机崔某只顾逃命,没有及时向中央控制室报告火灾的情况,也没有采取有效措施帮助乘客逃生。此时,1080 次列车正在接近中央路站,但地铁控制中心的 3 名当班人员,无视警报器发出的警报,没有对 1080 次列车下达停驶的调度指令,只下达了注意运行的指令。

9 时 58 分,1080 次列车驶入中央路站,列车进站后,也被引燃起火。司机接到指挥中心发来的火灾警报后,广播通知乘客"发生火灾,请乘客暂时等候",并尝试着将车开出中央路站,可电力系统极不稳定,时有时无,列车已经无法启动。司机在极度恐惧下拔出了主控钥匙逃跑,列车完全断电,车门无法打开,紧闭的车厢门将 1080 号列车内乘客的逃生希望掐断。

事故最终导致 198 人死亡,146 人受伤,造成的财产损失高达 47 亿韩元(约合 2 500 万元人民币)。两名列车司机因为渎职致人死亡分别被判处 4 年和 5 年监禁,3 名控制中心工作人员也分别获刑。

任务 6.2　乘客及站台突发事件应急处理

知识准备

一、车门/屏蔽门夹人夹物处理

1. 处理原则

(1)站台岗应在站台两端的"紧急停车"按钮处值岗,车门和屏蔽门关闭之际,应尽可能确认是否有夹人夹物;发现夹人夹物应及时向司机显示停车手信号,并按压"紧急停车"按钮。

(2)行车值班员在列车到站期间应加强监控,观察站台岗是否有异常,需要时可按下 IBP 盘上的"紧急停车"按钮。

(3)司机在关门期间应重点监控是否有抢上、抢下乘客,如有,不要急于动车,应重点观察站台岗是否显示停车手信号。

(4)列车车门夹人夹物动车后应及时汇报清楚,并由司机统一处理,车站不得开启屏蔽门或应急门来处理该情况。司机动车后接到夹人夹物处理命令后,应先进行客室广播再迅速前往现场处理。

(5)车站站台工作人员应熟记车站"紧急停车"按钮处对应的列车车厢号码和车门编号,便于及时准确地汇报。

（6）车站人员及时通知相关专业人员恢复站台"紧急停车"按钮盖板。

2. 列车未动车时车门/屏蔽门夹人夹物处理

站台岗处理程序：

（1）发现列车车门/屏蔽门夹人夹物且没有自动弹开释放时，立即就近按压"紧急停车"按钮。

（2）在赶赴现场察看的同时将情况报告列车控制室行车值班员。

（3）向司机显示停车手信号，示意司机重新打开车门/屏蔽门。

（4）将人或物撤出后，向列车控制室行车值班员报告，并向司机显示"好了"信号。

（5）值班站长到场后，协助调查处理。

行车值班员处理程序：

（1）发现异常或接到报告后，通知值班站长前往处理，并向行车调度员汇报。

（2）利用 CCTV 观察现场情况。

（3）需要时，通知公安或地铁执法人员到场协调处理。

（4）接到人或物撤出通知后，取消紧急停车指令，并汇报行车调度员。

值班站长处理程序：

（1）赶赴现场处理，调查事件原因。

（2）如发生乘客受伤事故，按乘客受伤处理程序办理。

（3）若是因乘客抢上抢下造成夹人夹物时，寻找目击证人，并记录详细资料。

（4）事件处理完毕后，将有关情况通报行车调度员。同时对乘客进行教育；对沟通有困难的乘客，可通知公安或地铁执法人员到场协调处理。

司机处理程序：

（1）如接到报告或观察到夹人夹物后，应重新打开车门和屏蔽门，待人和物撤离后，再关闭车门和屏蔽门。

（2）如司机发现而站台岗未发现夹人夹物处所时，应通知列车控制室行车值班员。

（3）凭站台岗"好了"信号，关闭车门和屏蔽门，确认车门/屏蔽门无夹人夹物、屏蔽门和车门之间空隙无滞留人或物。

（4）凭行车调度员指令动车。

3. 列车已动车时车门/屏蔽门夹人夹物处理

站台岗处理程序：

（1）发现列车车门/屏蔽门夹人夹物时，若列车已起动，立即就近按压"紧急停车"按钮。

（2）立即将情况报告列车控制室行车值班员，如列车尚未出站且所在位置在站台有效范围内，应前往夹人夹物现场了解情况并处理。

（3）如列车未停车，应立即报列车控制室行车值班员。

行车值班员处理程序：

（1）发现异常或接到报告后，立即向行车调度员汇报，并通知值班站长到现场处理。如列车未停止运行，应立即向行车调度员汇报；不能立即与行车调度员通话时，应通知前方站扣停列车进行处理。

（2）利用 CCTV 观察现场情况。需要时，通知公安或地铁执法人员到场协调处理。

（3）接到行车调度员通知后，取消紧急停车指令，恢复正常运作。

值班站长处理程序：

（1）赶赴现场，协助司机进行处理。

（2）调查事件原因，并检查是否对车站设备造成影响，将有关情况通报行车调度员。

行车调度员处理程序：

（1）接到报告后，通知司机前往现场处理。

（2）通知前方站安排人员到指定车厢了解情况，采取相应的处理措施。

（3）接司机夹人夹物处理完毕的报告后，通知车站取消紧急停车，指示司机动车。

（4）对设备造成影响时，还应通知相关部门前往处理，指示后续列车的运行。

司机处理程序：

（1）列车产生不明原因紧急制动后，汇报行车调度员（如运行中获知夹人夹物信息应立即停车）。

（2）接到车站或行车调度员（乘客报警）有关夹人夹物处理指示后确认具体位置，做好乘客广播安抚工作。

（3）携带手持台前往现场，采用单个车门解锁处理（解锁前要确保附近乘客的安全）。

（4）处理完毕，恢复车门，汇报行车调度员，凭行车调度员指令动车。

针对车门/屏蔽门夹人夹物突发事件，司机应急处理程序如图 6-3 所示。

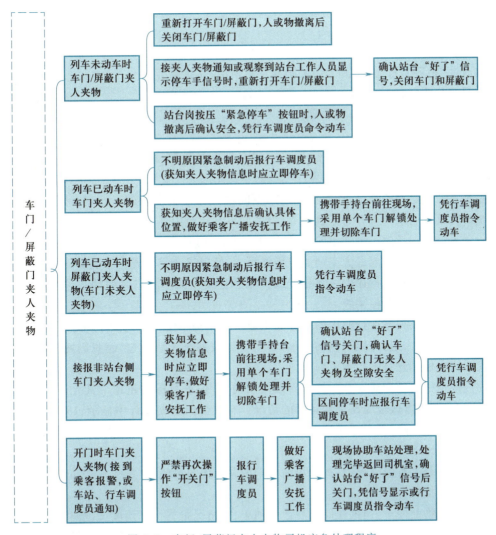

图 6-3　车门/屏蔽门夹人夹物司机应急处理程序

二、区间乘客报警应急处理

1. 处理原则

列车运行中出现乘客报警时,司机应维持列车进站,进站停车后,立即开门并保持车门开启状态。

2. 处理程序

列车在区间或在进站中(车辆头部在站台):

(1)通过"乘客紧急通话"和 CCTV 画面了解情况,安抚乘客。

(2)报行车调度员。

(3)维持进站,通知车站处理。

列车在站台:

(1)通过"乘客紧急通话"和 CCTV 画面了解情况,安抚乘客。

(2)报行车调度员。

(3)打开车门、屏蔽门,通知车站处理。

(4)确认车站"好了"信号,关门。

列车出站中(车辆尾部在站台):

(1)通过"乘客紧急通话"和 CCTV 画面了解情况,安抚乘客。

(2)报行车调度员。

(3)维持进下一站,通知车站处理。

三、异物侵限应急处理

1. 限界和侵限

限界是一种规定的轮廓线,该轮廓线内的空间就是保证城市轨道交通列车安全运行所需的空间。城市轨道交通限界可分为车辆限界、设备限界和建筑限界。

车辆限界是指在考虑车辆基本轮廓结构的基础上,同时考虑其在运行过程中所产生的横向和竖向晃动的偏移量所形成最大空间的包络线尺寸,所以这个尺寸要比车辆实际的尺寸大。

设备限界是车辆在运行途中一系悬挂或二系悬挂发生故障状态时的动态包络线,用以限制安装设备不得侵入的一条控制线。

建筑限界是指供列车运行使用的所有固定建筑物结构不侵入到地铁车辆运行范围内的一个边界值,一旦侵入这个边界,轻则擦伤列车,重则可导致列车无法通过,而我们通常看到的站台,其边缘就应当在控制建筑限界范围内。

异物侵限是指轨道交通安全运行的界限范围内,有任意目标物超越了其允许的轮廓尺寸安全范围,影响列车在本区段线路正常运营的情况。有关部门数据统计中显示,153 起城市轨道交通运营事故中,由于异物侵限造成列车脱轨的比例比人为原因造成列车脱轨的比例更高。

2. 异物侵限处理程序

(1)发现线路上有侵限异物,视现场情况采取紧急停车措施。

(2)广播安抚乘客。

(3)若在异物前停车,司机在停车后严禁动车,将情况报告行车调度员,按其指示执行。

(4)若列车已越过异物,报行车调度员并通知车站协助,按行车调度员的指示执行。

四、区间有人应急处理程序

1. 处理原则

发现有人在运行区间时,视现场情况采取紧急停车措施,报行车调度员并做好广播安抚乘客工作;同时加强与行车调度员、车站的沟通,加强对事发区间的瞭望。

2. 处理程序

司机在驾驶列车运行过程中发现有人在线路时,如客车仍没有进入该区间,则立即停车,报告行车调度员,按其指令办理,并做好广播安抚乘客工作。如果车辆已经进入该区间,处理程序如下:

(1)立即紧急制动停车。

(2)联控行车调度员,向其报告列车位置及应急情况。

(3)施加停放制动,拔下并携带"主控钥匙",下车将人员带上列车。

(4)联控行车调度员,申请恢复运行。

(5)启动列车,恢复运行。

任务实施

1. 车门夹人夹物应急处理作业工单

班级		学习小组	
姓名		学号	
任务名称	车门夹人夹物应急处理作业		
完成时间	年　月　日　时　分至　时　分		
任务用时	分钟		
任务描述	以小组为单位,组员分别扮演列车司机、行车调度员、站务员、考核员,司机严格按照作业流程和标准进行车门夹人夹物应急处理作业,考核员按标准进行考核评价		
任务要求	1. 应急处理操作流程正确:作业内容及步骤完整、正确,无漏项 2. 应急处理方法正确、规范,处理过程中需规范执行呼唤应答 3. 与相关岗位联控时使用标准用语		

任务实施

序号	作业步骤	作业内容	作业标准	是否执行	是否规范
1	立即按压"重开门"按钮打开车门	发现车门夹人,(3 s内)开门	及时操作"重开门"按钮打开车门		
2	通知车站站务员协调处理	接通电话	司机手持联控电话,点击"联控显示屏"中的"车站"按键,接通电话		
		通知车站站务员	司机在"联控显示屏"中点击选择语句:"车站,××次关门作业时车门夹人,车门已打开,请求协助处理。"口呼语句后,点击"完毕"按钮		
		车站站务员回复	站务员在"联控显示屏"中点击选择语句:"××次车门夹人,请求协助处理,车站收到。"		
		结束通话	挂断电话		
3	报告行车调度员车门夹人	接通电话	司机手持联控电话,点击"联控显示屏"中的"行调"按键,接通电话		
		报告行车调度员	司机在"联控显示屏"中点击选择语句:"行调,××次在××站,因车门夹人,临时停车处理。"口呼语句后,点击"完毕"按钮		
		行车调度员回复	行车调度员在"联控显示屏"中点击选择语句:"××次在××站,因车门夹人,临时停车处理,行调收到。"口呼语句后,点击"完毕"按钮		
		结束通话	挂断电话		

续表

序号	作业步骤	作业内容	作业标准	是否执行	是否规范
4	广播安抚乘客	紧急广播	通过"车辆显示屏"选择播放预置的"临时停车"紧急广播		
5	待车站救助完成后,确认"好了"信号	手指口呼	手指口呼:"'好了'信号有。"		
6	关闭车门和屏蔽门	关闭车门和屏蔽门	关闭车门和屏蔽门		
7	报告行车调度员,申请恢复运行	接通电话	司机手持联控电话,点击"联控显示屏"中的"行调"按键,接通电话		
		报告行车调度员	司机在"联控显示屏"中点击选择语句:"行调,××次在××站,车门夹人已处理完毕,申请恢复运行。"口呼语句后,点击"完毕"按钮		
		行车调度员回复	行车调度员在"联控显示屏"中点击选择语句:"××次在××站,车门夹人已处理完毕,申请恢复运行,行调同意。"口呼语句后,点击"完毕"按钮		
		结束通话	挂断电话		
8	启动列车,恢复正常运行	恢复运行	启动列车恢复运行		

2. 区间乘客报警应急处理作业工单

班级		学习小组	
姓名		学号	
任务名称	区间乘客报警应急处理作业		
完成时间	年　月　日　时　分至　时　分		
任务用时	分钟		
任务描述	以小组为单位,组员分别扮演列车司机、行车调度员、站务员、考核员,司机严格按照作业流程和标准进行区间乘客报警应急处理作业,考核员按标准进行考核评价		
任务要求	1. 应急处理操作流程正确:作业内容及步骤完整、正确,无漏项 2. 应急处理方法正确、规范,处理过程中需规范执行呼唤应答 3. 与相关岗位联控时使用标准用语 4. 在与乘客沟通时,要时刻秉承服务第一意识		

任务实施

序号	作业步骤	作业内容	作业标准	是否执行	是否规范
1	确认乘客报警	确认报警信息	点击"车辆显示屏",查看"乘客报警"界面		
		手指口呼	手指口呼:"××车厢乘客报警。"		
2	与乘客通话	接通乘客对讲	司机按压"乘客对讲"按钮接通对讲		
		乘客语音	"车上有人晕倒,需要救治。"		
		回复乘客	"请照顾好病人,待列车进站后,马上安排人员救治。"		
3	报告行车调度员列车位置及乘客报警情况	接通电话	司机手持联控电话,点击"联控显示屏"中的"行调"按键,接通电话		
		报告行车调度员	司机在"联控显示屏"中点击选择语句:"行调,××次列车在××站—××站上/下行区间车厢有乘客晕倒,需在前方站停车,请求救助。"口呼语句后,点击"完毕"按钮		
		行车调度员回复	行车调度员在"联控显示屏"中点击选择语句:"××次,车厢内有乘客晕倒,需在前方站停车,请求救助,行调收到。"口呼语句后,点击"完毕"按钮		
		结束通话	挂断电话		
4	维持列车进站对标停车,打开车门和屏蔽门	站台作业	列车进站对标停车后,打开车门和屏蔽门		

续表

序号	作业步骤	作业内容	作业标准	是否执行	是否规范
5	通知车站站务员协助处理	接通电话	司机手持联控电话,点击"联控显示屏"中的"车站"按键,接通电话		
		通知车站站务员	司机在"联控显示屏"中点击选择语句:"站台,××方向列车,××车厢乘客晕倒,请求救助。"口呼语句后,点击"完毕"按钮		
		车站站务员回复	站务员在"联控显示屏"中点击选择语句:"××方向列车,××车厢乘客晕倒,请求救助,站台收到。"口呼语句后,点击"完毕"按钮		
		结束通话	挂断电话		
6	广播安抚乘客	紧急广播	通过"车辆显示屏"选择播放预置的"临时停车"紧急广播		
7	确认车站人员给出乘客救援完毕信号	眼看、手指	眼看、手指"好了"信号提醒信息		
		口呼	口呼:"'好了'信号有。"		
8	报告行车调度员	接通电话	司机手持联控电话,点击"联控显示屏"中的"行调"按键,接通电话		
		报告行车调度员	司机在"联控显示屏"中点击选择语句:"行调,××次列车在××站车厢乘客已救治完毕,申请恢复运行。"口呼语句后,点击"完毕"按钮		
		行车调度员回复	行车调度员在"联控显示屏"中点击选择语句:"××次,申请恢复运行,行调同意。"口呼语句后,点击"完毕"按钮		
		结束通话	挂断电话		
9	启动列车,恢复正常运行	恢复运行	启动列车恢复运行		

3. 异物侵限应急处理作业工单

班级		学习小组	
姓名		学号	
任务名称	异物侵限应急处理作业		
完成时间	年　月　日　时　分至　时　分		
任务用时	分钟		
任务描述	以小组为单位,组员分别扮演列车司机、行车调度员、考核员,司机严格按照作业流程和标准进行异物侵限应急处理作业,考核员按标准进行考核评价		
任务要求	1. 向行车调度员汇报时要注意标准用语,普通话标准,汇报完整 2. 准备下车清除异物时注意施加停放制动,并拔下主控钥匙 3. 恢复运行前要及时报告行车调度员		

任务实施

序号	作业步骤	作业内容	作业标准	是否执行	是否规范
1	立即停车	停车作业	发现轨行区有异物侵限时,立即制动停车		
2	广播安抚乘客	紧急广播	通过"车辆显示屏"选择播放预置的"临时停车"紧急广播		
3	报告行车调度员列车位置及应急情况	接通电话	司机手持联控电话,点击"联控显示屏"中的"行调"按键,接通电话		
		报告行车调度员	司机在"联控显示屏"中点击选择语句:"行调,××次列车在××站—××站上/下行区间发现异物侵限,列车迫停区间,申请下车清除异物。"口呼语句后,点击"完毕"按钮		
		行车调度员回复	行车调度员在"联控显示屏"中点击选择语句:"××次,申请下车清除异物,行调同意。"口呼语句后,点击"完毕"按钮		
		结束通话	挂断电话		
4	下车清除异物	清除异物作业	(1)按下"停放制动施加"按钮,施加停放制动 (2)拔下并携带主控钥匙 (3)通过列车模拟终端下车清除异物		

续表

序号	作业步骤	作业内容	作业标准	是否执行	是否规范
5	报告行车调度员，恢复运行	接通电话	司机手持联控电话，点击"联控显示屏"中的"行调"按键，接通电话		
		报告行车调度员	司机在"联控显示屏"中点击选择语句："行调，××次列车在××站—××站上/下行区间侵限异物已清除，申请恢复运行。"口呼语句后，点击"完毕"按钮		
		行车调度员回复	行车调度员在"联控显示屏"中点击选择语句："××次，申请恢复运行，行调同意。"口呼语句后，点击"完毕"按钮		
		结束通话	挂断电话		
6	启动列车，恢复正常运行	恢复运行	启动列车恢复运行		

4. 区间有人应急处理作业工单

班级		学习小组	
姓名		学号	
任务名称	区间有人应急处理作业		
完成时间	年　月　日　时　分至　时　分		
任务用时	分钟		
任务描述	以小组为单位,组员分别扮演列车司机、行车调度员、考核员,司机严格按照作业流程和标准进行区间有人应急处理作业,考核员按标准进行考核评价		
任务要求	1. 报告行车调度员,通知车站,做好临时停车广播 2. 下车时注意施加停放制动并拔下主控钥匙 3. 确认当事人出清线路后,向行车调度员报告		

任务实施

序号	作业步骤	作业内容	作业标准	是否执行	是否规范
1	立即停车	停车作业	发现区间有人,立即制动停车		
2	广播安抚乘客	紧急广播	通过"车辆显示屏"选择播放预置的"临时停车"紧急广播		
3	报告行车调度员列车位置及应急情况	接通电话	司机手持联控电话,点击"联控显示屏"中的"行调"按键,接通电话		
		报告行车调度员	司机在"联控显示屏"中点击选择语句:"行调,××次列车在××站—××站上/下行区间发现有人,不影响运营,未与人员碰撞。"口呼语句后,点击"完毕"按钮		
		行车调度员回复	行车调度员在"联控显示屏"中点击选择语句:"××次,司机下车将人员带上列车。"口呼语句后,点击"完毕"按钮		
		司机复诵	司机在"联控显示屏"中点击选择语句:"××次,下车将人员带上列车,司机明白。"口呼语句后,点击"完毕"按钮		
		结束通话	挂断电话		
4	下车将人员带上列车	清除人员	(1)按下"停放制动施加"按钮,施加停放制动 (2)拔下并携带主控钥匙 (3)通过列车模拟终端下车将人员带上列车		

续表

序号	作业步骤	作业内容	作业标准	是否执行	是否规范
5	报告行车调度员，恢复运行	接通电话	司机手持联控电话，点击"联控显示屏"中的"行调"按键，接通电话		
		报告行车调度员	司机在"联控显示屏"中点击选择语句："行调，××次列车在××站—××站上/下行区间人员已带上列车，申请恢复运行。"口呼语句后，点击"完毕"按钮		
		行车调度员回复	行车调度员在"联控显示屏"中点击选择语句："××次，申请恢复运行，行调同意。"口呼语句后，点击"完毕"按钮		
		结束通话	挂断电话		
6	启动列车，恢复正常运行	恢复运行	启动列车恢复运行		

微课
区间有人应急处理

技能竞赛
区间有人应急处理

任务评价

班级		学习小组			
姓名		学号			
任务名称		乘客及站台突发事件应急处理			

序号	评价内容	评价标准	分值	评价方式	得分
1	自主学习能力	在线课程学习时间和进度符合要求	8	师评	
		作业上交及时,准确度高	8	师评	
		积极参与在线讨论,有效回帖 5 个以上	5	机评	
2	应知应会知识	知识掌握全面、准确	10	机评	
3	车门夹人夹物应急处理	应急处理流程正确	9	机评	
		呼唤应答动作规范,内容清晰、准确	3	师评	
4	区间乘客报警应急处理	应急处理流程正确	9	机评	
		呼唤应答动作规范,内容清晰、准确	3	师评	
5	异物侵限应急处理	应急处理流程正确	9	机评	
		呼唤应答动作规范,内容清晰、准确	3	师评	
6	区间有人应急处理	应急处理流程正确	9	机评	
		呼唤应答动作规范,内容清晰、准确	3	师评	
7	完成时间	10 min 内完成应知应会考试	3	机评	
		20 min 内完成乘客及站台突发事件应急处理操作	3	机评	
8	团队合作	能与团队成员合作,共同完成工作任务	1	自评	
			1	互评	
			1	师评	
9	执行力	能服从老师、组长的安排	2	自评	
			2	互评	
			2	师评	
10	纪律责任意识	遵章守纪,有较强的责任意识	2	自评	
			2	互评	
			2	师评	

 任务反思

1. 当发生区间乘客报警突发事件时,司机在与乘客沟通的过程中有哪些技巧?

2. 如果列车已经启动时发现车门夹人夹物,司机应如何处理?

 榜样力量

及时发现、快速处理,迎刃而解

2020 年 10 月 26 日,正值晚高峰,上海地铁 1 号线上有一名男乘客因为在车门关闭警告灯亮起后仍继续上车,被夹在屏蔽门与列车之间,如图 6-4 所示。站务员发现后,立即按压附近的"紧急停车"按钮,锁定列车,并用对讲机快速报告,司机接收指令后重新打开屏蔽门,乘客最终顺利解困,整个过程只用了 2 min。

图 6-4　屏蔽门与列车之间夹人

任务 6.3　设备异常突发事件应急处理

 知识准备

一、接触网有异物应急处理

发现进路前方的接触网上有异物时,司机应立即采取停车措施,拉快速制动停车,停车后依据列车的停放位置及图 6-5 所示程序进行相关处理。

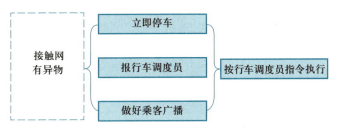

图 6-5　接触网有异物应急处理程序

1. 在异物前停车时司机的处理
(1)在站台时报告行车调度员和车站值班员,听从事故处理主任的指挥。
(2)在区间时将情况报告行车调度员,做好临时停车广播工作。

2. 在异物后停车时司机的处理
(1)列车停在站台时　网压显示正常时,司机降下后端受电弓,以限速 5 km/h 对标停车并注意监听有无异响,停车后听从事故处理主任和行车调度员的指挥;网压显示不正常或有其他异常情况时,司机停车后听从事故处理主任和行车调度员的指挥。

(2)列车停在区间时　网压显示正常(包括前端受电弓越过接触网的情况)时,司机降下后端受电弓,以限速 5 km/h 通过,并密切监控列车状态;网压显示不正常或有其他异常情况时,司机停车后听从事故处理主任和行车调度员的指挥。

二、接触网(轨)大面积停电应急处理

列车运行过程中,遭遇工作失误、设备状态不良或自然灾害导致的接触网(轨)大面积停电时,司机应执行图 6-6 所示程序。

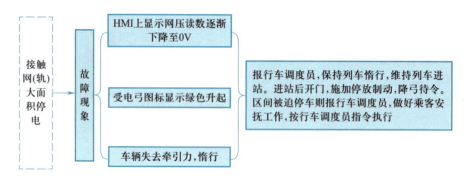

图 6-6　接触网(轨)大面积停电应急处理程序

1. 处理时机

(1) 接到行车调度员的接触网(轨)停电通知时。

(2) 当列车车辆显示网压状态异常,列车无牵引力,伴随牵引控制单元出现异常,且与行车调度员确认接触网(轨)停电时。

2. 处理要点

(1) 司机发现列车无网压,报行车调度员维持进站对标停车待令。

(2) 如列车被迫在区间停车时,播放临时停车广播,听从行车调度员指挥。

(3) 原则上预计停电时间超过 20 min 时,行车调度员按照 30 min 内无法恢复动车处理。经运营主管安全副总同意后,应组织隧道清客,疏散乘客。司机降下受电弓,关蓄电池,在后端司机室设置红闪灯防护。

三、车门关闭时屏蔽门不联动应急处理

1. 车门与屏蔽门开门联动条件

(1) 列车停站到位　当列车停车后,车载信号系统计算出列车的对位停车精度偏差在±50 cm的范围内,信号系统将认为列车已停车到位,将在车载司机显示单元中给出"列车停车到位"信息;如偏差超出±50 cm 的范围,则不会给出"列车停车到位"信息,车门和屏蔽门不能联动打开。

(2) 零速检测　信号系统检测到列车牵引已经切除时,实施保持制动,并且信号车载系统所测得的列车速度小于 0.5 km/h。

(3) 开门使能信号　当列车停车到位后,信号车载设备将不间断地向信号轨旁移动授权单元发送开门使能信号。

2. 车门与屏蔽门关门联动条件

(1) 列车停站到位。

(2) 信号车载设备接收到有效的关门命令,取消开门使能信号。

任务实施

1. 接触网有异物应急处理作业工单

班级		学习小组	
姓名		学号	
任务名称	接触网有异物应急处理作业		
完成时间	年　　月　　日　　时　　分至　　时　　分		
任务用时	分钟		
任务描述	以小组为单位,组员分别扮演列车司机、行车调度员、考核员,司机严格按照作业流程和标准进行接触网有异物应急处理作业,考核员按标准进行考核评价		
任务要求	1. 应急处理操作流程正确:作业内容及步骤完整、正确,无漏项 2. 应急处理方法正确、规范,处理过程中需规范执行呼唤应答 3. 与相关岗位联控时使用标准用语		

任务实施

序号	作业步骤	作业内容	作业标准	是否执行	是否规范
1	立即紧急停车	及时采取紧急停车措施	立即按压"紧急停车"按钮停车		
2	施加停放制动	施加停放制动	列车停稳后,按压"停放制动施加"按钮,施加停放制动		
3	广播安抚乘客	紧急广播	通过"车辆显示屏"选择播放预置的"临时停车"紧急广播		
4	报告行车调度员列车位置及应急情况	接通电话	司机手持联控电话,点击"联控显示屏"中的"行调"按键,接通电话		
		报告行车调度员	司机在"联控显示屏"中点击选择语句:"行调,××次列车在××站—××站上/下行区间发现接触网挂有异物,影响行车,列车已降弓停车。"口呼语句后,点击"完毕"按钮		
		行车调度员回复	行车调度员在"联控显示屏"中点击选择语句:"××次,做好乘客安抚工作,等待检修人员到达清除异物。"口呼语句后,点击"完毕"按钮		
		司机复诵	司机在"联控显示屏"中点击选择语句:"××次,做好乘客安抚工作,等待检修人员到达清除异物,司机明白。"口呼语句后,点击"完毕"按钮		
		结束通话	挂断电话		

续表

序号	作业步骤	作业内容	作业标准	是否执行	是否规范
5	人工广播安抚乘客	播放广播	按压"广播"按钮		
		口呼	司机口呼:"各位乘客,由于前方接触网挂有异物,列车暂时无法通行,检修人员正在清理,请您耐心等待,多谢合作。"		
6	接收行车调度员命令并复诵	(行车调度员在接到异物清除信息后通知司机)接通电话	行车调度员手持联控电话,点击"联控显示屏"中的"司机"按键,接通电话		
		行车调度员通知司机	行车调度员在"联控显示屏"中点击选择语句:"××次,接触网异物已清除,恢复正常运行。"口呼语句后,点击"完毕"按钮		
		司机复诵	司机在"联控显示屏"中点击选择语句:"××次,接触网已清除异物,恢复正常运行,司机明白。"口呼语句后,点击"完毕"按钮		
		结束通话	挂断电话		
7	启动列车准备工作	升起受电弓	按下"受电弓升"按钮,升起受电弓,"受电弓升"灯亮		
		合上主断路器	按下"主断合"按钮,闭合主断路器,"主断合"灯亮		
		缓解停放制动	按下"停放制动缓解"按钮,缓解停放制动,"停放制动缓解"灯亮		
8	启动列车,恢复正常运行	恢复运行	启动列车恢复运行		

微课
接触网挂有异物应急处理

虚拟仿真
接触网挂有异物应急处理

技能竞赛
接触网挂有异物应急处理

2. 区间无电应急处理作业工单

班级		学习小组	
姓名		学号	
任务名称		区间无电应急处理作业	
完成时间		年 月 日 时 分至 时 分	
任务用时		分钟	
任务描述		以小组为单位,组员分别扮演列车司机、行车调度员、站务员、考核员,司机严格按照作业流程和标准进行区间无电应急处理作业,考核员按标准进行考核评价	
任务要求		1. 应急处理操作流程正确:作业内容及步骤完整、正确,无漏项 2. 应急处理方法正确、规范,处理过程中需规范执行呼唤应答 3. 与相关岗位联控时使用标准用语	

任务实施

序号	作业步骤	作业内容	作业标准	是否执行	是否规范
1	广播安抚乘客	紧急广播	通过"车辆显示屏"选择播放预置的"临时停车"紧急广播		
2	确认接触网无网压	确认接触网无网压	点击"车辆显示屏",查看网压及受电弓状态,确认接触网无网压		
3	报告行车调度员列车位置及应急情况	接通电话	司机手持联控电话,点击"联控显示屏"中的"行调"按键,接通电话		
		报告行车调度员	司机在"联控显示屏"中点击选择语句:"行调,××次列车在××站—××站上/下行区间受电弓在升弓状态,列车无网压,列车迫停区间。"口呼语句后,点击"完毕"按钮		
		行车调度员回复	行车调度员在"联控显示屏"中点击选择语句:"××次,待车站人员到达,执行区间疏散程序。"口呼语句后,点击"完毕"按钮		
		司机复诵	司机在"联控显示屏"中点击选择语句:"××次,待车站人员到达,执行区间疏散程序,司机明白。"口呼语句后,点击"完毕"按钮		
		结束通话	挂断电话		
4	施加停放制动,降下受电弓	施加停放制动;降下受电弓	按下"停放制动施加"按钮,施加停放制动,"停放制动施加"灯亮。按下"受电弓降"按钮,降下受电弓,"受电弓降"灯亮		

续表

序号	作业步骤	作业内容	作业标准	是否执行	是否规范
5	确认站务员到达，打开车门	站务员到达打开车门，开启列车头灯远光	前向视景显示器中弹出"车站人员已到达"提醒信息后，打开疏散平台侧第一个客室车门，并开启列车头灯远光		
6	广播疏散乘客	紧急广播	通过"车辆显示屏"选择播放预置的"列车区间疏散"紧急广播		
7	疏散完毕后，恢复车门	眼看、手指	眼看、手指前向视景显示器中弹出的"乘客疏散完成"提醒信息		
		口呼	司机口呼："乘客疏散完成。"		
		恢复车门	通过列车模拟终端手动恢复车门		
8	接收行车调度员命令并复诵	接通电话	行车调度员手持联控电话，点击"联控显示屏"中的"司机"按键，接通电话		
		行车调度员通知司机	行车调度员在"联控显示屏"中点击选择语句："××次，接触网已恢复供电，司机恢复正常运行。"口呼语句后，点击"完毕"按钮		
		司机复诵	司机在"联控显示屏"中点击选择语句："接触网已恢复供电，司机恢复正常运行，司机明白。"口呼语句后，点击"完毕"按钮		
		结束通话	挂断电话		
9	启动列车准备工作	升起受电弓	按下"受电弓升"按钮，升起受电弓，"受电弓升"灯亮；点击"车辆显示屏"，查看网压正常		
		合上主断路器	按下"主断合"按钮，闭合主断路器，"主断合"按钮灯亮		
		缓解停放制动	按下"停放制动缓解"按钮，缓解停放制动，"停放制动缓解"灯亮		
10	列车启动，恢复正常运行	恢复运行	启动列车恢复运行		

技能竞赛

区间无电
应急处理

3. 车门关闭时屏蔽门不联动应急处理作业工单

班级		学习小组	
姓名		学号	
任务名称		车门关闭时屏蔽门不联动应急处理作业	
完成时间		年　　月　　日　　时　　分至　　时　　分	
任务用时		分钟	
任务描述		以小组为单位,组员分别扮演列车司机、行车调度员、站务员、考核员,司机严格按照作业流程和标准进行车门关闭时屏蔽门不联动应急处理作业,考核员按标准进行考核评价	
任务要求		1. 应急处理操作流程正确:作业内容及步骤完整、正确,无漏项 2. 应急处理方法正确、规范,处理过程中需规范执行呼唤应答 3. 与相关岗位联控时使用标准用语	

任务实施

序号	作业步骤	作业内容	作业标准	是否执行	是否规范
1	查看"门全关且锁紧"指示灯状态	眼看、手指	眼看、手指就地控制盘"门全关且锁紧"指示灯		
		口呼	司机口呼:"站台门未关好。"		
2	重新开关门一次查看站台门是否关好	重开门作业	司机按压"开左(右)门"按钮,待车门打开后,再按压按钮保持 3 s 以上		
		眼看、手指	眼看、手指就地控制盘"门全关且锁紧"指示灯		
		口呼	司机口呼:"站台门未关好。"		
3	报告行车调度员列车位置及故障现象	接通电话	司机手持联控电话,点击"联控显示屏"中的"行车调度员"按键,接通电话		
		报告行车调度员	司机在"联控显示屏"中点击选择语句:"行调,××次在××站上/下行,关门作业时站台门不联动无法关闭,司机申请执行故障处理流程。"口呼语句后,点击"完毕"按钮		
		行车调度员回复	行车调度员在"联控显示屏"中点击选择语句:"××次,司机申请执行故障处理流程,行调同意。"口呼语句后,点击"完毕"按钮		
		结束通话	挂断电话		

续表

序号	作业步骤	作业内容	作业标准	是否执行	是否规范
4	广播安抚乘客	紧急广播	通过"车辆显示屏"选择播放预置的"临时停车"紧急广播		
5	PSL 作业	PSL 作业	操作就地控制盘钥匙开关至"PSL 允许"位		
6	按压就地控制盘"关门"按钮,并确认站台门状态	按压"关门"按钮	按压"关门"按钮		
		眼看、手指	眼看、手指就地控制盒"门全关且锁紧"指示灯		
		口呼	司机口呼:"站台门未关好。"		
7	就地控制盘作业	就地控制盘作业	操作就地控制盘钥匙开关至"自动"位		
8	通知车站站务员协助处理	接通电话	司机手持联控电话,点击"联控显示屏"中的"车站"按键,接通电话		
		通知车站站务员	司机在"联控显示屏"中点击选择语句:"站台,××方向列车,站台门无法关闭,请协助处理。"口呼语句后,点击"完毕"按钮		
		车站站务员回复	车站站务员在"联控显示屏"中点击选择语句:"××方向列车,站台门无法关闭,协助处理,站台收到。"口呼语句后,点击"完毕"按钮		
		结束通话	挂断电话		
9	就地控制盘作业	就地控制盘作业	车站站务员操作互锁接触开关并保持,直至列车完全出清站台		
10	启动列车	启动列车	在车站站务员操作互锁解除后,启动列车		

续表

序号	作业步骤	作业内容	作业标准	是否执行	是否规范
11	动车后，报行车调度员	接通电话	司机手持联控电话，点击"联控显示屏"中的"行调"按键，接通电话		
		报告行车调度员	司机在"联控显示屏"中点击选择语句："行调，××次在××站上/下行，车站人员协助操作互锁解除后，列车已正常运行。"口呼语句后，点击"完毕"按钮		
		行车调度员回复	行车调度员在"联控显示屏"中点击选择语句："××次，列车已正常运行，行调收到。"口呼语句后，点击"完毕"按钮		
		结束通话	挂断电话		

任务评价

班级		学习小组			
姓名		学号			
任务名称		设备异常突发事件应急处理			

序号	评价内容	评价标准	分值	评价方式	得分
1	自主学习能力	在线课程学习时间和进度符合要求	10	师评	
		作业上交及时,准确度高	10	师评	
		积极参与在线讨论,有效回帖5个以上	5	机评	
2	应知应会知识	知识掌握全面、准确	10	机评	
3	接触网有异物应急处理	应急处理流程正确	10	机评	
		呼唤应答动作规范,内容清晰、准确	5	师评	
4	区间无电应急处理	应急处理流程正确	10	机评	
		呼唤应答动作规范,内容清晰、准确	5	师评	
5	车门关闭时屏蔽门不联动应急处理	应急处理流程正确	10	机评	
		呼唤应答动作规范,内容清晰、准确	4	师评	
6	完成时间	10 min内完成应知应会考试	3	机评	
		20 min内完成设备异常突发事件应急处理操作	4	机评	
7	执行力	能服从老师、组长的安排	2	自评	
			2	互评	
			3	师评	
8	纪律责任意识	遵章守纪,有较强的责任意识	2	自评	
			2	互评	
			3	师评	

 任务反思

1. 接触网有异物和接触网停电的应急处理程序有哪些不同?

2. 车门和屏蔽门不联动时,司机应该如何应急处理?

警钟长鸣

司机瞭望不彻底,事件突发措手不及

某日,工程车司机李某、车长王某值乘 701 次列车,担任施工日补充计划作业。当列车以限速 5 km/h 运行至 X1502 信号机后方 10 m 处时,车长王某发现工程车车顶发出异响并有火花后立刻通知操作司机停车。列车停稳后司机与施工负责人共同确认事故为接触网上挂有带电警示标(如图 6-7 所示)并已侵限,造成工程车 G01 车顶烟囱被击穿,如图 6-8 所示。

造成此次事故的原因是:值乘司机对作业现场状况不熟悉,对新线线路状况复杂程度预想不够;列车运行过程中司机对进路瞭望不彻底,对接触网状态确认不到位,对"行车三要素:天、地、人"确认不到位。因此,司机在行车过程中,务必要一丝不苟、严谨规范,才能确保遇到异物侵限等突发事件时,能够进行及时、正确的处理,避免安全事故的发生。

图 6-7 接触网带电警示标侵限

图 6-8 车顶烟囱被击穿

任务7
非正常行车作业

【任务描述】

列车在运行过程中,可能会遭遇一些非正常情况,如暴雨、大风等恶劣天气,人员、设备侵限,信号、接触网等设备状态异常等。城市轨道交通列车司机在上述非正常情况下,必须正确判断它们对行车的影响,进而采取相应操作措施,以达到安全行车的目的。

本任务要求学生按照正确的流程及标准,在城市轨道交通车辆模拟驾驶系统中完成特殊天气下的行车、反方向运行、退行、推进运行、列车救援连挂等行车任务。

【知识目标】

1. 掌握特殊天气对行车的影响。
2. 掌握特殊情况下电话闭塞法行车的组织规则和司机驾驶注意事项。
3. 掌握列车反方向运行、退行、推进运行、列车救援连挂等非正常情况下的行车条件。
4. 掌握非正常情况下的行车组织规则。
5. 掌握非正常情况下的行车操作规范和注意事项。

【能力目标】

1. 遇到特殊天气时能进行正确的运行操作。
2. 能正确接收和记录行车调度员关于非正常情况下行车的调度命令。
3. 能规范进行列车反方向运行、退行、推进运行、列车救援连挂等非正常行车作业。

【素养目标】

1. 具备良好的心理素质和应急反应能力。
2. 养成严谨认真、一丝不苟的操作习惯。
3. 具有高度的安全、责任意识。

任务 7.1　特殊天气下的驾驶运行操作

 知识准备

正常情况下,大风、雨、雪、霜、雾仅对地面线路的操作运行造成影响,不会对地下线路的操作运行有较大影响(雨天可能造成积水渗漏),因此本任务的内容主要针对地面线路操作。

一、特殊天气对行车的影响

1. 特殊天气的相关规定

① 大风天:仅指因大风导致影响正常行车的天气。

② 雨天:仅指因下雨导致影响正常行车的天气。

③ 雪天:仅指下雪持续时间过长导致影响正常行车的天气。

④ 霜天:仅指轨面结冰厚度已经影响正常行车的天气。

⑤ 雾天:仅指能见度低于 100 m 时的浓雾天气。

2. 特殊天气的影响

(1) 大风天　大风是一种灾害性天气,给人们的生活带来许多不便,严重时还能造成巨大的生命财产损失。大风可颠覆车辆,使列车脱轨、失控和停驶。大风还可能将异物刮到车辆限界内,影响列车正常运营。

2011 年 8 月 9 日,大雨和大风将北京地铁 13 号线望京西至北苑区间运营正线围挡外的大树吹倒,树干和树枝砸在运营正线上,造成接触轨停电,抢险人员迅速赶到现场清理树干树枝。列车分两个区段运营,即西直门站至立水桥站、东直门站至望京西站维持运营,望京西站至立水桥站区间暂时无车。1 h 后,砸入区间的大树处理完毕,13 号线恢复正常运营。

随着科技的进步,目前广州地铁 4 号线车辆段控制中心使用的自动气象站实时资料正显示及报警系统可以"捕捉"风力强度,当风力达到 6 级时,系统会自动预警,不断提醒列车司机加强瞭望,密切观察轨行区是否有杂物影响行车;当风力达到 8 级时,车辆段控制中心的工作人员会根据气象指标要求司机限速运行;当风力达到 9 级后,车辆段控制中心会停止高架线路的列车运营。

(2) 雨天　雨天对安全行车的影响是巨大的。雨天司机的视线受阻,轨道黏着力变小,若不能正确控制列车牵引和制动就会造成车轮打滑;雨水还有可能浸泡正线地势较低处的部分电缆,造成电缆局部短路打火,影响电网正常供电;另外,雨天会造成地铁客流激增,这对客运服务是一个极大的挑战。

2021 年 7 月 20 日,河南省郑州市因持续遭遇极端特大暴雨,导致郑州地铁 5 号线五龙口停车场及其周边区域发生严重积水现象,如图 7-1 所示。18 时许,积水冲垮出入场线挡水墙,进入正线区间,导致郑州地铁 5 号线列车被洪水围困,在海滩寺站和沙口路站隧道列车停运。18:10,郑州地铁下达全线停运指令,组织力量,疏散群众,共疏散群众 500 余人。

(3) 雪、霜天　随着城市轨道交通地面线路的增加,雨、雪天气的考验逐渐严峻,出现大范围降雪和降霜时,可能会导致尖轨滑床板冰冻、尖轨与基本轨无法密贴、接触轨冰冻无法与受流器接触造成机车无电、钢轨冰冻造成车辆牵引制动受影响、乘客摔伤等。大雪天还会导致能见度下降、司机视线受阻,以及轨道黏着力变小,车轮易打滑。如图7-2所示为雪天的地面线路轨道情况。

（4）雾天　雾天能见度下降、瞭望距离不足,会影响司机的观察和判断,因此在雾天行车司机应更小心。在出车之前司机应准确地判断雾天当日的能见度,做到心中有数。能见度越小,驾驶时越要提高警惕。如图7-3所示为雾天的地面线路轨道情况。

大雾天可能会造成列车晚点现象。2006年11月21日,北京地铁13号线立水桥—霍营、上地—五道口两区段行车受到影响,造成大量乘客滞留车站。8:10~8:50的40 min高峰时间里,回龙观站和立水桥站分别进行了临时封闭,站前广场最多时挤满了上千人。地铁运营公司相关负责人介绍,当时立水桥—霍营、上地—五道口两区段的能见度仅为二三十米,司机不得不停车瞭望信号,造成早高峰一些列车晚点。

图7-1　洪水围困郑州地铁5号线

图7-2　雪天的地面线路轨道情况

图7-3　雾天的地面线路轨道情况

二、特殊天气下的列车运行操作

在车场及地面线路运行中遇恶劣的大风、雨、雪、霜、雾等特殊天气,影响行车安全时,司机应及时向行车调度员或相关站综控员报告,在乘务长(司机队长)的组织下严格听从行车调度员、信号楼值班员的命令并遵照执行。

1. 瞭望距离不足的操作

雾天、雨天和雪天都有可能造成司机在驾驶列车运行时瞭望距离不足。

列车在地面线路运行遇特殊情况,瞭望困难时,司机应及时将情况报告行车调度员或相关站综控员,必要时开启前照灯,适时鸣笛,适当降低速度。当看不清信号、道岔时,宁可停车确认也不可盲目臆测行车。

司机瞭望距离不足时的限速要求见表7-1。

表 7-1　司机瞭望距离不足时的限速要求

司机瞭望距离/m	列车运行限速/(km/h)
<100	50
<50	30
<30	15
<5	立即停车,与行车调度员或车站综控员联系,按其指示执行

在瞭望距离不足的条件下行车时,司机必须规范执行呼唤应答,一定要集中注意力,在通过岔区时应提前减速并观察信号显示灯光、道岔开通位置,确保信号、道岔正确;按标准使用车载电台或手持电台与行车调度员或车站综控员随时保持联络,报告当前的情况,以保证安全运行;在保证安全、正点的前提下,按规定速度运行;在运行中多鸣笛、鸣长笛进行警示,接近信号时速度要慢,控制好列车速度,随时准备停车。

车辆如出现故障,司机应在行车调度员的指挥下将列车维持到车站换车;如需要救援,也应将列车尽量维持到就近车站等待救援。

列车进行折返作业时,司机应将列车速度严格控制在 20 km/h 以下,当确认信号、道岔位置正确后,司机经呼唤应答方可动车。

各班乘务长应密切注意运转室列车自动控制系统(ATS)显示的车辆所在位置并通过车载电台、手持电台时刻与各车司机保持联系,以保证安全、正点地完成运营任务。

2. 遇雨天的操作

司机在雨天操纵列车时,应时刻观察线路情况并保持与行车调度员的联系,发现影响行车安全时应立即上报,不应贸然行车。当雨大影响视线时,司机应通过呼唤应答确认线路情况,保证列车正常运行。

司机使用司机控制器手柄进行牵引,当出现打滑时,应立即将手柄回到"惰行"位,等待速度正常后,再重新使用手柄进行低级位牵引。使用司机控制器手柄进行制动时,要适当延长制动距离,时刻警惕打滑现象。打滑时,不应使用"紧急制动"按钮,应使用低级位常用制动将速度控制好,根据情况追加或缓解,确保在规定位置停车。

司机驾驶列车经过线路上的岔区时,应提前减速并观察信号显示灯、道岔位置是否正确。

列车在运行中发现积水漫过道床排水沟时,如接触轨能正常供电,司机应以能随时停车的速度运行,并及时将情况报告给行车调度员或车站综控员。

因水灾造成路基塌陷、滑坡等危及行车安全时,应立即停车,将情况如实报告给行车调度员,按其指示执行。

3. 遇雪、冰霜的操作

司机在雪大、有冰霜的天气下操纵列车时,应时刻观察线路情况并保持与行车调度员的联系,发现影响行车安全时应立即上报,不应贸然行车。

从停车库出车,司机在确认降雪高度不超过接触轨但超过走行轨时,应立即与段、场信号楼值班员联系,待轨面出清后方可动车。

列车启动时,司机控制牵引各级位要顺序操作,严格遵守"逐级牵引"的要求,防止发生空转;如发生空转,应及时将司机控制器手柄退回"惰行"位,空转结束后方可继续操作运行。

在使用司机控制器手柄进行制动,接近下坡或将要进站时,应提前采用小级位制动,防止打滑。

在雨、雪、霜等易产生车轮打滑的天气下,列车从高架站、地面站出站时,应合理使用司机控制器手柄进行牵引,平稳启动列车以免造成车轮打滑。进站时,应时刻注意站前 200 m 标所在位置,当看到 200 m 标时,应采取制动措施。当列车到车站尾端墙时,车速应控制在 35~40 km/h,以防冒进信号事故的发生,保证列车平稳准确地停于站内停车标处。

4. 遇大风时的操作

列车在运行中遇有大风恶劣天气,危及行车安全时,司机应及时与行车调度员或相关站综控员联系,接到通知后,按其指示行车。

当突遇大风,司机未接到通知时,应立即采取减速措施,必要时立即停车,并及时将情况报告给行车调度员或前方站综控员。

大风天的限速要求见表 7-2。

表 7-2　大风天的限速要求

风速	运行线路区段	列车运行限制
8 级及以上大风	风力波及线路区段或行车调度员通知的范围之内	停止运行
7 级大风	风力波及线路区段或行车调度员通知的范围之内	以不超过 60 km/h 的速度运行

【安全警示】

为什么大风能吹翻列车

某日 5807 次列车被 13 级大风吹翻、脱轨,大风何以能吹翻重达上百吨的列车?

其实,13 级大风还不至于吹翻静止的 5807 次列车,之所以造成事故,根本原因为:列车在高速行驶时,受到来自正前方的空气阻力,由于空气动力的原因,导致列车车轮对铁轨轨道的轮压减小,即列车“发飘”,当轮压小于横向侧风风力的时候,就发生了脱轨。

如果当时列车适时减速甚至停车,列车自身的重量使列车车轮恢复对轨道的轮压,就可能逃过此劫。

任务实施

特殊天气下的驾驶作业工单

班级		学习小组	
姓名		学号	
任务名称		特殊天气下的驾驶作业	
完成时间		年　月　日　时　分至　时　分	
任务用时		分钟	
任务描述		以小组为单位,组员分别扮演列车司机、行车调度员、考核员,司机严格按照作业流程和标准进行四种特殊天气下的列车驾驶作业,考核员按标准进行考核评价	
任务要求		1. 能够对特殊天气对行车的影响进行正确判断 2. 驾驶操作方法正确、规范:能随时与行车调度员保持联系,联控用语正确、规范;驾驶过程中能不断呼唤应答并进行确认;能按照相关规定严格控制好行车速度 3. 呼唤应答时口呼内容原则上不要求与标准用语一字不差,只要表达的内容完全一致即可	

任务实施

序号	作业项目	作业内容及作业标准	是否执行	是否规范
1	雾天的驾驶操作	正确判断瞭望距离		
		瞭望困难时,报告行车调度员		
		根据瞭望条件和限速要求控制列车运行速度		
		必要时开启前照灯,适时鸣笛		
		认真确认信号和道岔状态		
		随时与行车调度员保持联系		
2	雨天的驾驶操作	当大雨可能危及行车安全时,报告行车调度员		
		正确使用司机控制器手柄进行列车牵引		
		制动时,适当延长制动距离		
		正确应对打滑情况		
		认真确认信号和道岔状态		
		若瞭望距离不足,按相关规定行车		
3	大雪、冰霜天的驾驶操作	确认降雪深度是否对接触轨造成影响		
		当可能危及行车安全时,报告行车调度员		
		正确使用司机控制器手柄进行列车牵引		
		正确应对空转和打滑情况		
		制动时,适当延长制动距离		
		认真确认信号和道岔状态		
		若瞭望距离不足,按相关规定行车		

续表

序号	作业项目	作业内容及作业标准	是否执行	是否规范
4	大风天的驾驶操作	当大风可能危及行车安全时,报告行车调度员		
		突遇大风而未接到行车调度员的通知时,采取减速措施,按照相关规定控制列车运行速度		
		加强瞭望线路情况,以防大风将异物刮入限界		

任务评价

班级		学习小组	
姓名		学号	
任务名称		特殊天气下的驾驶作业	

序号	评价内容	评价标准	分值	评价方式	得分
1	自主学习能力	在线课程学习时间和进度符合要求	10	师评	
		作业上交及时,准确度高	10	师评	
		积极参与在线讨论,有效回帖 5 个以上	5	机评	
2	应知应会知识	知识掌握全面、准确	10	机评	
3	雾天的驾驶操作	操作步骤完整、正确,无漏项	3	机评	
		操作方法正确、规范	4	机评	
		联控及呼唤应答动作规范,内容清晰、准确	3	互评	
4	雨天的驾驶操作	操作步骤完整、正确,无漏项	3	机评	
		操作方法正确、规范	4	机评	
		呼唤应答动作规范,内容清晰、准确	3	互评	
5	大雪、冰霜天的驾驶操作	操作步骤完整、正确,无漏项	3	机评	
		操作方法正确、规范	4	机评	
		呼唤应答动作规范,内容清晰、准确	3	互评	
6	大风天的驾驶操作	操作步骤完整、正确,无漏项	3	机评	
		操作方法正确、规范	4	机评	
		呼唤应答动作规范,内容清晰、准确	3	互评	
7	完成时间	10 min 内完成应知应会考试	2	机评	
		20 min 内完成所有操作	2	机评	
8	团队合作	能与团队成员合作,共同完成工作任务	2	自评	
			2	互评	
			3	师评	
9	执行力	能服从老师、组长的安排	2	自评	
			2	互评	
			3	师评	
10	纪律责任意识	遵章守纪,有较强的责任意识	2	自评	
			2	互评	
			3	师评	

任务反思

1. 特殊天气对行车过程主要有哪些风险？
2. 遇到特殊天气时,司机应如何保证行车安全？

 榜样力量

履职尽责,安全抵达——暴雨中郑州地铁"最美逆行司机"

　　2021 年 7 月 20 日,郑州持续遭遇极端特大暴雨,导致郑州地铁部分线路正线区间和车站被洪水围困,情况危急。郑州地铁 3 号线司机冯璞在驾驶列车进站运行过程中,发现雨势过大,前方车站水势上涨,判断列车无法通过。危急时刻,他沉着冷静,及时报告行车调度员,申请逆行,同时安抚乘客,果断驾驶列车返回安全车站,保障了乘客的生命安全,避免了一起重大事故的发生,被网友誉为"最美逆行司机"。

任务 7.2　反方向运行和退行

 知识准备

一、特殊情况下电话闭塞法行车

1. 电话闭塞法

　　电话闭塞法是当基本闭塞设备故障或不能使用时,由两端车站综控员利用站间行车电话以电话记录的方式办理闭塞的方法。电话闭塞法不论运行区间是单线还是双线,均按站间区间办理。由于它没有机械、电气设备的控制来保证安全,办理闭塞时手续必须完善,对办理过程有严格的规定,对车站综控员有极为严格的要求。

2. 电话闭塞法下的行车组织

　　实行电话闭塞法,各方人员均应严格按照闭塞要求组织行车,严防发生事故。

　　(1) 只有在信号系统发生故障或有特殊作业需要时才能使用电话闭塞法,且行车调度员必须向车站综控员及司机下达启用电话闭塞法行车的命令。

　　(2) 实施电话闭塞法组织行车,必须保证同一时间、同一站间区间,只有一列车占用。

　　(3) 实施电话闭塞法组织行车,列车运行间隔不得低于规定时间(如天津地铁某线规定为 8 min)。

　　(4) 实施电话闭塞法作业时,列车进入闭塞区间,凭车站综控员手信号发车。

　　(5) 接车站必须确认接车线路、区间空闲,接车进路准备妥当,进路上的道岔防护信号已开放,方可发出承认闭塞的电话记录号码。

（6）发车站发车前必须确认已收到接车站发出的承认闭塞的电话记录号码,发车进路已准备妥当,发车时刻已到。

（7）实施电话闭塞法,车站专人实施报点程序,向发车站、接车站报点;指定车站需向行车调度员报点;行车调度员开始接收车站专人报点后,铺画实际运行图。

（8）在联锁设备正常的情况下,将控制权下放到车站,按照相关规定在车站综控室的控制台上办理进路;如果联锁设备失效,则采用人工手摇道岔组织行车。

（9）联锁设备失效采用人工手摇道岔作业时,需设专人进行防护,车站应根据行车计划或调度命令对影响正线行车的道岔进行人工机械加锁管制,在配合折返作业时,可不加装钩锁器,但操作人员需确认道岔已操作至机械锁闭位置,作业人员应进行现场监护。

（10）《行车日志》上需要正确记录列车车次,到达、发出时刻,及承认闭塞的电话记录号码。

3. 电话闭塞法下的司机操作

司机接到行车调度员关于电话闭塞法的行车命令后,首先应当复诵和记录调度命令,确认实行电话闭塞的站间区间范围及其他事项。

按照电话闭塞法的限制速度操作列车运行,注意瞭望线路和道岔情况,发现紧急情况立即采取相应措施并汇报行车调度员。区间分界点信号机、顺向阻挡信号机停用;遇防护信号机显示红灯时,在该信号机前停车,按引导信号的显示运行,若引导信号无显示,则与行车调度员联系,按其指示运行,通过该区段时限速为 15 km/h。

司机进站停稳列车后,需使用 PSL 钥匙手动打开屏蔽门,进行乘降作业。等待车站综控员发放的行车凭证:若出站信号机正常,则凭信号机的绿色或黄色灯光进入前方闭塞区间;遇出站信号机因故不能开放时,司机在收到绿色许可证后,看到发车手信号才能启动列车出站。如果在等待发车凭证的时候造成晚点,应向行车调度员报告。

电话闭塞法下的道岔状态有可能通过人工扳动来改变,因此司机在出站时,应贯彻执行呼唤应答制度,仔细确认道岔方向,防止事故发生。进入区间运行后,一定严格控制速度,发现有影响行车的异常情况时,立即紧急制动。

二、特殊情况下手信号显示

1. 特殊情况下列车运行手信号显示

特殊情况下,列车运行时应遵守的手信号显示见表 7-3。

表 7-3　特殊情况下列车运行手信号显示

序号	手信号类别	显示方式	
		昼间	夜间（或隧道内）
1	停车信号:要求列车停车	展开红色信号旗;无红色信号旗时,两臂高举头上,向两侧急速摇动	红色灯光;无红色灯光时,用白色灯光上下急速摇动
2	紧急停车信号:要求司机紧急停车	展开红色信号旗,下压数次;无信号旗时,两臂高举头上,向两侧急速摇动	红色灯光下压数次;无红色灯光时,用白色灯光上下急速摇动

续表

序号	手信号类别	显示方式	
		昼间	夜间(或隧道内)
3	减速信号:要求列车降低速度运行	展开黄色信号旗;无黄色信号旗时,用绿色信号旗下压数次	黄色信号灯光;无黄色灯光时,用白色或绿色灯光下压数次
4	通过手信号:准许列车由车站通过	展开绿色信号旗	绿色灯光
5	引导信号:准许列车进入车站或车辆段	展开黄色信号旗,高举头上,左右摇动	黄色灯光高举头上,左右摇动
6	降弓信号	左臂垂直高举,右臂前伸并左右水平重复摇动	白色灯光上下左右重复摇动
7	升弓信号	左臂垂直高举,右臂前伸上下重复摇动	白色灯光作圆形转动
8	"好了"信号:进路开通、某项作业完成的显示	用拢起的信号旗或手臂作圆形转动	白色灯光作圆形转动
9	道岔开通信号:表示进路道岔准备妥当	绿色灯光高举头上,左右小动	

2. 特殊情况下接发列车时手信号显示

特殊情况下,接发列车时的手信号显示见表7-4。

表7-4 特殊情况下接发列车时手信号显示

手信号类别	何种情况下显示	显示时机	收回时机	显示地点
停车信号	电话闭塞法、电话联系法行车时	从看见列车头部灯开始	列车停车后	站台头端墙屏蔽门端门外方
紧急停车信号	工程车进站或通过车站出现危及行车安全情况;客车进站出现危及行车安全情况,但来不及按压站台"紧急停车"按钮或"紧急停车"按钮无效时	立即显示	列车停车后	就近显示
减速信号	发现列车超速时	立即显示	列车头部越过信号显示地点后	头端墙侧扶梯口,靠近"紧急停车"按钮附近

续表

手信号类别	何种情况下显示	显示时机	收回时机	显示地点
引导手信号	—	从看见列车头部灯开始	列车头部越过信号显示地点后	站台头端墙,屏蔽门与线路间站台上
"好了"信号	车站相关作业完成时	—	司机鸣笛回示后	为列车运行方向前端 A 车第二个客室门的位置;指示列车可进入折返线的"好了"信号在站台头端墙屏蔽门端门外方显示
道岔开通信号	车站(车辆段)需要现场人工排列进路(如道岔故障及联锁故障等)时	进路排好时	列车头部越过信号显示地点后	安全避让点

三、反方向运行

1. 反方向运行的条件

列车反方向运行是指在双线区间,列车的运行方向与线路规定的使用方向相反。

反方向运行通常是当发生正方向区间的线路封锁施工、自然灾害或因事故中断行车等特殊情况时才进行的一种非正常情况下的行车组织。

反方向运行必须由行车调度员发布调度命令,相应运行区段变更闭塞方式为电话闭塞法,办理发车和接车进路;司机须确认行车凭证(路票)后,根据车站综控员的发车手信号发车。

2. 反方向运行时司机的操作

(1)接收行车调度员的反方向运行命令。注意调度命令的复诵和记录。

(2)在反方向运行时,需要切除信号系统对列车的控制,因此列车发车前,司机应将"ATC 切除"开关置于"分"位,如图 7-4 所示,模式选择"非限制人工驾驶"模式。

(3)司机接到车站综控员发放的行车凭证(路票)后,确认列车具备启动条件,看发车手信号启动列车。

注意,路票只在一个站间区间有效,当列车到达第二个车站后,必须重新领取路票。

(4)在运行中要加强瞭望,按规定鸣笛,运行速度不得超过 35 km/h。

(5)进站前要适时采取制动措施,凭车站综控员的引导手信号进站。进站速度不得超过 25 km/h,并做好随时停车的准备。无引导手信号时要将列车停于车站外方。

(6)完成反方向行车的运行任务。

图 7-4　"ATC切除"开关

3. 反方向运行的行车组织

在司机看到发车手信号之前,反方向行车区段中各车站的综控员已接到行车调度员的调度命令,命令内容为:"××站—××站反方向行车,停止基本闭塞法,按电话闭塞法办理行车,凭综控员手信号接发列车。又自即时起将××站—××站控制权下放车站办理。"行车调度员将调控权下放,各车站接收控制权,反方向行车组织开始。

（1）发车站的办理　发车站综控员应在接收到行车控制权后,首先核对运行计划,确认列车的车次和位置。确认发车区间空闲后,向接车站请求闭塞。注意,电话闭塞法的闭塞区间是两相邻站的出站信号机之间。

接收电话电报号码及承认时间,填写《电话电报登记簿》及《行车日志》。

办理发车进路（按正方向办理）,确认发车进路道岔位置正确且锁闭（可能涉及手摇道岔的操作及人工开放信号机）。

填写路票,将路票交递给司机,出示手信号发车。注意,路票须在查明闭塞区间空闲、得到接车站闭塞承认后才能填写,一式两份,填写后应与《电话电报记录簿》核对,确认调度命令和电话电报号码无误后,方可交递给司机。路票只在一个站间区间有效。

本次列车出发后,向接车站通报列车车次及发车时间,双方填写《行车日志》。

待列车从接车站发出后,接收到闭塞解除时,填写《行车日志》（只作为前发列车闭塞的结束,不作为下次列车承认闭塞的依据）。

（2）接车站的办理　接车站综控员在接收到行车控制权后,等待发车站的闭塞请求。

接到发车站的闭塞请求后,确认接车区间、接车线路空闲,办理接车进路（按正方向办理）,并确认接车进路道岔位置正确且锁闭。

向发车站发出电话电报号码及时间,填写《电话电报记录簿》和《行车日志》。接收发车站发车车次及时间,填写《行车日志》。

待列车到达出站信号机内方（即后方）,显示引导手信号将列车引导进站。

列车整列到达后,填写《行车日志》,并向发车站发出闭塞解除时间,再次填写《行车日志》（只作为本次列车闭塞的结束,不作为下次列车承认闭塞的依据）。

发车站和接车站均须对各次列车办理电话闭塞手续,以电话电报号码作为承认闭塞的依据。

四、列车退行

1. 退行操作步骤

列车退行是指使列车现运行方向与列车原运行方向相反,是一种非正常情况下的操作,司机须与行车调度员或相关站综控员联系,得到准许后,方可进行。

（1）司机判断（因线路原因或其他原因）列车不能继续向前运行,需从站间退回车站或从车站向区间退行时,利用车载电台或手持电台与行车调度员或车站综控员联系。

（2）获得准许后,司机通过广播向乘客播放关于列车退行的通知:"各位乘客:您好,本次列车将向车站（或向区间）退行,请您坐稳扶好,谢谢合作。"

（3）司机将驾驶模式转换至 RM 模式,切断地面信号系统对列车的控制,"方向选择"开关置于"后"位,以限速 15 km/h 将列车退行至车站或区间规定位置。

2. 列车退行的注意事项

列车退行须由行车调度员准许、发布调度命令后,司机才能进行,切不可私自操作。一般地,车载 ATP 系统对列车退行有距离限制,当退行距离接近限定值时,列车会自动启动紧急制动,如果这时列车还未退至规定位置,司机需要重新建立列车安全电路,再次启动列车退行。可以预先设置列车退行距离限制,各地铁运营公司可根据线路情况进行不同的规定,如北京地铁某些线路将退行距离限制为 5 m。

列车退行时,要求驾驶模式为 RM 模式,这一步操作是为了切断地面信号系统对列车的控制;若有"ATC 旁路"按钮,也可以通过将此按钮置于"ATC 旁路"位来切断地面信号的控制。

3. 列车退行的行车组织

(1) 接车站综控员确认接车线路空闲后,关闭进站信号机(显示红灯)进行防护。

(2) 办理接车进路,广播通知站内候车乘客注意退行列车。

(3) 列车在出站信号机后方停车,凭引导手信号进站。

(4) 车站综控员向行车调度员报告接车情况。

4. 行车组织的注意事项

(1) 若实行电话闭塞法行车,应在列车整列退回到车站后,与邻站办理取消闭塞的手续,发出电话电报号码作为取消闭塞的依据。

(2) 预定退行的列车发出后,出站信号机应显示停车信号,必须确定该列车已回到本站或已到达前方站后,方准显示绿色灯光。

任务实施

反方向运行及退行驾驶作业工单

班级		学习小组	
姓名		学号	
任务名称	反方向运行及退行驾驶作业		
完成时间	年　　月　　日　　时　　分至　　时　　分		
任务用时	分钟		
任务描述	以小组为单位,组员分别扮演列车司机、行车调度员、车站综控员、考核员,司机严格按照作业流程和标准进行反方向运行及退行驾驶作业,考核员按标准进行考核评价		
任务要求	1. 能正确接收和记录行车调度员关于反方向运行及退行的调度命令 2. 能规范进行反方向运行及退行操作:操作步骤完整,顺序正确,无漏项 3. 能规范进行呼唤应答和联控		

任务实施

序号	作业项目	作业内容及作业标准	是否执行	是否规范
1	反方向运行操作	接收和复诵行车调度员的反方向运行命令		
		切除信号系统对列车的控制		
		选择正确的驾驶模式		
		接收车站综控员发放的路票		
		确认列车具备启动条件		
		看发车手信号启动列车		
		运行速度不得超过 35 km/h		
		凭车站综控员的引导手信号进站,进站速度不得超过 25 km/h		
		到达第二个车站后,重新领取路票		
		无引导手信号时,将列车停在车站外方		
2	列车退行操作	判断列车需进行退行		
		与行车调度员或车站综控员取得联系		
		获得准许,复诵和记录调度命令		
		广播通知乘客		
		将驾驶模式转换至 RM 模式,切除信号系统的限制		
		将"方向选择"开关置于"后"位		
		启动列车退行,速度不超过 15 km/h		
		在出站信号机后方停车		
		得到凭证后,进站对标停车		

任务评价

班级			学习小组		
姓名			学号		
任务名称			反方向运行及退行驾驶作业		

序号	评价内容	评价标准	分值	评价方式	得分
1	自主学习能力	在线课程学习时间和进度符合要求	10	师评	
		作业上交及时，准确度高	10	师评	
		积极参与在线讨论，有效回帖5个以上	5	机评	
2	应知应会知识	知识掌握全面、准确	10	机评	
3	反方向运行操作	操作步骤完整、正确，无漏项	8	机评	
		操作方法正确、规范	7	机评	
		联控及呼唤应答动作规范，内容清晰、准确	5	互评	
4	列车退行操作	操作步骤完整、正确，无漏项	7	机评	
		操作方法正确、规范	7	机评	
		呼唤应答动作规范，内容清晰、准确	5	互评	
5	完成时间	10 min 内完成应知应会考试	2	机评	
		20 min 内完成反方向运行和退行操作	3	机评	
6	团队合作	能与团队成员合作，共同完成工作任务	2	自评	
			2	互评	
			3	师评	
7	执行力	能服从老师、组长的安排	2	自评	
			2	互评	
			3	师评	
8	纪律责任意识	遵章守纪，有较强的责任意识	2	自评	
			2	互评	
			3	师评	

 任务反思

1. 反方向运行和退行有什么区别？

2. 使用电话闭塞法进行反方向运行或退行时，应如何确保列车安全运行？

任务 7.3   推进运行

 知识准备

一、推进运行的操作步骤

列车运行过程中,前端操纵台因故不能操纵列车时,采取更换操纵台的办法推进运行。另外,当进行列车救援或车辆段调车作业时,都有可能采用推进运行操作。

当司机判断列车故障,必须改牵引运行为推进运行时,应立即向行车调度员报告情况,得到准许后才能进行。操作步骤如下:

(1)司机和副司机确认列车当前已不能使用前端操纵台,立即使用车载电台或手持电台向行车调度员汇报,申请内容包括:清人掉线、切除操纵端 ATP 设备、按站间自动闭塞法或进路闭塞法行车(具体方法根据线路信号系统而定)。

(2)得到行车调度员准许后,广播清客通知:"本次列车因故障停止运营服务,请您立即下车,等候下次列车,给您带来的不便,请您谅解,感谢您的合作。"清客工作应尽量在站台进行。

(3)清客完毕后,司机关好客室车门、屏蔽门、驾驶室侧门,关断前端操纵台,切换操纵端 ATC 设备。副司机应前往尾端驾驶室。

(4)司机确认好行车命令,出站信号机的进行显示后,使用对讲装置通知尾端驾驶室的副司机进行激活作业。

(5)副司机激活尾端操纵台后,可以进行牵引一位点动动车工作。首先将司机控制器手柄推至牵引一位,列车点动后,制动停车。然后通知列车前端的司机做好推进准备工作。

(6)前端司机在得到尾端副司机的通知后,再次确认出站信号机的进行显示,通知副司机开始推进。

(7)尾端副司机操纵司机主控手柄逐级牵引列车推进运行,速度不得超过 30 km/h,凭前端司机的指令操纵列车牵引、惰行、制动。

(8)前端司机应认真确认线路、信号、道岔状态,遇有紧急情况,果断采取紧急停车措施。停车后立即向行车调度员说明情况,经妥善处理后方能继续运行。

二、推进运行的注意事项

推进运行的操作必须由司机和副司机合作完成,在推进运行中必须严格执行呼唤应答制度,司机与副司机保持不间断联系。列车推进允许速度为 30 km/h,推进时,副司机在后方驾驶室操作列车,司机须在前端驾驶室负责瞭望信号、线路情况,并随时通知副司机实施牵引及制动。

微课
列车推进
运行

任务实施

列车推进运行作业工单

班级		学习小组	
姓名		学号	
任务名称	列车推进运行作业		
完成时间	年　月　日　时　分至　时　分		
任务用时	分钟		
任务描述	以小组为单位,组员分别扮演司机、副司机、行车调度员(车站值班员)、考核员,正、副司机严格按照作业流程和标准进行列车推进运行作业,考核员按标准进行考核评价		
任务要求	1. 推进运行操作流程正确:操作步骤完整,顺序正确,无漏项 2. 推进运行操作方法正确、规范:操作过程中,需呼唤应答,要求眼看、手指设备,并清晰、准确、连贯地口呼设备名称及设备状态(或操作) 3. 呼唤应答时口呼内容原则上不要求与标准用语一字不差,只要表达的内容完全一致即可		

任务实施

序号	操作步骤	操作内容	操作标准	是否执行	是否规范
1	推进运行判断	司机判断	前方操纵台已不能操纵列车,须推进运行		
2	与行车调度员联控	司机报告行车调度员	司机口呼:"报告行调,××次××车,已将故障车停于指定位置,请求推进运行至上行××站。"		
		行车调度员回复	行车调度员口呼:"××次××车,可以推进运行,注意运行速度。"		
3	与车站值班员联控	车站值班员联系司机	车站值班员口呼:"××次××车,我已到达运行方向司机室,请进行列车性能试验。"		
		司机回复	司机口呼:"司机明白,开始列车性能试验。"		

序号	操作步骤	操作内容	操作标准	是否执行	是否规范
4	制动试验	快速制动试验	将非运行方向司机室的司机控制器手柄由"快速制动"位置于"0"位		
			将非运行方向司机室的司机控制器手柄再置于"快速制动"位		
			观察 HMI 制动缸压力显示；手指口呼确认内容："简略制动试验完毕，常用制动功能正常。"		
			观察风压表制动缸压力显示；手指口呼确认内容："风压表显示正常。"		
		紧急制动试验	按下"紧急制动施加"按钮，再置于缓解位		
			将非运行方向司机室的司机控制器手柄置于"快速制动"位		
			按下"紧急制动复位"按钮		
			观察紧急制动是否缓解，确认"紧急制动施加"按钮功能是否正常。手指"紧急制动施加"按钮，口呼确认内容："'紧急制动施加'按钮功能正常。"		
5	牵引试验	尝试牵引	将非运行方向司机室的司机控制器手柄由"0"位置于"牵引 15%"位		
		确定牵引正常	观察 HMI 运行界面牵引逆变器工作状态；手指 HMI 显示器，口呼确认："简略牵引试验完毕，牵引系统工作正常。"		
6	与车站值班员联控	司机联系车站值班员	司机口呼："××次××车，车辆状态良好，请求开始推进运行。"		
		车站值班员回复	车站值班员口呼："前方司机室收到，开始推进运行操作，根据我的指令进行牵引制动操作，注意运行速度。"		

续表

序号	操作步骤	操作内容	操作标准	是否执行	是否规范
7	切除 ATP	联系行车调度员	司机口呼："行调,××次××车请求切除 ATP。"		
		行车调度员回复	行车调度员口呼"可以切除 ATP。"		
		关闭第×节车司机操纵台	将第×节车司机操纵台关闭		
		切除第×节车 ATP	将第×节车"ATP 切除"旋钮打至"切除"位		
8	推进运行	激活尾端操纵台	激活第×节车尾端低级操纵台		
		限速运行	全程限速 30 km/h		
		对标停车	驾驶列车在××站台对标停车(停车精度为±0.25 m)		
9	手动排列后续进路	手动排列进路	行车调度员手动排列后续正常运行的进路		
		手动开通信号	行车调度员手动开通列车出站信号		

任务评价

班级		学习小组	
姓名		学号	
任务名称		列车推进运行作业	

序号	评价内容	评价标准	分值	评价方式	得分
1	自主学习能力	在线课程学习时间和进度符合要求	10	师评	
		作业上交及时,准确度高	10	师评	
		积极参与在线讨论,有效回帖 5 个以上	5	机评	
2	应知应会知识	知识掌握全面、准确	10	机评	
3	推进运行判断	判断及时、准确	5	机评	
4	与行车调度员、车站值班员联控	联控时机正确	4	机评	
		联控用语标准、完整	10	互评	
5	牵引制动试验	试验步骤完整、正确,无漏项	5	机评	
		呼唤应答动作规范,内容清晰、准确	10	互评	
6	切除 ATP,推进运行	操作步骤完整、正确,无漏项	2	机评	
		操作方法规范,符合操作标准	3	机评	
7	排列进路	操作步骤完整、正确,无漏项	2	机评	
		操作方法规范,符合操作标准	3	机评	
8	完成时间	10 min 内完成应知应会考试	2	机评	
		15 min 内完成列车推进运行操作	3	机评	
9	团队合作	能与团队成员合作,共同完成工作任务	2	自评	
			2	互评	
			3	师评	
10	执行力	能服从老师、组长的安排	2	自评	
			2	互评	
			3	师评	
11	纪律责任意识	遵章守纪,有较强的责任意识	2	自评	
			2	互评	
			3	师评	

任务反思

1. 推进运行前为什么要做牵引和制动试验？
2. 推进运行时为什么要切除 ATP？

任务 7.4　列车救援连挂

微课

列车救援连挂作业

知识准备

一、列车故障救援的方式

当运行列车在区间或者车站因故障被迫停车,而且故障列车无法在规定时间内有效排除故障时,需要进行列车故障救援作业。列车故障救援作业是为了将在正线运行中发生故障而不能在规定时间内处理、排除故障恢复运行的列车及时迅速地救援、移动到指定地点,开通运营正线的作业过程。列车救援的方式可分为多种。

虚拟仿真

救援连挂

1. 按救援组织方案划分

（1）由在线前行列车担任救援任务。

（2）由在线后续列车担任救援任务。

（3）由在线邻线列车担任救援任务。

（4）由车场或辅助线热备电动列车或内燃机车（工程车）担任救援任务。

2. 按救援列车连挂在运行方向头/尾部位置及运行方式划分

（1）牵引救援:以牵引运行的方式进行救援。

（2）推进救援:以推进运行的方式进行救援。

3. 按救援列车运行方向划分

（1）正方向运行:以牵引或推进运行的方式,正方向运行进行救援。

（2）反方向运行:以牵引或推进运行的方式,反方向运行进行救援。

4. 按担任救援的车型划分

（1）由电动列车担任救援任务进行救援。

（2）由内燃机车（工程车）担任救援任务进行救援。

5. 按救援是否一次完成划分

（1）一次救援:将故障列车牵引或推进运行,一次送回车场。

（2）二次救援:先将故障列车牵引或推进送至辅助线,运营结束后再将故障列车牵引或推进送回车场。

6. 按担任救援列车的列数划分

（1）单车救援:使用一辆列车担任救援任务。

（2）双车救援:因断电区的原因,在一辆列车不能完成救援任务的情况下,采用两辆列车担任救援任务。

二、相关岗位的救援作业内容

参与救援作业的相关部门有运行控制指挥中心（OCC），如图7-5所示；相关车站及其列车控制室，如图7-6所示。

图7-5 运行控制指挥中心（OCC）

图7-6 列车控制室

参与救援作业的相关岗位有行车调度员、车站值班员、故障列车司机、救援列车司机等。

1. 行车调度员

行车调度员救援作业程序及内容见表7-5。

表7-5 行车调度员救援作业程序及内容

序号	作业程序	作业内容
1	确定救援方案	确定救援方案，拟定、审核调度命令。通知、布置检调相关车站、救援列车和故障列车司机等人员的救援作业事项
2	发布调度命令	向有关人员发布救援调度命令，命令中应包括封锁区间（线路）范围，救援方法、救援车次、布置清客等救援过程安排，以及救援作业准备、救援作业安全、救援结束安排等内容
3	布置（或准备）进路	向有关车站布置（或准备）好救援作业接发列车进路
4	确定三方相互联系方式	发布救援命令后，立即通知故障列车司机和救援列车司机将无线电通信频道切换到"三方通话"组，行车调度员、故障列车司机、救援列车司机均通过"三方通话"组通信联系；无线电通信系统故障时，须先确认相互联系方式
5	监督救援列车运行	监督并布置有关车站协助监督救援列车连挂作业、救援运行等事项
6	救援结束工作	救援结束，行车调度员布置（或准备）好救援列车退出进路，布置救援列车结束救援后的任务

2. 车站值班员

车站值班员救援作业程序及内容见表7-6。

表 7-6　车站值班员救援作业程序及内容

序号	作业程序	作业内容
1	接收救援命令	接收、明确、复诵救援调度命令,并向有关人员传达
2	封锁区间(线路)	按命令要求封锁有关区间(线路),扣停或调整有关列车运行
3	准备接发列车进路	按命令要求及时准备好接发列车进路,经检查无误后向行车调度员汇报
4	接发列车	监督列车到达,协助司机进行清客作业;向司机递交行车凭证,发出列车并向行车调度员汇报
5	救援结束工作	救援结束,按调度命令要求,开通有关区间(线路),恢复正常运营。其他有关事项按行车调度员的指令执行

3. 故障列车司机

故障列车司机救援作业程序及内容见表 7-7。

表 7-7　故障列车司机救援作业程序及内容

序号	作业程序	作业内容
1	及时汇报做好广播安抚工作	(1) 列车发生故障时,及时报告行车调度员、车站值班员,并做好乘客广播安抚工作 (2) 按《故障处理指南程序》及时检查、处理故障
2	请求救援	(1) 3 min 内,司机在检调技术指导下,继续处理故障 (2) 6 min 后,司机仍然无法动车,应及时请求救援,并向行车调度员说明列车停在××站台或××区间准确位置 (3) 如在车站,司机应广播并组织故障列车进行清客,通知车站配合
3	做好被救援准备,防溜、防护	(1) 列车进行"缓解"试验,确认正常后,恢复制动状态,做好防溜措施 (2) 已请求救援的列车不得自行移动。打开两端标志灯作为防护信号;如无法打开两端标志灯时,司机应在连挂端司机台上设置红闪灯作为防护信号
4	指挥连挂	(1) 显示连挂手信号(或使用连挂用语),执行两停规定,及时指挥救援列车司机进行连挂作业,连挂后要试拉 (2) 连挂妥当后,与救援列车司机共同确认调度命令,明确救援任务、方法、要求
5	救援运行	(1) 牵引运行时,由救援列车司机负责前方进路的确认;推进运行时,由故障列车司机负责前方进路的确认 (2) 动车前,确认全列车所有制动已经缓解,向行车调度员报告,确认列车前方进路的正确安全及规定的动车凭证后,方可启动列车 (3) 推进运行时,由故障列车司机指示救援列车启动。列车运行中,应保持通信畅通,故障列车司机与救援列车司机不间断联系,遇紧急情况时立即通知救援列车司机采取停车措施 (4) 如在区间进行救援,到达车站停车地点前 20 m 处应一度停车,按调车方式引导被救援列车在规定位置对标停车,故障列车施加制动后,组织清客
6	救援结束工作	(1) 救援列车停妥,故障列车施加停放制动后,以稍行移动手信号指挥救援列车司机进行解钩、退行 (2) 待救援列车司机按下"解钩"按钮,退行 1 m 处停车后,通知行车调度员,按行车调度员的指令执行

4. 救援列车司机

救援列车司机救援作业程序及内容见表 7-8。

表 7-8   救援列车司机救援作业程序及内容

序号	作业程序	作业内容
1	接收救援命令,清客	(1) 确认救援调度命令,明确任务、方法、要求 (2) 播放清客广播两次,通知车站配合清客
2	运行至故障列车处	(1) 救援列车按规定模式以限速 40 km/h 运行。若因天气、地形等瞭望条件差且确认故障列车所在位置困难,应适当降低速度,确保行车安全 (2) 接近故障列车时,按"三二一车距离信号"要求严格控制速度,并在距离故障车连挂端 15 m、1.5 m 处分别一度停车
3	连挂作业	(1) 确认连挂信号(或连挂用语)后,以不超过 3 km/h 的速度与故障列车安全连挂,连挂后要试拉 (2) 连挂妥当后,与故障列车司机共同确认调度命令,明确救援任务、方法、要求
4	运行至救援目的地	(1) 牵引运行时,由救援列车司机负责确认前方进路;推进运行时,由故障列车司机负责确认前方进路 (2) 确认进路正确安全且收到规定的动车凭证后启动列车,动车后及时向行车调度员汇报 (3) 救援列车采用规定模式运行,牵引运行限速为 30 km/h,推进运行限速为 25 km/h,接近停车地点时限速为 5 km/h
5	救援结束工作	(1) 到达救援目的地,在停车地点前 20 m 应一度停车,按调车方式在规定位置对标停车 (2) 确认故障列车司机稍行移动手信号后,按下"解钩"按钮,在退行 1 m 处停车 (3) 解钩后通知行车调度员,按行车调度员的指令执行

三、列车救援作业流程

1. 故障列车请求救援

运行列车在区间或者车站因故障被迫停车,司机要立即采取有效制动措施防溜,并且用无线电话或其他有效通信工具向行车调度员报告情况,并在规定的时间内排除故障,如果不能迅速排除应及时向行车调度员汇报并且请求救援,已经请求救援的列车不得再行移动。

列车故障请求救援,司机报告内容如下:

(1) 列车车次、车号。

(2) 请求救援的原因。

(3) 迫停时分、地点(以列车首、尾部百米标为准)。

(4) 是否妨碍邻线。

(5) 其他需要说明的事项。

2. 行车调度员发布救援调度命令

故障列车司机进行故障处理 2 min 后,行车调度员应根据列车故障地点及运行情况提前确定救援方案,起草救援命令。故障列车司机进行故障处理无效时,行车调度员确认列车状况,下达调度命令,布置故障列车在车站清客、做好连挂的准备工作,并说明救援列车开来方向。

故障处理 3 min 后,行车调度员应布置救援列车在就近车站清客。若救援列车处于区间无法清客,待救援列车与故障列车连挂后,应运行至就近车站清客。

行车调度员命令救援列车清客准备后,亦应通知救援列车清客车站做好清客准备工作。

调度命令的基本格式如下:

(1) 行车调度员向故障(被救援)列车司机发布调度命令:"命令号码××,准××次(××号)列车在××站清客后做好救援准备,救援列车来车方向为后部(前部),车次为××次。"

故障列车司机复诵后,表述:"××次列车在××站清客后做好救援准备,救援列车来车方向为后部(前部),车次为××次。××次司机明白。"

(2) 行车调度员向救援列车司机发布调度命令:"命令号码××,准××次(××号)列车在××站清客后担任救援任务,ATP 手动运行至××处停车(故障列车头部/尾部停在××km+××m 处),按连挂信号与故障列车连挂后,切除 ATP,开行救援列车××次,牵引(推送)至××处。"

救援列车司机复诵后,表述:"××次司机明白。"

救援调度命令一般格式见表 7-9。

表 7-9　救援调度命令一般格式

_____年_____月_____日_____时_____分

受令处所	××次列车司机	命令号码	行车调度员姓名(代号)
命令内容	××次列车在××站清客后做好救援准备,救援列车为××次,来车方向为后部(前部)。		

需要注意:

(1) 行车调度员在发布救援命令时,应明确告知故障列车司机救援列车来车方向及故障列车司机与救援列车司机之间的备用联系方式(手机号码)。若故障列车处于区间无法清客,待救援列车与故障列车连挂后,应运行至就近车站清客。

(2) 无论是故障列车司机还是救援列车司机,在接受救援命令时都必须复诵核对,确认无误后再执行。

3. 故障列车救援准备

故障列车司机根据行车调度员指示的救援列车来车方向进行救援前的准备工作,包括:

(1) 施加列车停放制动,防止列车溜车。

(2) 进行客室广播,说明情况。

(3) 进行清客作业。

故障列车司机进行清客作业时,司机应同步将故障列车相关信息告知救援列车司机。清客的基本要求如下:

① 清客时要按规定进行广播,适时关闭车厢照明。

② 如果故障列车或者救援列车在调度命令下达时在区间内,应在救援运行到达的第一个车站清客。

③ 使用内燃机车(工程车)开行救援列车时,救援列车司机应确认故障列车的清客状态。

清客程序如下：

① 行车调度员做出清客决定后，应通知列车司机、车站值班员做好清客准备。

② 列车司机、车站值班员应做好清客宣传、解释工作，车站值班员应派人协助列车司机清客。

③ 故障列车、救援列车清客作业一般限时 2 min。列车司机应播放两遍清客广播，并由所在车站组织人员进入车厢、广播引导进行清客，清客完毕后由车站通知列车司机关闭车门。

④ 车门关好后，列车司机与行车调度员联系动车。

⑤ 在清客过程中，排除列车故障可恢复运行时，司机应及时报告行车调度员，可视情况采取以下措施：若已清客完毕，可不组织乘客重新上车，放空至前方车站后，再决定是否载客；若清客未完成，行车调度员应通知车站值班员、列车司机停止清客，恢复载客运行。

（4）故障列车司机在确认清客完毕和车门/屏蔽门/安全门/电动栏杆关闭后，应首先将列车模式开关/方式方向手柄（以下简称模式开关）置于救援列车驶来方向，点亮连挂端列车标志灯进行防护。

（5）故障列车司机应释放列车空气制动，采取保留救援连挂列车运行方向前两节车辆空气制动的方式防溜。

4. 救援列车的开行

（1）清客作业：

① 救援列车在接到行车调度员命令后，要根据调度命令在指定的车站进行清客作业。在高峰时段，原则上救援列车与故障列车不能在同一车站清客。

② 救援列车司机确认清客作业过程中，应在站台端头目测确认自动车钩外观状态。救援列车清客完毕，关好车门后，司机与行车调度员联系动车。

（2）救援列车运行方式：

① 能够以 ATP 方式运行的，列车司机以该方式运行至"0 码"处停车后，以慢速前行方式运行至距离故障列车一车左右的位置一度停车。

② 无法以 ATP 方式运行的，列车司机应根据调度命令以慢速前行方式运行至距离故障列车一车左右的位置一度停车。

③ 若遇特殊情况，列车司机应根据调度命令以切除 ATP 方式，按规定限速运行至距离故障列车一车左右的位置一度停车。

（3）救援列车行车凭证：

① 救援列车开行时不办理行车闭塞手续，列车进入已经封锁区间的行车凭证为调度命令。

② 有关列车的开行、折返地点，沿途运行，进、出车站运行方法等均按调度命令要求执行。

（4）救援作业运行进路的确认：

① 救援连挂列车牵引运行时，前方进路由救援列车司机负责瞭望和确认。救援列车司机和故障列车司机应根据现场情况时刻保持联系。

② 救援连挂列车推进运行时，前方进路由故障列车司机负责瞭望和确认。故障列车司机和救援列车司机应不间断联系，做好救援运行联控作业。运行中遇有危及行车安全的情况时，故障列车司机应立即通知救援列车司机减速或停车。

（5）救援作业运行速度一般要求：

① 牵引救援运行时，限速为 30 km/h。

② 推进救援运行时,限速为 25 km/h。

③ 接近停车目标时,严格按"三二一车距离信号"规定分别控制好速度(三车限速为 10 km/h;二车限速为 8 km/h;一车限速为 5 km/h)。

④ 天气不良影响瞭望或环境恶劣时应适当降低速度。

(6) 救援列车司机应按救援命令,确认故障列车连挂端列车标志灯点亮后,以限速 5 km/h 将救援列车运行至距离故障列车 1.5 m 处再度停车。

5. 连挂作业

(1) 连挂作业前,救援列车司机应与故障列车司机确认已具备连挂条件。若故障列车或救援列车为载客列车,驾驶员应做好客室广播,告知乘客列车将进行连挂作业,提醒乘客做好安全防护措施。若遇线路半径曲线小于 150 m 或需切断气路、电气连接时,救援列车司机应下车做好本列车车钩确认、相关阀门关闭工作。

(2) 连挂作业时,救援列车以限速 3 km/h 与故障列车进行连挂。连挂作业后,救援列车应进行试拉,确认连挂妥当(试拉成功条件为故障列车拉动),防止脱钩溜车。

(3) 连挂作业完毕,救援列车司机应与故障列车司机共同确认调度命令,明确救援任务、方法、要求。

(4) 故障列车司机此时可以缓解剩余两节车辆的空气制动。空气制动缓解完毕后,故障列车司机应回到连挂车运行方向的驾驶室,将模式开关转换至与运行方向一致的位置。

(5) 瞭望端司机确认动车条件具备后,应及时向行车调度员汇报,等待动车命令。连挂作业如图 7-7、图 7-8 所示。

图 7-7　车站救援连挂作业

图 7-8　区间救援连挂作业

6. 救援过程中信号要求

(1) 救援过程中的调车、移动作业必须按照行车调度员的救援命令和有关道岔防护信号机或手信号显示的要求进行。

(2) 使用手信号指挥调车、移动时,指挥人为故障列车司机。

(3) 进行调车、移动作业时,调车指挥人必须正确及时地显示信号,救援列车司机应认真确认信号并鸣笛回示。

(4) 故障列车司机与救援列车司机应将救援发生时间,发现、处理故障,请求救援,救援开始,救援结束以及列车清客等程序、时间进行较完整的记录,以便于处理、分析。

四、推进救援案例

6141 次列车在长城站下行线 1 号站台发生故障,司机及时报告行车调度员、车站值班员,并做好乘客广播安抚工作后,按《故障处理指南程序》及技术指导方法进行故障处理。

2 min 后,行车调度员根据列车故障地点及在线列车运行情况提前拟定救援方案、起草救援调度命令。确定由后行即将到达延水站的 6143 次列车担任救援任务,正向救援、推进运行,将故障列车推送到华光停车场内,迅速开通下行正线的救援方案。

3 min 后,行车调度员布置 6143 次列车在延水站 1 号站台清客后,担任救援任务。

6 min 后,6141 次列车处理故障超过规定时间(不同地铁公司具体时间不同),及时请求救援。

行车调度员接到 6141 次列车救援请求后,布置实施救援方案。

推进救援案例设备与场景示意图如图 7-9 所示。

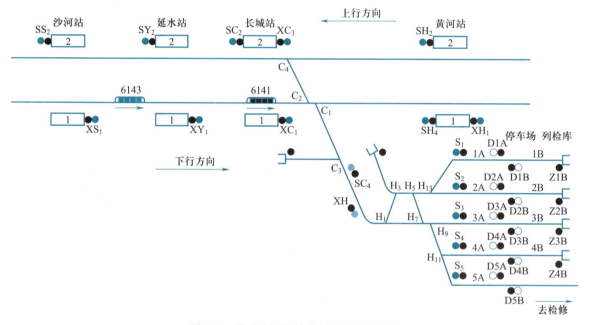

图 7-9   推进救援案例设备与场景示意图

1. 行车调度员发布调度命令

(1)行车调度员向故障列车司机发布调度命令   行车调度员接到故障列车司机的请求:“6141 次列车在长城站下行线 1 号站台发生故障,处理不了,请求救援。”随后行车调度员发布调度命令:“6141 次列车在长城站下行线 1 号站台进行清客并做好救援准备,列车不得再行移动,救援列车来车方向为后部。”司机复诵:“6141 次列车在长城站下行线 1 号站台进行清客并做好救援准备,列车不得再行移动,救援列车来车方向为后部。司机明白。”

(2)行车调度员向沙河站、延水站、长城站、黄河站、华光停车场及 6143 次列车发布调度命令   行车调度员发布调度命令:“自发令时起,沙河站至黄河站间下行线封锁,长城站下行线至华光停车场间出、入库线封锁。6143 次在延水站 1 号站台清客后凭调度命令改开 9903 次担任救援任务,运行至延水站 1 号站台与故障列车尾部连挂后,将故障列车推进救援至华光停车场。推进运行中加强联控及联系,确保行车安全。"

（3）行车调度员向长城站布置准备接车进路　行车调度员发布调度命令:"请长城站及时准备好长城站下行线至华光停车场入库线间的接车进路。"

2. 复诵调度命令

（1）沙河站、延水站、长城站、黄河站、华光停车场及6143次司机分别复诵:"自发令时起,沙河站至黄河站间下行线封锁,长城站下行线至华光停车场间出、入库线封锁。6143次在延水站1号站台清客后凭调度命令改开9903次担任救援任务,运行至延水站1号站台与故障列车尾部连挂后,将故障列车推进救援至华光停车场。推进运行中加强联控及联系,确保行车安全。"

"沙河站明白。"

"延水站明白。"

"长城站明白。"

"黄河站明白。"

"华光停车场明白。"

"6143次司机明白。"

（2）长城站复诵:"及时准备好长城站下行线至华光停车场入库线间的接车进路,长城站明白。"

3. 救援准备

（1）6143次列车清客:

① 延水站对本站乘客广播:"各位乘客请注意,6143次列车在本站将退出服务,请乘客全部下车。请站台上前往××站方向的乘客不要上车。"

② 司机对列车乘客广播:"各位乘客请注意,6143次列车在延水站将退出服务,请乘客全部下车。"

③ 司机进行清客作业。延水站将书面调度命令交给司机并协助6143次列车清客。

④ 司机认真确认调度命令,车次改为9903次。

⑤ 确认清客完毕,站务人员下车,向司机显示"清客好了"手信号。

（2）6141次列车清客:

① 长城站对本站乘客广播:"各位乘客请注意,6141次列车在本站将退出服务,请乘客全部下车。请站台上前往××站方向的乘客不要上车。"

② 司机对列车乘客广播:"各位乘客请注意,6141次列车在长城站将退出服务,请乘客全部下车。"

③ 司机进行清客作业。长城站协助6141次列车清客。

④ 确认清客完毕,站务人员下车,向司机显示"清客好了"手信号。

（3）故障列车司机做好救援准备:

① 列车进行缓解试验,确认正常后,恢复制动状态,做好防溜。

② 司机到达列车尾端驾驶室,以电客车标志灯作为防护信号。

（4）长城站准备进路并向行车调度员汇报:

① 长城站及时准备好长城站下行线至华光停车场入库线间的接车进路。将长城站至华光停车场入库线间进路上的C2/C4道岔开通直向、C1道岔开通侧向、C3道岔开通直向并加锁。

② 向行车调度员汇报。报告行车调度员:"长城站下行线至华光停车场入库线间的接车进

路已准备妥当。"

4. 发车及运行

（1）9903 次救援列车设置为切除 ATP（NRM）模式。

（2）延水站向 9903 次救援列车显示发车手信号。

（3）9903 次救援列车进行开车前确认。司机口呼："关门灯亮，'好了'信号有，有速度码，进路安全、发车信号好了。鸣笛，开车。"

（4）延水站发出 9903 次救援列车后向行车调度员汇报。报告行车调度员："9903 次救援列车于×时×分发出。"

（5）行车调度员监督救援列车运行，听取汇报。

（6）9903 次救援列车运行。

① 运行中加强瞭望、严守速度，不超过 40 km/h。

② 接近长城站，认真确认、呼唤，严格控制速度。

预告标：300 m，限速为 35 km/h。

预告标：200 m，限速为 25 km/h。

站界标：进站注意，限速为 15 km/h。

③ 列车接近长城站 1 号站台的故障列车尾部时，严格按"三二一车距离信号"分别控制好速度（三车限速为 10 km/h；二车限速为 8 km/h；一车限速为 5 km/h，不同公司速度要求不同），并在距离故障列车尾部 15 m 左右处一度停车。

5. 连挂作业

（1）故障列车司机通知救援列车司机，故障车已做好防溜，可以连挂。救援司机应答："已做好防溜，可以连挂，明白。"

（2）故障列车司机使用调车启动手信号（或手持台联控）指挥救援列车以不超过 5 km/h 的速度向故障车稍行移动，至距离故障列车尾部 1.5 m 处再度停车。

（3）故障列车司机进挡检查、调整钩位，调整完毕，显示连挂手信号，救援列车司机以不超过 3 km/h 的速度安全连挂。

（4）连挂完毕后由故障列车司机指挥救援列车司机进行试拉，确认连挂妥当。

（5）故障列车司机和救援列车司机共同确认调度命令，明确救援任务、方法、要求。

（6）故障列车司机和救援列车司机试验司机室对讲设备。

（7）故障列车司机回到运行前端司机室，并缓解列车制动。

6. 救援运行作业

救援列车将故障列车正向推进运行至华光停车场出、入库线间转换轨，再根据车场调度安排，将故障车推送至××库×道停车后解钩。

（1）瞭望端故障列车司机报告行车调度员："救援车与故障车已连挂妥当，运行准备作业完毕，可否推进运行。"

行车调度员回复："9903 次列车推进运行。运行中不间断联系，做好联控作业。"

司机复诵："9903 次列车推进运行。运行中不间断联系，做好联控作业。故障列车司机明白，救援列车司机明白。"

（2）长城站向 9903 次救援列车显示发车手信号。

（3）9903 次列车进行开车前的六确认。

故障列车司机口呼:"关门灯亮,有速度码,行车凭证有,全列制动已缓解,前方进路安全,发车信号好了。"

救援列车司机复诵。

(4)启动列车。故障列车司机口呼:"鸣笛开车。"鸣示启动注意信号为一长声。

救援列车司机复诵:"鸣笛开车"。鸣示启动注意信号为一长声。启动列车。

(5)长城站发出 9903 次救援列车后向行车调度员汇报。报告行车调度员:"9903 次救援列车于×时×分发出。"

(6)行车调度员监督救援列车运行,听取汇报。

(7)推进运行联控用语及控制速度要求见表 7-10。

表 7-10　推进运行联控用语及控制速度要求

序号	呼唤时机	故障列车司机呼唤	救援列车司机复诵
1	推进运行启动后	严守速度,限速 25 km/h	严守速度,限速 25 km/h
2	接近 C2 道岔时	道岔开通直向,位置正确	道岔直向好了,进路安全
3	接近 C1 道岔时	道岔开通侧向,位置正确。限速 25 km/h	道岔侧向好了,进路安全。限速 25 km/h
4	接近 C3 道岔时	道岔开通直向,位置正确	道岔直向好了,进路安全
5	接近转换轨时	接近转换轨,限速 15 km/h	接近转换轨,限速 15 km/h
6	接近转换轨"一度停车"标时	三车,限速 10 km/h	三车,限速 10 km/h
		两车,限速 8 km/h	两车,限速 8 km/h
		一车,限速 5 km/h	一车,限速 5 km/h
		一度停车	一度停车,复诵并停车

(8)在转换轨一度停车后,报告行车调度员,按指令进行作业。

(9)救援列车转换为 RM 驾驶模式,列车无线车载台、手持台转为车场频率,并与信号楼值班员进行联系。

(10)信号楼值班员根据现场情况,准备转换轨至列检库 4 道 B 端接车进路,H1/H3、H5/H7 号道岔均开通直向位置,H9、H11 号道岔均开通侧向位置,开放入场信号 XH 为双黄灯,4 道 D4B 信号机为白灯。

(11)根据信号楼值班员的布置,将故障列车推送至列检库 4 道 B 端停车。推进运行中,故障列车司机应做到不间断瞭望,运行接近平交道口或前方有人时,应及时鸣笛示警。

推进运行入场/库联控用语及控制速度要求见表 7-11 所示。

表 7-11　推进运行入场/库联控用语及控制速度要求

序号	呼唤时机	故障列车司机呼唤	救援列车司机复诵
1	入场信号(XH)	入场信号双黄灯好了	入场信号双黄灯好了
2	H1 号道岔	道岔开通直向,位置正确	道岔直向好了,进路安全

续表

序号	呼唤时机	故障列车司机呼唤	救援列车司机复诵
3	列车启动	鸣笛开车(鸣示启动注意信号:一长声)	鸣笛开车(回示一长声,启动列车)
4	列车推进运行	严守速度,限速 15 km/h	严守速度,限速 15 km/h
5	接近 H7 号道岔	道岔开通直向,位置正确	道岔直向好了,进路安全
6	接近 H9 号道岔	道岔开通侧向,位置正确	道岔侧向好了,进路安全
7	接近 H11 号道岔	道岔开通侧向,位置正确	道岔侧向好了,进路安全
8	接近库门	接近库门,一度停车	一度停车,复诵并停车
9	确认库门状态后	库门状态良好	库门状态良好,进路安全
10	列车再次启动	鸣笛开车(鸣示启动注意信号:一长声)	鸣笛开车(回示一长声,启动列车)
11	接近 D4B 信号机时	调车信号白灯好了	调车信号白灯好了
12	接近阻挡信号机 ZB4 时	三车,限速 10 km/h	三车,限速 10 km/h
		两车,限速 8 km/h	两车,限速 8 km/h
		一车,限速 5 km/h	一车,限速 5 km/h
		阻挡信号,红灯停车	阻挡信号,红灯停车,复诵并停车

7. 解钩及救援结束作业

(1) 故障列车在 4 道 B 端停稳,施加制动,通知救援列车司机解钩。故障列车司机口呼:"故障列车已施加制动,做好防溜,可以解钩。"故障列车司机向救援列车司机显示稍行移动手信号。

(2) 救援列车司机确认信号并应答:"可以解钩。明白"。救援列车司机按压"解钩"按钮解钩,退行 1 m 停车。

(3) 救援列车司机口呼:"解钩完毕。"故障列车司机应答:"解钩完毕,明白。"

(4) 救援列车司机报告信号楼值班员:"故障列车已推送至 4 道 B 端停稳,施加停放制动,现已解钩,请指示。"

(5) 信号楼值班员回复:"将列车移动至 4 道 A 端交车。"救援列车司机复诵:"移动至 4 道 A 端交车,司机明白。"

(6) 救援列车司机进行交车作业。

五、牵引救援案例

6135 次列车在客流高峰时段突发牵引故障,被迫停在金安站—福安站下行线区间,司机及时报告行车调度员、车站值班员,并做好乘客广播安抚工作后,按《故障处理指南程序》及技术指导方法进行故障处理。

2 min 后,行车调度员根据列车故障地点及在线列车运行情况提前拟定救援方案、起草救援调度命令。确定由前行即将到达平安站的 6133 次列车担任救援任务,连挂后正向牵引运行,将故障列车救援到福安站停车线(G3 线),迅速开通下行正线的救援方案。

3 min 后,行车调度员布置前行到达平安站 1 号站台的 6133 次列车进行清客,担任救援任务。

6 min 后,6135 次列车处理故障超过规定时间(不同地铁公司具体时间不同),及时请求救援。

行车调度员接到 6135 次列车救援请求后,布置实施救援方案。

牵引救援案例设备与场景示意图如图 7-10 所示。

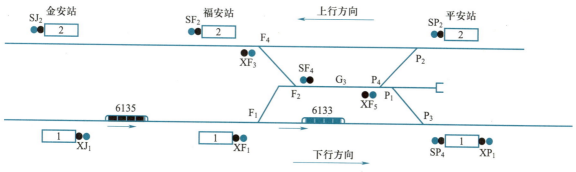

图 7-10 牵引救援案例设备与场景示意图

1. 行车调度员发布调度命令

故障列车司机报告行车调度员:"6135 次在金安站—福安站间下行区间发生牵引故障,处理不了,请求救援。列车头部停在 28 km+220 m 处,尾部停在 28 km+100 m 处。"

(1)行车调度员向故障列车司机发布调度命令:"6135 次做好救援准备,列车不得再行移动,救援列车来车方向为前方。"

(2)行车调度员向金安站、福安站、平安站及 6133 次列车发布调度命令:"自发令时起,金安站至平安站间下行线封锁,准 6133 次在平安站 1 号站台清客后凭调度命令改开 9902 次担任救援任务,进入已封锁区间,在金安站—福安站间下行线 28 km+220 m 处与故障列车头部连挂后改开 9901 次,将故障列车牵引至福安站下行 1 号站台清客后,再将故障列车牵引至福安站存车线(G3 线),请福安站分别及时准备好接、发车进路。救援作业完毕后,9901 次运行至平安站 1 号站台待令。"

2. 复诵调度命令

(1)故障列车司机复诵:"6135 次做好救援准备,列车不得再行移动,救援列车来车方向为前方。司机明白。"

(2)金安站、福安站、平安站及 6133 次列车司机分别复诵:"自发令时起,金安站至平安站间下行线封锁,6133 次在平安站 1 号站台清客后凭调度命令改开 9902 次担任救援任务,进入已封锁区间,在金安站—福安站间下行线 28 km+220 m 处与故障列车头部连挂后改开 9901 次,将故障列车牵引至福安站下行 1 号站台清客后,再将故障列车牵引至福安站存车线(G3 线),请福安站分别及时准备好接、发车进路。救援作业完毕后,9901 次运行至平安站 1 号站台待令。"

"金安站明白。"

"福安站明白。"

"平安站明白。"

"6133 次司机明白。"

3. 救援准备

（1）6133次列车清客：

① 平安站对本站乘客广播："各位乘客请注意,6133次列车在本站将退出服务,请乘客全部下车。请站台上前往××站方向的乘客不要上车。"

② 司机对列车乘客广播："各位乘客请注意,6133次列车在平安站将退出服务,请乘客全部下车。"

③ 司机进行清客作业。平安站将书面调度命令交给司机并协助6133次列车清客。

（2）故障列车司机做好救援准备：

① 司机第二次对乘客广播："各位乘客,本次列车发生故障,正在等待救援。"

② 列车进行缓解试验,确认缓解正常后,恢复制动状态,做好防溜。

③ 列车应保持激活状态,以电客车标志灯作为防护信号。

（3）福安站准备进路并向行车调度员汇报　将平安站至福安站间下行线通过进路上的P1/P3、F1号道岔均开通直向位置并加锁。报告行车调度员："平安站1号站台至故障列车间下行线通过进路已准备妥当。"

（4）6133次列车司机认真确认调度命令,进行换端作业,车次改为9902次。

（5）确认清客完毕,站务人员下车,向司机显示"清客好了"手信号。

（6）司机关闭车门、屏蔽门。确认无夹人夹物,缝隙安全,安全线内无人,有"好了"信号。

4. 发车及运行

（1）9902次救援列车设置为切除ATP（NRM）模式。

（2）平安站向9902次救援列车显示发车手信号。

（3）9902次救援列车进行开车前确认。司机口呼："关门灯亮,'好了'信号有,有速度码,进路安全、发车信号好了。鸣笛,开车。"

（4）平安站发出9902次救援列车后向行车调度员汇报。报告行车调度员："9902次救援列车于×时×分发出。"

（5）行车调度员监督救援列车运行,听取汇报。

（6）9902次救援列车运行。

① 运行中加强瞭望、严守速度,不超过40 km/h。

② 确认道岔开通直向,位置正确,进路安全。

③ 9902次救援列车接近故障列车时,严格按"三二一车距离信号"分别控制好速度（三车限速为10 km/h;二车限速为8 km/h;一车限速为5 km/h）,并在距离故障列车头部15 m左右处一度停车。

5. 连挂作业

（1）故障列车司机对乘客广播："各位乘客请注意,现在准备连挂作业,请坐好、扶稳。"

（2）故障列车司机通知救援列车司机："已做好防溜,可以连挂。"救援司机应答："已做好防溜,可以连挂,明白。"

（3）故障列车司机使用调车启动手信号（或手持台联控）指挥救援列车以不超过5 km/h的速度向故障列车稍行移动,至距离故障列车头部1.5 m处再度停车。

（4）故障列车司机进挡检查、调整钩位,调整完毕,显示连挂手信号,救援司机以不超过3 km/h的速度安全连挂。

（5）连挂完毕后由故障列车司机指挥救援列车司机进行试拉,确认连挂妥当。

（6）故障列车司机和救援列车司机共同确认调度命令,明确救援任务、方法、要求。

（7）故障列车司机和救援列车司机试验司机室对讲设备。

6. 救援运行作业

救援列车将故障列车牵引运行至福安站 1 号站台清客后,再将故障列车牵引至福安站停车线对标停车。运行中,前方进路由救援列车司机负责瞭望和确认。救援列车司机和故障列车司机应根据现场情况时刻保持联系。

（1）福安站准备接、发车进路并向行车调度员汇报:"福安站至停车线（G3 线）接车进路,停车线（G3 线）至平安站（1 号站台）发车进路均已准备妥当。"

（2）救援司机进行换端作业,车次改为 9901 次。

（3）故障列车司机对乘客广播:"各位乘客请注意,列车即将启动,开往福安站,请坐好扶稳。"

（4）救援列车司机报告行车调度员:"救援列车与故障列车已连挂妥当,换端作业完毕,可否牵引运行。"行车调度员回复:"9901 次列车牵引运行。"司机复诵:"9901 次列车牵引运行,司机明白。"

（5）救援列车司机鸣示启动注意信号一长声。故障列车司机鸣示缓解信号二短声,缓解全列制动。呼唤语音:"全列制动已缓解,可以开车。"应答语音:"全列制动已缓解,可以开车。明白。"故障列车司机回示启动注意信号一长声。

（6）9901 次列车开车前确认,司机口呼:"行车凭证有,全列制动已缓解,前方进路安全,鸣笛,开车。"救援列车司机再次鸣示启动注意信号一长声,启动列车。

（7）列车牵引运行中,由救援列车司机负责瞭望、确认并担任指挥,运行限速为 30 km/h。

（8）福安站对本站乘客广播:"各位乘客请注意,9901 次（原 6135 次）列车到达本站后将退出服务,请站台上前往××站方向的乘客不要上车。"

（9）接近福安站,须严格控制速度。司机口呼:"进站注意、站内停车。"停车后,故障列车司机以调车手信号指挥救援列车司机将故障列车对标停车。

（10）6135 次列车到达福安站 1 号站台对标停车后,司机开门进行清客作业。

① 故障列车司机进行乘客广播:"各位乘客请注意,6135 次列车在福安站将退出服务,请乘客全部下车。"

② 福安站协助 6135 次列车清客。

③ 确认清客完毕,站务人员下车,向司机显示"清客好了"手信号。

（11）司机关闭车门、屏蔽门。确认无夹人夹物,缝隙安全,安全线内无人,有"好了"信号。

（12）救援列车司机鸣笛一长声,故障列车司机回笛一长声,救援列车司机再次鸣笛一长声后开车。

（13）救援列车接近及进入停车线（G3 线）时,认真确认接车进路并严格按"三二一车距离信号"分别控制好速度（三车限速为 10 km/h;二车限速为 8 km/h;一车限速为 5 km/h）,将故障列车牵引至停车线（G3 线）对标停车。

（14）对标停车后,故障列车施加制动。

7. 解钩及救援结束作业

（1）故障列车施加制动后,通知救援列车司机解钩。呼唤语音:"故障列车已施加制动,做好防溜,可以解钩。"故障列车司机向救援列车司机显示稍行移动手信号。

（2）救援列车司机确认信号并应答:"可以解钩,明白。"救援列车司机按压"解钩"按钮解钩,退行 1 m 停车。

（3）救援列车司机口呼:"解钩完毕。"故障列车司机应答:"解钩完毕,明白。"

（4）救援列车司机报告行车调度员及福安站车站值班员:"故障列车已牵引至停车线（G3线）对标停车。现已解钩,请指示。"

（5）行车调度员口呼:"9901 次列车运行到平安站 1 号站台待令。"救援列车司机复诵:"9901 次列车运行到平安站 1 号站台待令,司机明白。"

（6）福安站车站值班员检查确认停车线（G3线）至下行正线的发车进路,并通知司机:"9901次司机,停车线（G3线）至下行正线的进路已准备妥当,请看发车手信号开车。"司机应答:"进路已准备妥当,看发车手信号发,9901 次司机明白。"

（7）福安站车站值班员向救援列车显示发车手信号。

（8）9901 次列车开车前确认。司机口呼:"关门灯亮,有（无）速度码,道岔开通侧向好了,进路安全。发车信号好了。鸣笛,开车。"

（9）福安站发出 9901 次列车后向行车调度员汇报。报告行车调度员:"9901 次于×时×分由福安站停车线（G3线）发出。"

（10）行车调度员监督列车发出,听取汇报。回复:"9901 次于×时×分发出,收到。"

（11）进平安站前,司机确认进路、出站信号,呼唤:"进站注意,进路安全,对标停车。"

（12）停稳后向行车调度员汇报,请求指示:"报告行调,9901 次已到达平安站 1 号站台,请指示。"行车调度员回复:"9901 次在平安站 1 号站台待令。"司机复诵:"9901 次在平安站 1 号站台待令,司机明白。"

任务实施

列车救援连挂作业工单

班级		学习小组	
姓名		学号	
任务名称	列车救援连挂作业		
完成时间	年 月 日 时 分至 时 分		
任务用时	分钟		
救援场景	故障列车在区间突发制动无法缓解故障,司机经排查后确认无法动车,报告行车调度员申请救援;救援列车在区间运行过程中接到调度救援命令,进站清客后前往区间救援;连挂成功后,救援列车将故障列车推进到前方站对标停车,故障列车清客;故障列车清客完成后,救援列车将故障列车推进到存车线对标停车,停车后进行解钩		
任务描述	以小组为单位,组员分别扮演故障列车司机、救援列车司机、行车调度员、考核员,故障列车司机和救援列车司机严格按照作业流程和标准进行列车救援连挂作业,考核员按标准进行考核评价		
任务要求	1. 列车救援操作流程正确:步骤完整、正确,无漏项 2. 列车救援操作方法正确、规范:救援过程中,呼唤应答要求眼看、手指设备,并清晰、准确、连贯地口呼设备名称及设备状态(或操作);联控用语标准、规范 3. 救援连挂效率:本任务要求在 20 min 内完成		

任务实施

序号	作业程序	作业内容	作业标准	是否执行	是否规范
1	故障列车司机报行车调度员,申请救援	电话联控	故障列车司机手持联控电话,点击"联控显示屏"中的"行调"按键,接通电话		
		报告行车调度员	故障列车司机在"联控显示屏"中点击选择语句:"行调,××次列车在××站—××站上/下行区间突发故障停车,列车迫停区间,申请救援。"口呼语句后,点击"完毕"按钮		
		行车调度员回复	行车调度员在"联控显示屏"中点击选择语句:"××次列车在××站—××站上/下行区间突发故障停车,列车迫停区间,申请救援,行调明白。"口呼语句后,点击"完毕"按钮		
		结束联控	挂断电话		

续表

序号	作业程序	作业内容	作业标准	是否执行	是否规范
2	故障列车司机广播安抚乘客	紧急广播	通过"车辆显示屏"选择播放预置的"区间故障持续停车"紧急广播		
3	故障列车司机将"信号选择"开关打至"信号切除"位	信号切除	将"信号选择"开关打至"信号切除"位		
4	故障列车司机转 RM 驾驶模式	转 RM 驾驶模式	将"驾驶模式选择开关"置"RM"位,眼看、手指设备,口呼:"驾驶模式转 RM。"		
5	故障列车司机施加停放制动	施加停放制动	按压"停放制动施加"按钮,停放制动红灯亮,眼看、手指设备,口呼:"停放制动施加红灯亮。"		
6	故障列车司机断开并拔出钥匙	断开司机台钥匙	故障列车司机关闭当前端司机台,拔出钥匙		
7	故障列车司机缓解第 1~5 节车制动	缓解第 1~5 节车制动	故障列车司机通过虚拟列车终端按顺序逐一切除第 1~5 节车 B05,缓解制动		
8	故障列车司机进入连挂端司机室,等候救援列车到达	进入连挂端司机室,等候救援列车到达	前向视景自动切换到第 6 节车(后端)司机室视角(计算机自动切换)		
9	救援列车司机激活列车,打开车门,上下客监护作业	激活司机室	旋转"列车激活"旋钮,手指设备,口呼:"列车激活。"		
		转 PM 驾驶模式	将"驾驶模式选择开关"置"PM"位,眼看、手指设备,口呼:"驾驶模式转 PM。"		
		上下客监护	站台立岗,标准化上下客监护		
		关闭车门、屏蔽门	按压"关门"按钮,车门、屏蔽门关闭。眼看、手指设备,口呼:"车门、屏蔽门关好。"		

续表

序号	作业程序	作业内容	作业标准	是否执行	是否规范
10	救援列车司机以 ATO 模式启动列车	ATO 启动列车	按压"ATO 模式"按钮,同时按压两个"ATO 启动"按钮		
11	接收调度命令并复诵	电话联控	行车调度员手持联控电话,点击"联控显示屏"中的"司机"按键,接通电话		
		行车调度员通知司机	行车调度员在"联控显示屏"中点击选择语句:"××次,在××站上行清客,清客完毕 ATO 模式动车后报行调。"口呼语句后,点击"完毕"按钮		
		司机复诵	司机在"联控显示屏"中点击选择语句:"××次,在××站上行清客,清客完毕 ATO 模式动车后报行调,司机明白。"口呼语句后,点击"完毕"按钮		
		结束联控	挂断电话		
12	进站对标停车,广播清客	停车开门	进站对标停车		
		广播清客	通过"车辆显示屏"选择预置的"运营组织需要列车清客"广播,进行清客		
13	清客完毕后,以 ATO 模式动车	清客关门	确认清客"好了"信号有,关闭车门		
		ATO 模式动车	采用 ATO 模式启动列车		
14	汇报行车调度员	联控行车调度员	司机手持联控电话,点击"联控显示屏"中的"行调"按键,接通电话		
		报告行车调度员	司机在"联控显示屏"中点击选择语句:"行调,××次在××站上行清客完毕,现已动车。"口呼语句后,点击"完毕"按钮		
		行车调度员回复	行车调度员在"联控显示屏"中点击选择语句:"××次,连挂××站到××站上行区间故障车,连挂好后,推进故障车在××站对标停车清客,清客完毕后推进至××站存车线。"口呼语句后,点击"完毕"按钮		

序号	作业程序	作业内容	作业标准	是否执行	是否规范
14	汇报行车调度员	司机复诵	司机在"联控显示屏"中点击选择语句:"××次,连挂××站到××站上行区间故障车,连挂好后,推进故障车在××站对标停车清客,清客完毕后推进至××站存车线,司机明白。"口呼语句后,点击"完毕"按钮		
		结束联控	挂断电话		
15	以 ATO 模式运行至目标距离停车,转 RM 模式	零距离停车	以 ATO 模式运行至目标距离为 0 时停车		
		切除信号	将"信号选择"开关打至"信号切除"位		
16	以限速 25 km/h 运行距故障列车前 1 m 处一度停车	转 RM 模式	将"驾驶模式选择"开关置"RM"位		
		一度停车	以限速 25 km/h 运行到距故障车前 1 m 处一度停车		
17	救援列车司机呼叫故障列车司机	救援列车司机呼叫故障列车司机	救援列车司机手持对讲机呼叫故障列车司机:"救援列车已在故障列车 1 m 处一度停车,是否做好防溜,可否连挂。"		
		故障列车司机回复	故障列车司机手持对讲机回复:"故障列车已做好防溜,可以连挂。"		
		救援列车司机复诵	救援列车司机手持对讲机复诵:"故障列车已做好防溜,可以连挂,救援列车司机明白。"		
18	以限速 3 km/h 进行连挂	限速连挂	启动列车,以限速 3 km/h 进行连挂		
19	施加制动停车	连挂成功后,立即施加制动停车	连挂声响后,手柄立即拉至制动区,施加制动停车		
20	试拉	进行试拉	试拉 2 s,不脱钩则口呼:"试拉成功。"将牵引手柄置于制动区。若试拉脱钩,需再次进行连挂		

续表

序号	作业程序	作业内容	作业标准	是否执行	是否规范
21	救援列车司机呼叫故障列车司机	救援列车司机呼叫故障列车司机	救援列车司机按压"司机室对讲"按钮,通过司机室对讲呼叫故障列车司机:"列车已连挂成功,请缓解制动,确认行车凭证。"		
		故障列车司机回复	故障列车司机通过司机室对讲回复:"列车已连挂成功,缓解制动,确认行车凭证,故障列车司机明白。"		
22	故障列车司机切除第6节车 B05	切除第6车 B05	司机通过虚拟列车终端切除第6节车 B05		
23	故障列车司机回到前端司机室,激活操纵台	激活前端司机室操纵台	前向视景自动切换到第1节车(前端)司机室视角(计算机自动切换),将司机台钥匙旋至"开"位,激活前端司机室操纵台		
24	故障列车司机缓解停放制动	缓解停放制动	按压"停放制动缓解"按钮,该按钮红色指示灯亮,司机口呼:"停放制动施加。"		
25	故障列车司机通知救援列车司机	故障列车司机通知救援列车司机	故障列车司机通过司机室对讲通知救援列车司机:"故障列车所有制动已缓解,行车凭证有,可以动车。"		
		救援列车司机回复	救援列车司机通过司机室对讲回复:"故障列车所有制动已缓解,行车凭证有,可以动车,救援列车司机明白。"		
26	以限速35 km/h推进列车	以限速35 km/h推进列车	启动列车,以限速35 km/h推进		
27	故障列车司机实时联控救援列车司机	故障列车司机联控救援列车司机	每隔5~10 s,故障列车司机通过按压"司机室对讲"按钮告知救援列车司机前方线路情况,标准用语:"前方线路安全。"		

序号	作业程序	作业内容	作业标准	是否执行	是否规范
28	故障列车司机通知救援列车司机即将进站	故障列车司机通知救援列车司机	故障列车到达××站名标附近时,通过司机室对讲通知救援列车司机:"列车即将进站。"		
		救援列车司机回复	救援列车司机回复:"列车即将进站,救援列车司机明白。"		
29	待故障列车到达××站名标后,以限速 25 km/h 推进列车	以限速 25 km/h 推进	待故障列车到达××站名标后,以限速 25 km/h 推进列车,联控标准用语:"列车进站。"		
30	故障列车司机与救援列车司机实时联控配合,控制故障列车对标停车	三车距离	接近停车位置三车距离时,按限速 8 km/h 运行,联控标准用语:"三车距离。"		
		二车距离	接近停车位置二车距离时,按限速 5 km/h 运行,联控标准用语:"二车距离。"		
		一车距离	接近停车位置一车距离时,按限速 3 km/h 运行,联控标准用语:"一车距离。"		
		对标停车	故障列车司机与救援列车司机实时联控配合,控制列车对标停车。联控标准用语:"10 米""5 米""1 米""对标停车"		
31	对标成功后,故障列车司机通知救援列车司机	故障列车司机通知救援列车司机	故障列车司机通过司机室对讲呼叫救援列车司机:"故障列车对位正确。"		
		救援列车司机回复	救援列车司机回复:"故障列车对位正确,救援列车司机明白。"		
32	故障列车对标成功后打开车门、屏蔽门	开客室门	使用强制开门方式打开车门		
		开屏蔽门	使用 PSL 打开屏蔽门		
33	故障列车广播清客	广播清客	故障列车司机通过"车辆显示屏"选择播放预置的"设备故障列车清客"紧急广播		

续表

序号	作业程序	作业内容	作业标准	是否执行	是否规范
34	故障列车司机看到清客"好了"信号后,关闭屏蔽门、车门	关闭屏蔽门	手指口呼:"清客好了。"使用 PSL 关闭屏蔽门		
		关闭车门	关闭车门		
35	故障列车司机待清客完成后,通知救援列车司机	故障列车司机通知救援列车司机	故障列车司机通过司机室对讲通知救援列车司机:"故障列车已清客完毕,车门、屏蔽门已关好,行车凭证有,可以动车。"		
		救援列车司机回复	救援列车司机回复:"故障列车已清客完毕,车门、屏蔽门已关好,行车凭证有,可以动车,救援列车司机明白。"		
36	推进列车	救援列车司机以限速 25 km/h 推进列车	救援列车司机启动列车,以限速 25 km/h 推进		
37	故障列车司机实时联控救援列车司机,前方线路安全	故障列车司机呼叫救援列车司机	每隔 5~10 s,故障列车司机通过按压"司机室对讲"按钮告知救援列车司机前方线路情况,标准用语:"前方线路安全。"		
38	故障列车司机与救援列车司机实时联控配合,控制故障列车对标停车	进入存车线	实时联控标准用语:"进入存车线。"		
		三车距离	接近停车位置三车距离时,按限速 8 km/h 运行,联控标准用语:"三车距离。"		
		二车距离	接近停车位置二车距离时,按限速 5 km/h 运行,联控标准用语:"二车距离。"		
		一车距离	接近停车位置一车距离时,按限速 3 km/h 运行,联控标准用语:"一车距离。"		
		对标停车	控制列车对标停车,联控标准用语:"10 米""5 米""1 米""对标停车"		

续表

序号	作业程序	作业内容	作业标准	是否执行	是否规范
39	对标成功后,故障列车司机通知救援列车司机	故障列车司机通知救援列车司机	故障列车司机通过司机室对讲呼叫救援列车司机:"故障列车对位正确,请等候解钩指令。"		
		救援列车司机回复	救援列车司机回复:"故障列车对位正确,请等候解钩指令,救援列车司机明白。"		
40	故障列车司机施加停放制动	施加停放制动	按压"停放制动施加"按钮,该按钮红色指示灯亮,口呼:"停放制动施加。"		
41	故障列车司机恢复第1节车 B05	恢复第1节车 B05	司机通过虚拟列车终端恢复第1节车 B05		
42	待列车做好防护后,故障列车司机通知救援列车司机	故障列车司机通知救援列车司机	故障列车司机通过司机室对讲通知救援列车司机:"故障列车已做好防护,可以解钩。"		
		救援列车司机回复	救援列车司机回复:"故障列车已做好防护,可以解钩,救援列车司机明白。"		
43	故障列车司机施加第2~6节车制动	施加第2~6节车制动	故障列车司机通过虚拟列车终端按顺序逐一恢复第2~6节车 B05		
44	救援列车司机缓解停放制动	缓解停放制动	救援列车司机按压"停放制动缓解"按钮,缓解停放制动(与上一步可以同时进行,不存在先后顺序)		
45	列车解钩	列车解钩	救援列车司机按压"解钩"按钮,列车解钩		
46	列车退行	列车退行	解钩后,退行约30 cm后停车(若未解钩或解钩不成功,需要重新进行解钩操作)		

续表

序号	作业程序	作业内容	作业标准	是否执行	是否规范
47	救援列车司机联控故障列车司机	救援列车司机通知故障列车司机	救援列车司机手持对讲机呼叫故障列车司机："列车已解钩完毕。"		
		故障列车司机回复	故障列车司机手持对讲机回复："列车已解钩完毕,故障列车司机明白。"		
48	救援列车司机汇报行车调度员	联控行车调度员	司机手持联控电话,点击"联控显示屏"中的"行调"按键,接通电话		
		报告行车调度员	司机在"联控显示屏"中点击选择语句："行调,××次已将故障车推至指定位置,现已解钩完毕。"口呼语句后,点击"完毕"按钮		
		行车调度员回复	行车调度员在"联控显示屏"中点击选择语句："××次,停车等候行调指令。"口呼语句后,点击"完毕"按钮		
		司机复诵	司机在"联控显示屏"中点击选择语句："××次,停车等候行调指令,司机明白。"口呼语句后,点击"完毕"按钮		
		结束联控	挂断电话		
49	故障列车司机施加停放制动	施加停放制动	按压"停放制动施加"按钮,该按钮红色指示灯亮,口呼："停放制动施加。"		
50	故障列车司机汇报行车调度员	联控行车调度员	故障列车司机手持联控电话,点击"联控显示屏"中的"行调"按键,接通电话		
		报告行车调度员	司机在"联控显示屏"中点击选择语句："行调,××次已被推至指定位置,现已解钩完毕。"口呼语句后,点击"完毕"按钮		
		行车调度员回复	行车调度员在"联控显示屏"中点击选择语句："××次,停车等候行调指令。"口呼语句后,点击"完毕"按钮		
		司机复诵	司机在"联控显示屏"中点击选择语句："××次,停车等候行调指令,司机明白。"口呼语句后,点击"完毕"按钮		
		结束联控	挂断电话		

任务评价

班级			学习小组		
姓名			学号		
任务名称			列车救援连挂作业		

序号	评价内容	评价标准	分值	评价方式	得分
1	自主学习能力	在线课程学习时间和进度符合要求	2	师评	
		作业上交及时,准确度高	3	师评	
		积极参与在线讨论,有效回帖5个以上	2	自评	
2	应知应会知识	知识掌握全面、准确	20	机评	
3	故障列车司机作业	作业内容及步骤完整、正确,无漏项	20	机评	
		呼唤应答及联控用语标准、规范,内容清晰、准确	5	互评	
4	救援列车司机作业	作业内容及步骤完整、正确,无漏项	20	机评	
		呼唤应答及联控用语标准、规范,内容清晰、准确	5	互评	
5	完成时间	10 min 内完成应知应会考试	2	机评	
		18 min 内完成列车救援连挂操作	3	机评	
6	团队合作	能与团队成员合作,共同完成工作任务	2	自评	
			2	互评	
			2	师评	
7	执行力	能服从老师、组长的安排	2	自评	
			2	互评	
			2	师评	
8	纪律责任意识	遵章守纪,有较强的责任意识	2	自评	
			2	互评	
			2	师评	

 **任务反思**

1. 在列车救援的过程中出现了哪些问题? 这些问题应如何避免?
2. 列车救援时,故障车为什么要切除 B05?

警钟长鸣

电话闭塞——"良心闭塞"

2011 年 9 月 27 日 14:10,如图 7-11 所示,上海地铁 10 号线一大会址站设备故障,交通大学至南京东路上下行采用电话闭塞方式行车,5 号列车限速运行。由于上海地铁将"两站两区间"作为同意闭塞的条件,所以老西门站到南京东路站的两站区间都必须空闲,没有其他车辆行驶或停留。然而,当时 16 号列车正停在豫园站和老西门站之间,但南京东路行车值班员和调度中心都没有发现,就发给了 5 号列车司机"路票"。5 号列车开出 30 s 后,遇到了闭塞区间隧道中的 16 号列车,司机立刻采取紧急制动措施,但为时已晚,从后方撞上了 16 号列车。

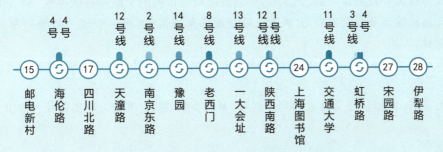

图 7-11　上海地铁 10 号线运行线路示意图

本次事故发生在信号系统故障,用电话闭塞方式运行约 40min 后。经排查,在人工调度行车时,有关人员未能严格执行相关管理规定,导致事故发生。由于基本没有任何自动设备的辅助,电话闭塞的安全性全凭工作人员的责任心来保证,在行业内又被称为"良心闭塞"。因此,在使用电话闭塞方式进行非正常情况下的列车驾驶操作时,司机及相关人员必须要有高度的责任心,确保列车运行的安全。

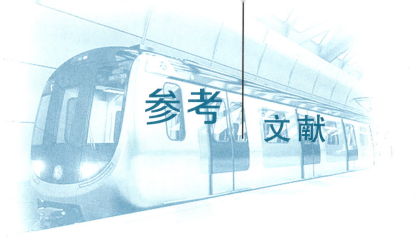

参考文献

［1］人力资源和社会保障部,交通运输部.轨道交通信号工国家职业技能标准［S］,2020.

［2］人力资源和社会保障部,国家铁路局.轨道列车司机国家职业技能标准［S］,2020.

［3］交通运输部职业资格中心.城市轨道交通列车司机(初级·中级·高级)［M］.北京:人民交通出版社,2020.

［4］张庆玲,韩冰.城市轨道交通车辆驾驶实训项目教程［M］.北京:北京理工大学出版社,2016.

［5］毛昱洁.城市轨道交通电动列车驾驶［M］.2 版.北京:机械工业出版社,2020.

读者意见反馈

为收集对教材的意见建议,进一步完善教材编写并做好服务工作,读者可将对本教材的意见建议通过如下渠道反馈至我社。

咨询电话 400-810-0598

反馈邮箱 gjdzfwb@pub.hep.cn

通信地址 北京市朝阳区惠新东街4号富盛大厦1座

　　　　　高等教育出版社总编辑办公室

邮政编码 100029